国家社科基金项目（14XZZ009）成果

提升地方人大
预算监督能力的
机制设计研究

周振超　等/著

社会科学文献出版社
SSAP
SOCIAL SCIENCES ACADEMIC PRESS (CHINA)

目 录

导 论 ………………………………………………………………… 1

第一章　提升地方人大预算监督能力的已有探索 ………………… 7
　第一节　预算体系逐步完善 ……………………………………… 7
　第二节　以预算机制调整推动人大预算监督能力提升 ………… 14
　第三节　人大预算监督方式和手段趋于多样化 ………………… 20
　第四节　网络技术规制权力 ……………………………………… 28
　第五节　人大预算监督重点拓展的逻辑分析与路径考察 ……… 40

第二章　完善地方预算权力结构：以机制调整促进体制变革 … 49
　第一节　寓支持于监督：地方人大监督政府"钱袋子"角色定位 … 50
　第二节　政府预算信息：人大行使预算监督权的基础条件 …… 61
　第三节　全面实施预算绩效管理 ………………………………… 74

第三章　夯实地方人大预算草案初审权 ………………………… 77
　第一节　地方人大预算草案初审权：一项悄然成长的权力 …… 77
　第二节　人大预算草案初审权的制度供给与创新路径：基于30部省级
　　　　　预算法规的考察 ………………………………………… 88
　第三节　地方人大预算监督的制度逻辑：以预算草案初审为中心的
　　　　　考察 ………………………………………………………… 99

第四章　加强地方人大对预算调整的审查监督 ………………… 108
　第一节　地方政府预算调整的历史与现实 ……………………… 109
　第二节　地方人大监督同级政府预算调整的应然规定与实践道路 … 121
　第三节　加强地方人大审查监督预算调整的改革思路 ………… 136

第五章 省级政府接受同级人大预算监督的自评估研究 …… 144
 第一节 省级政府接受同级人大预算监督的三个纬度 …… 144
 第二节 省级政府接受同级人大预算监督的历时性考察 …… 157
 第三节 提高省级政府接受同级人大预算监督实效的建议 …… 167

第六章 提升地方人大预算监督能力实证分析：以 A 县为例 …… 173
 第一节 A 县人大预算监督过程描述 …… 173
 第二节 A 县人大预算监督存在的问题及原因 …… 192
 第三节 提升县级人大预算监督能力的对策 …… 201

结　语 …… 220

后　记 …… 224

导 论

预算是财政的核心。财政是国家治理的基础和重要支柱。本书以提升地方人大的预算监督能力为研究对象，力图归纳其中的经验、教训和一些规律性的内容，主要的学术追求是探讨一条考察中国地方政府发展的路径，尽可能讲清影响人大预算监督的几个因素。

一 研究主题

人民代表大会制度是坚持党的领导、人民当家作主、依法治国有机统一的根本政治制度。改革开放以来，人大工作走上快车道、迈向新台阶，在完善自身组织体系、健全人民当家作主的制度体系、强化职权行使等重要环节上取得了突出成就。事实证明，以人民代表大会制度为根本政治制度安排，是中国长期保持经济快速发展、社会大局稳定、逐步推进社会主义民主政治制度规范化程序化的最佳制度。

完善人民代表大会制度是推进国家治理体系和治理能力现代化的重要内容。在改革进程中，既要根据形势和任务的需要不断创新治理体系，也要注意发挥人民代表大会制度这一根本政治制度的作用，开发其功能。提升制度效能是人民代表大会制度发展的关键所在。人民代表大会制度根植历史实践，符合中国国情，具有鲜明中国特色。我们有坚定的人民代表大会制度自信。制度自信来源于制度优势和制度绩效的彰显。中国特色社会主义新时代的新形势、新任务，对不断推进人民代表大会制度的理论创新、实践创新和制度创新，充分激发制度潜能提出了新希望、新要求。[①]

[①] 本部分内容已发表。周振超、张金城：《在实践中坚持和发展人民代表大会制度》，《中共福建省委党校学报》2018 年第 9 期。

提升地方人大预算监督能力是完善人民代表大会制度的有效途径之一。激发制度效能,把制度优势转化为治理效能是人民代表大会制度进一步发展的关键。激发制度效能的着力点要放在某些重要领域和关键环节。《中共中央关于全面深化改革若干重大问题的决定》提出,在推进国家治理体系和治理能力现代化进程中,要"实施全面规范、公开透明的预算制度","加强人大预算决算审查监督"。党的十九大报告指出,建立全面规范透明、标准科学、约束有力的预算制度。为落实党中央决策部署,各级人大努力推进预算监督的理论和实践创新,推动对预决算全口径的审查和监督。党的十九届四中全会通过的《中共中央关于坚持和完善中国特色社会主义制度、推进国家治理体系和治理能力现代化若干重大问题的决定》提出,完善标准科学、规范透明、约束有力的预算制度。2020年10月,党的十九届五中全会通过的《中共中央关于制定国民经济和社会发展第十四个五年规划和二〇三五年远景目标的建议》指出,深化预算管理制度改革,强化对预算编制的宏观指导,推进财政支出标准化,强化预算约束和绩效管理。

本研究力图回答的学术命题是:如何提升地方人大的预算监督能力?通过回答这一问题,希望为理解中国"真实世界"中的地方人大预算监督究竟是怎样的提供一个"机会之窗",进而透视中国地方政治发展和财税法律制度变革这一更为宏大的命题。

二 政治发展和法治建设的生长点

现代国家治理的重要目标是建立一个负责任的政府。负责任的政府应该是有限的、有为的和有效的,有明确的责任边界、责任机制和履责绩效。预算资金作为政府活动的基础,其来龙去脉直接反映了政府履责的活动范围、行为偏好和政策取向。经过多年的预算改革,政府"钱袋子"权力逐步规范,预算"硬约束力"逐渐彰显。但也应当看到,"瞪着眼睛要钱,闭着眼睛花钱"等资金低效甚至无效使用的问题依然存在,预算绩效仍难脱离"软约束"[①]。

---

① 本部分内容已发表。周振超、李英:《全面实施预算绩效管理,加快推进责任政府建设》,《中国行政管理》2018年第11期。

审查政府账本，弄清政府收入多少、通过哪些程序花钱、把钱花在了什么地方和花的钱是否有效率，既是公民的权利，也是建设法治政府的前提，还是全过程人民民主的真实体现。近年来，为有效监督地方政府掌握的资金，人大、审计、社会、舆论等多个监督主体积极行动，不断探索改进监督的方式方法，稳步推进中国民主法治建设。权为民所赋、权为民所用、情为民所系、利为民所谋等治国执政理念，需要落实到治理体系安排、法治建设和资金分配上。"建立一个对人民负责的政府是现代国家治理的核心问题。实现这一目标，需要解决两个最基本的问题：谁来使用权力？如何使用权力？选举制度是解决前一个问题相对较好的制度，而预算制度是解决第二个问题最好的制度。"①

预算制度是国家制度建设中一个重要的方面。建设法治国家，不能仅仅是政府立法规制公民和社会，更重要的还在于政府要有能力管好自己。预算法是约束政府、规范国家财政行为的基本法律。加强预算法治建设是政府替人民掌握好"钱袋子"的保障。目前，大多数国家在宪法、预算法及相关法律中，对政府从社会中提取多少资源、财政资金用在何处、财政赤字控制在多大规模、违反预算法应承担什么样的法律责任等诸多方面做出了严格的规定。

社会和谐、经济繁荣和政治发展从根本上依赖有效法律体系的保障。"引发人类历史上的变革和发展的问题，一开始都是非常现实的问题，而这种现实问题常常表现为'钱'的问题，比如税收问题、政府的财政支出问题，或者说是政府的资源配置问题。"② 中国已形成了财政预算管理的基本法规。1994 年 3 月第八届全国人大第二次会议通过《中华人民共和国预算法》（简称《预算法》），该法自 1995 年开始实施，标志着我国开始走向依法理财的新阶段。随后，国务院制定了《中华人民共和国预算法实施条例》《关于加强预算外资金管理的决定》等具体管理制度。1999 年全国人大常委会通过《关于加强中央预算审查监督的决定》。2014 年 8 月 31 日第十二届全国人民代表大会常务委员会第十次会议通过了《关于修改

---

① 马骏：《实现政治问责的三条道路》，《中国社会科学》2010 年第 5 期。
② 王浦劬：《公共预算与政治学》，载马骏等主编《呼吁公共预算——来自政治学、公共行政学的声音》，中央编译出版社，2008。

〈中华人民共和国预算法〉的决定》，进行第一次修正。2018年12月29日第十三届全国人民代表大会常务委员会会议通过《关于修改〈中华人民共和国产品质量法〉等五部法律的决定》，进行第二次修正。

制定法律非常必要，但仅仅有法还不够，关键的问题是预算法在整个国家政治生活中的地位如何。预算法权威的提升、约束力增强有赖于政治发展。"预算制度的变迁，不仅是一个经济学问题，还更多涉及政府内部公共管理和政治民主化的进程，只有当民主法治国家和政治文明建设日臻成熟的时候，才会引起人们足够的重视。这种制度变迁也只有等权力中心率先提供制度框架才有可能开始。"[①]

《中华人民共和国预算法》第三条规定："国家实行一级政府一级预算，设立中央，省、自治区、直辖市，设区的市、自治州，县、自治县、不设区的市、市辖区，乡、民族乡、镇五级预算。"管辖范围小、接近群众、处理的日常事务不涉及宏观、重大、战略和敏感的问题等特点，使地方各个层级的政府在公民参与预算、政府预算信息公开和透明化等方面大有可为。因此，我们有必要把《中华人民共和国预算法》在地方政府层面的实践纳入学理分析。考量中国现实政治，可以得出的启示是：提升地方人大的预算监督能力可以成为法治建设和政治发展的"生长点"。

三 理论含量丰富的学术课题

预算是政府执政理念、执政方式和执政绩效的直观反映，与老百姓的生活息息相关。加强对政府预算的监督，有利于促进透明政府、责任政府建设。在预算监督方面，改革的重点是强化人大的预算监督作用。许多学者已经对地方人大的预算监督进行了广泛研究。他们大多从应然视角展开、借助国际比较立论；对政府预算信息粗线条、人大代表财经知识缺乏、审议预算时间过短等影响人大预算监督权行使的因素展开分析；着眼于探讨变革的目标取向、基本思路和路径选择。学界在求解人大预算监督权悬空问题时，往往以实然和应然的偏离为切入点，探讨落实人大预算监督权的

---

① 马蔡琛：《财政学视野中的中国公共预算研究：从边缘化到主流化，从"精英化"到"大众化"》，载马骏等主编《呼吁公共预算——来自政治学、公共行政学的声音》，中央编译出版社，2008。

对策。在人大的功能定位上，我们经常听到两种不同的声音：一是盲目指责，二是过于乐观的估计。

回顾相关研究的历程和现状，我们在看到成就的同时，也应当注意到一些有待推进之处。第一，研究人大预算监督权的文献多，研究人大预算监督能力的文献少，尤其是把地方人大的预算监督能力作为一个整体，集中进行专题研究的尚不多见。第二，在研究视角上，多数成果集中在法学、财政学和经济学领域，来自政治学的成果少。第三，在研究中善于发现问题是必要的，但不能只关注问题。更重要的还要总结提升地方人大预算监督能力中一些规律性的东西和特殊经验。

"预算过程中的各种冲突实质上是政治冲突。正如著名公共预算专家瓦尔达沃夫斯基所说的，如果政治是'谁从政府那里得到了政府能给的东西'，那么这个答案就被记录在预算中。"[①] 本研究的重要目标之一是在掌握要多客观事实的基础上，从政治学视角和中观角度发现地方人大预算监督事实背后的基本关系和深层次结构；学术追求是，从地方人大预算监督能力的实践中提炼有价值的概念和分析框架，了解现实制度安排和政治现象背后的主要制约因素，进而揭示中国地方政治的内在逻辑。预算监督能力视角的引入，有利于学术研究从偏重宏大叙事的"大政治"研究向功能性问题研究转型。

一个完整的政府预算流程包括预算编制、预算审查和批准、预算执行、预算调整、决算五个主要环节。提升地方人大的预算监督能力要紧紧围绕上述五个环节展开，同时发力，但在不同环节又有所侧重。如图 0-1 所示。

本研究不追求教科书式的面面俱到，也无法做到全景式呈现提升地方人大预算监督能力的各个方面，而是力图将提升地方人大预算监督能力涉及的几个问题交代清楚。

[①] 马骏、於莉：《公共预算研究：中国政治学和公共行政学亟待加强的研究领域》，《政治学研究》2005 年第 2 期。

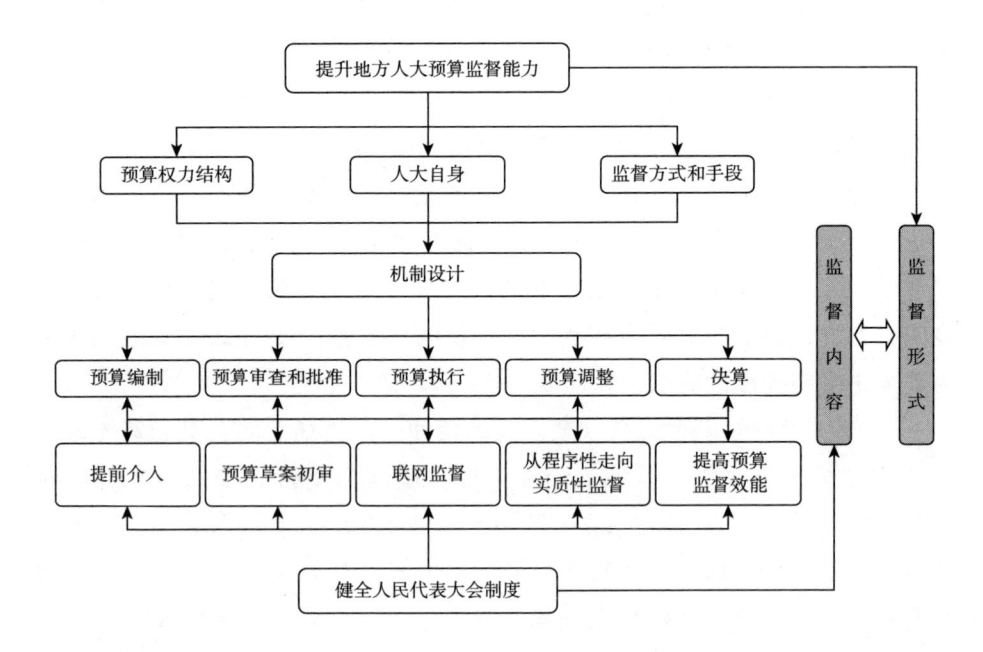

图 0-1　提升地方人大预算监督能力的环节

第一章　提升地方人大预算监督能力的已有探索[①]

近年来，各地人大在丰富监督方式、完善监督方法、加强监督制度建设等方面的工作稳步推进，探索出很多可复制、可推广的经验。同时也要看到，同"实施全面规范、公开透明的预算制度"的要求相比，还存在部分法律条文虚置，人大预算监督能力不强，政府预算不够透明、公开不及时等问题。

第一节　预算体系逐步完善

审视地方人大的预算监督能力除了在人大自身寻找原因，还应该打开视野，从宏观治理体系中寻找更深层次的影响变量。政府预算涉及每个公民和具体政府部门的切身利益。预算的编制、执行和监督是一个在党领导下的各政治权力结构多元互动的过程。

一　党中央重视和地方党委支持

预算体系从宏观上规定了各政治要素的基本角色和主要功能。地方人大预算监督取得的进展，主要得益于党中央的重视。党领导下的预算监督，是预算监督中最基本的一对关系。预算监督中涉及的几乎所有关系都是这一关系的展开。党委重视、支持是落实人大预算权力和提升预算监督能力的最重要政治保障（见表1-1）。

[①] 本章第一、二、三节由周振超完成初稿，李英补充资料合作完成。本章第一、二、三节部分内容已发表于朱光磊教授主编的《中国政府发展研究报告》，特此说明。

表 1-1　党的十八大以来中央全面深化改革委员会（领导小组）审议通过的涉及地方预算监督的改革方案

时间	审议通过的实施方案
2015年8月18日中央全面深化改革领导小组第十五次会议	《关于改进审计查出突出问题整改情况向全国人大常委会报告机制的意见》
2016年12月5日中央全面深化改革领导小组第三十次会议	《关于深化国有企业和国有资本审计监督的若干意见》
2016年12月30日中央全面深化改革领导小组第三十一次会议	《关于清理规范重点支出同财政收支增幅或生产总值挂钩事项有关问题的通知》
2017年6月26日中央全面深化改革领导小组第三十六次会议	《全国和地方资产负债表编制工作方案》
2017年11月20日十九届中央全面深化改革领导小组第一次会议	《关于建立国务院向全国人大常委会报告国有资产管理情况的制度的意见》
2018年5月11日中央全面深化改革委员会第二次会议	《关于加强国有企业资产负债约束的指导意见》《推进中央党政机关和事业单位经营性国有资产集中统一监管试点实施意见》
2018年7月6日中央全面深化改革委员会第三次会议	《关于全面实施预算绩效管理的意见》
2020年11月2日中央全面深化改革委员会第十六次会议	《全国人民代表大会常务委员会关于加强国有资产管理情况监督的决定》
2020年12月30日中央全面深化改革委员会第十七次会议	《关于进一步深化预算管理制度改革的意见》
2021年8月30日中央全面深化改革委员会第二十一次会议	《关于更加有效发挥统计监督职能作用的意见》
2022年4月19日中央全面深化改革委员会第二十五次会议	《关于进一步推进省以下财政体制改革工作的指导意见》

二　法律规则不断健全

各地在建立健全预算审查监督法治、出台预算审查监督的地方性法规、落实执行《预算法》等方面开展了许多有益探索。

为贯彻落实中央决策部署并实施 2014 年修订的《预算法》，从 2015 年开始，各省市人大常委会陆续审议通过了结合本地实际的预算审查监督条例并开始施行。条例的出台和施行为监督政府的"钱袋子"提供了法治保障，在预算、决算的编制、审查、批准、监督，以及预算的执行和调整等各个环节明晰了各行动主体的行为准则。与各省区市原有的做法相比，新出台的预算审查监督条例在完善初步审查机制、人大代表可以提出本级预算草案修正案、推动预算公开、保证人大有足够的审查时间、联网监督等多个方面取得了突破性进展（见表1-2）。

表1-2 部分省区市修订实施的预算审查监督地方性法规

条例名称	通过时间	施行时间	部分内容
《北京市预算审查监督条例》	2016年12月29日	2017年3月1日	1. 明确"重点支出"和"重大投资项目"的具体内容，细化监督程序 2. 增加市人大有关专门委员会参与初审工作，提出意见和建议的内容 3. 提出预算审查监督要注重绩效的原则 4. 对政府投资，尤其是重大投资以及政府性债务的管理做出具体规定
《湖南省财政监督条例》	2016年12月2日	2017年2月1日	1. 财政部门加强与审计、监察等部门的沟通，其他部门按照职责分工对财政监督事项已经做出的监督结果能够满足监督要求的，财政部门应当加以利用，避免重复监督 2. 财政部门加强财政监督信息化建设，建立健全监督网络系统，逐步实现监管数据采集、分析、预警信息化
《浙江省预算审查监督条例》	2016年12月1日	2017年3月1日	1. 将各类开发区（园区）、派出机关（机构）等编入本级政府预算，接受人大及其常委会的监督 2. 县级以上人大可以根据需要成立预算审查小组 3. 部门预算草案应当提交本级人大审查
《重庆市预算审查监督条例》	2016年9月29日	2017年3月1日	1. 将原来的市级预算审查监督扩大到区县一级 2. 开发区、街道接受本级人大及其常委会的审查监督 3. 建立预算审查监督联络员制度 4. 人大可以与财税部门建立联网监督的制度 5. 人大代表可以依法联名提出本级预算草案的修正案，常委会组成人员可以依法联名提出预算调整方案的修正案
《广西壮族自治区预算监督条例》	2016年5月25日	2016年7月1日	1. 财政部门在本级人大举行会议的30日前，将预算草案初步方案提交财政经济委员会或者常务委员会进行初步审查 2. 财政经济委员会或者常务委员会有关工作机构在开展预算初步审查工作时，可以组成代表预算审查小组集中审查，可以采取听取汇报、抽查、调查、调研等方式进行
《云南省预算审查监督条例》	2016年3月31日	2016年7月1日	1. 省人大审查预算草案时，省人大代表可以就有关问题提出询问，省人民政府及其有关部门负责人应当给予认真答复或说明 2. 对交付表决的预算草案，有修正案的，先表决修正案，再就关于预算的决议草案进行表决。修正案通过后，省人民政府应按照决议修改预算

续表

条例名称	通过时间	施行时间	部分内容
《河北省预算审查监督条例》	2015年11月27日	2016年3月1日	1. 县级以上人大召开期间，代表可以按照收支平衡的原则依法联名提出修正本级预算草案的议案，由大会主席团决定是否提交大会表决。修正案通过后，人民政府应当调整预算，提交本次大会表决 2. 财政经济委员会、财政经济工作委员会或者有关工作机构可以与政府财政、税务、银行国库等部门或者单位实现联网，实时查询预算收支执行信息，建立季度预算执行的分析制度
《甘肃省预算审批监督条例》	2015年11月27日	2016年1月1日	1. 财政经济委员会对本级预算草案初步方案及上一年预算执行情况、本级预算调整初步方案和本级决算草案进行初步审查，提出初步审查方案 2. 将政府性债务纳入预算，报本级人大或者其常委会审查批准 3. 监督重点：十八项须重点监督，六项须备案
《安徽省预算审查监督条例》	2015年11月19日	2016年1月1日	1. 常务委员会预算工作机构应当提前介入，了解预算管理有关情况 2. 政府加强对财政政策的管理，重大财政政策出台前，应当向本级人大常委会报告；重大财政政策出台后，应当及时报送本级人大常委会备案 3. 县级以上人民代表大会每届第一次会议召开时，各代表团应当成立由3~7名人大代表组成的代表团预算审查小组，在人大财政经济委员会或者预算委员会指导下，协助代表团做好本届预算审查工作 4. 各级人民政府应当充分利用审计结果，将其作为部门预算安排和年度目标考核的重要依据

与地方法治建设相适应，为贯彻落实中央决策和最新法律法规，各省区市政府加强预算管理的制度建设，陆续出台了针对性、操作性较强的规范性文件（见表1-3）。

表1-3 近几年部分省区市发布或实施的预算监督地方性规范文件

发布部门	发布日期	实施日期	规范文件	目的
西藏自治区财政厅	2017年7月	2017年7月	《西藏自治区财政支出预算绩效管理暂行办法》《西藏自治区预算绩效专家管理暂行办法》《西藏自治区财政支出预算绩效评价结果应用管理暂行办法》	全面推进预算绩效管理工作，加快预算绩效管理智库建设，加大和规范预算绩效评价结果应用

续表

发布部门	发布日期	实施日期	规范文件	目的
辽宁省财政厅	2017年10月11日	2017年10月11日	《预算执行动态监控工作督导考核办法》	督导各市加快推进预算执行动态监控工作
吉林省财政厅	2017年11月24日	2017年11月24日	《吉林省省级预算绩效评审专家管理办法》	发挥专家在预算绩效管理工作中的重要作用，规范预算绩效评审专家聘用和管理
广东省政府	2017年11月30日	2017年11月30日	《广东省人民政府办公厅关于进一步完善省级预算管理的意见》	深化预算管理制度改革
上海市财政局	2021年6月10日	2021年6月10日	《上海市政府性基金预算绩效管理办法（试行）》	提高政府性基金预算绩效管理水平
上海市财政局	2021年9月18日	2022年1月1日	《上海市第三方机构预算绩效评价业务监督管理实施细则（试行）》	引导和规范第三方机构从事预算绩效评价业务，严格第三方机构执业质量监督管理
北京市财政局	2021年9月9日	2021年10月18日	《北京市市级财政支出事前绩效评估管理办法》	加强预算绩效管理，完善科学、合理的事前绩效评估管理体系
云南省政府	2021年9月3日	2021年10月18日	《云南省人民政府关于完善省以下财政体制深化预算管理制度改革的意见》	进一步优化省以下财政分配关系，充分发挥省以下各级政府积极性
重庆市政府	2021年12月1日	2021年12月16日	《重庆市市级预算管理办法》《重庆市预决算信息公开管理办法》《重庆市市级重点专项资金管理办法》《重庆市市级预算公开评审办法》《重庆市市级部门预算零结转管理办法》《重庆市市级预算安排与监督检查和绩效评价结果挂钩办法》	建立全面规范透明、标准科学、约束有力的预算制度，进一步规范财政收支预算管理，强化预算约束
贵州省政府	2022年1月28日	2022年2月15日	《贵州省人民政府关于进一步深化预算管理制度改革的实施意见》	进一步深化预算管理制度改革
四川省政府	2022年2月18日	2022年2月18日	《四川省人民政府关于进一步深化预算管理制度改革的实施意见》	进一步完善预算管理制度
青海省人民政府办公厅	2022年3月25日	2022年4月7日	《青海省省级政府投资基金管理办法》《青海省省级财政科技专项资金管理办法》	规范省级政府投资基金管理、省级财政科技专项资金管理

三 预算监督权有效落实

人大对政府预算的监督是建立"约束有力的预算制度"的关键所在。中国各级人民代表大会及其常委会拥有《中华人民共和国宪法》（简称《宪法》）、《中华人民共和国预算法》（简称《预算法》）和《中华人民共和国各级人民代表大会常务委员会监督法》（简称《监督法》）等法律赋予的预算监督权。然而，就总体而言，中国各级人大尤其是地方人大在审查监督政府预算时还存在一些问题，政府花钱要受人大制约和监督的理念尚未全面落实，地方人大缺乏全方位监督政府预算的能力。

为提高人大预算审查监督的针对性和有效性，推进依法理财，2017年全国人大出台了《关于人大预算审查监督重点向支出预算和政策拓展的指导意见》《关于推进地方人大预算联网监督工作的指导意见》《关于建立预算审查前听取人大代表和社会各界意见建议的机制的意见》等推进预算监督的指导意见。地方人大也相继出台相应的意见或办法，并在实践中逐步推进监督权的有效落实（见表1-4）。

表1-4 部分地方人大出台的涉及地方政府预算监督的办法或意见

省区市	时间	办法或意见	目的或主要内容
重庆	2017年12月	《重庆市人大代表预算审查监督联络员工作办法》	发挥人大代表在预算审查监督中的主体作用，加强市人大及其常委会预算审查监督工作，提高预算审查监督质量，增强预算审查监督实效
四川	2017年11月	《关于建立预算审查前听取人大代表和社会各界意见建议的机制的意见》	省人大财政经济委员会等专门委员会、常委会预算工作委员会，以及省人民政府相关部门等，应通过座谈会、通报会等多种形式，听取人大代表和社会各界关于预算的意见建议
四川	2017年12月	《中共四川省人大常委会党组关于完善审计工作和审计查出突出问题整改情况向省人大常委会报告机制的意见》	贯彻中央和省委关于强化对政府全口径预算决算的审查监督的精神，落实人大代表以及社会公众对强化审计查出问题整改工作的关切
甘肃	2017年7月	《甘肃省各级人民代表大会常务委员会监督审计查出问题整改工作办法》	加强和规范审计查出问题整改工作的监督，督促审计整改落实，强化预算约束，提高财政资金使用效益，保障经济社会健康发展

续表

省区市	时间	办法或意见	目的或主要内容
江西	2017年1月	《江西省人民代表大会常务委员会关于进一步加强审计工作监督的决定》	加强人大常委会对审计工作的监督，规范审计行为，督促审计机关依法独立行使审计监督职权，维护财经秩序，提高财政资金使用效益
安徽	2017年7月	《安徽省省级预算联网监督实施方案》	实现对预算资金的安排、拨付和使用情况及财政政策执行情况进行实时在线全程监督，推动人大预算审查监督由程序性向实质性转变
宁夏	2017年8月	《关于推进全区人大预算联网监督工作的实施方案》	计划用3年时间，逐步建成横向联通、纵向贯通的预算联网监督系统
河北	2017年11月	《关于建立预算审查前听取人大代表和社会各界意见建议的机制的意见》	创新方式，广泛听取人大代表和社会各界意见建议，主动回应关切，提高预算编制的合理性、规范性，增强预算审查的针对性、有效性
河北	2017年8月	《河北省人大常委会办公厅关于财政预决算相关事项备案和报告的工作规程》	健全对政府预算的审查监督工作机制，做好预算相关事项备案审查和报告工作
吉林	2017年7月	《关于预算审查前听取人大代表和社会各界意见建议的办法》	健全完善人大预算审查监督工作机制，规范预算审查前听取人大代表和社会各界意见建议的工作程序
甘肃	2017年7月	《甘肃省各级人民代表大会常务委员会监督审计查出问题整改工作办法》	加强和规范审计查出问题整改工作的监督，督促审计整改落实，强化预算约束，提高财政资金使用效益，保障经济社会健康发展
甘肃	2017年11月	《关于预算审查前听取省人大代表和社会各界意见建议办法》	坚持和尊重人大代表主体地位，充分利用社会各界力量，提高预算编制的合理性、规范性，增强预算审查的针对性、有效性
河北	2018年12月	《关于人大预算审查监督重点向支出预算和政策拓展的实施办法》	加强预算决算监督职能，实现人大预算审查监督重点向支出预算和政策拓展
云南	2020年7月	《云南省人大常委会关于加强预算绩效监督的办法（试行）》	进一步加强省人大常委会对预算绩效管理情况的监督，推进我省全面实施预算绩效管理工作
湖北	2022年5月	《湖北省人民代表大会常务委员会关于加强省级预算审查监督的决定》	依法加强省级预算审查监督，规范预算行为，强化预算约束，提高预算绩效，充分发挥预算在省域治理体系和治理能力现代化中的作用

第二节　以预算机制调整推动人大预算监督能力提升

地方人大无法实质性审查政府账本，这是地方政府预算监督中的薄弱环节。从可行性角度考虑，提升地方人大预算监督能力的重要着力点在于完善工作机制。比如，加强人大财经委或常委会预工委与人大各专门委员会、政府财政部门和审计部门的沟通协调机制，改进人大审议意见的反馈机制，对人大代表进行财经知识培训等。

一　发挥人大代表在预算审查监督中的作用

完善人大代表的意见表达机制，给更多人大代表在预算过程的多个环节上提供意见表达的机会，不断扩大参与主体。在大会前的初步审查环节，财经委或者有关专门委员会动员人大代表积极参与。同时，加强人大代表培训。预算报告专业性强，能看懂报告是人大代表履行职责的前提和基础。

各地纷纷为人大代表安排专门的预算知识讲座。针对多数人大代表在大会期间看不完预算或意见表达不充分的现象，一些地方探索完善人大代表在审查政府预算时的意见表达机制，给更多人大代表在多个环节上提供意见表达的机会，增加参与环节，健全参与途径。

第一，在预算初审环节，动员人大代表积极参与。2016年12月19~23日，四川省人大财经委、常委会预工委组织专家及部分代表，运用新开发的人大预决算审查监督平台，对2017年省级预算进行预先审查分析，加强对重点部门的审查，并新增预算项目支出的绩效目标审查。[①] 2019年1~2月，广西南宁市邕宁区人大邀请了6名人大代表和社会各界人士、4名专家参加2019年预算草案初步安排通报会，聘请了4名专家参加预算草案初步方案评审，邀请了6名人大代表和社会各界人士参加《关于南宁市邕宁区2018年国民经济和社会发展计划执行情况与2019年国民经济和社会发展计划草案的报告》及2019年国民经济和社会发展计划草案的审议。[②]

---

① 罗英：《坐实"预审"推进全口径预算审监》，四川人大网，2016年12月29日。
② 《邕宁区人大常委会首次邀请人大代表和社会各界参与2019年预算初步审查工作》，南宁人大网，2019年2月19日。

第二，在预算初审中增加询问环节。湖南省益阳市人大在预算初审时由市人大各专门委员会、部分市人大代表和预算评审专家库成员就有关问题向财政、人社等预算编制部门提出询问，财政部门就有关问题进行现场解答。① 2020年12月18日，浙江嘉兴市平湖市曹桥街道人大街道工委组织开展了2021年预算初审询问会，人大街道工委委员、部分市人大代表、居民议事员等作为公众陈述人和询问人，对街道文化站和消防工作站2021年财政预算编制进行了询问。②

第三，完善联络员会议制度，增强预算审查的代表性。四川省在省人大召开之前的代表联络员会议上，增加提问环节的时间，由原来的10分钟增加到30分钟，让联络员有更多的时间提出问题、发表意见。有针对性地扩大参会人员范围。一是首次邀请省人大各专门委员会参加会议。让各专委会提前参与计划和预算草案初步方案的预先审查，发挥专委会联系厅局、熟悉厅局业务工作的优势，将工作监督中收集的相关意见反馈和体现在预算草案的预审中。二是首次邀请省审计厅相关处室参加。充分发挥审计专业优势，让审计部门参与预算草案审查，将预算执行审计中发现的部分问题解决在预算编制环节，将审计成果有效运用于预算编制与人大审查中，并为审计参与预算管理全过程监督奠定基础。三是首次通知市州人大分管联系财经工作的常委会领导参加。更大范围和更高层次征求市州的意见建议，让市州的声音提前反映到预算编制与执行部门，进一步提高预算草案编制的科学性。③

二 人大提前介入预算编制

预算编制是整个预算过程的开端。人大要发挥好对预算"全过程"的审查监督作用，减少预算修正成本，就需要提前介入预算过程，从预算编制环节开始入手，这是人大做好预算监督的开端。

近几年，地方人大提前介入预算编制已经发展成为人大预算监督的一

---

① 金果林等：《益阳市人大：预算初审引入"询问"令监督更精准》，《中国人大》2016年第23期。
② 《人大曹桥街道工委召开部门预算初审询问会》，平湖市曹桥街道人大代表联络站官方网站，2021年1月14日。
③ 《实现"三个转变"增强预算审查效果》，四川人大网，2017年3月30日。

个基本导向。第一，两委参加政府财政工作会议和部门预算编制工作会议等专题会议，听取财政部门的汇报，了解预算编制的原则、总体安排等信息。第二，财经委或预工委组织有财经专业知识或法律知识的人大代表成立初审小组，加强与财政部门的沟通。第三，组织人大代表和专家到政府部门调研，将人大代表和政府部门的意见转交财政部门。

自2013年开始，广州天河区人大常委会提前介入审查政府预算草案和部门预算草案。每年组织3~4个代表团集中审查1个部门的预算，第一年天河区21个代表团共提前介入审查了6个部门的预算，让人大代表充分了解政府和财政部门安排的重点建设项目情况、民生大事进程以及资金使用情况，让政府财政预算在阳光下变得透明、规范。2013~2021年，经过多年不间断的参与式预算审查，天河区人大常委会共提前介入审查了58个部门或项目预算的编制情况。[①]

三 以预算草案初步审查为主要抓手的预算审查批准

预算草案初步审查实质有效、能提出建设性的审查意见，是人大有效审查预算方案的前提，也是各地人大抓好预算审查批准监督的主要抓手。为此，各个地方在预先审查、初步审查环节做了诸多努力。2017年云南省通过专家座谈会吸纳18名预算审查专家参与预初审。2017年11月，北京市人大教科文卫体委员会依法对政府相关部门2018年预算编制草案进行初步审查，市人大教育、科技、文化、卫生、体育代表小组代表，常委会预算监督顾问、常委会预工委和市财政局等相关代表和人员参加初审会议。[②]2021年12月，江西省人大常委会预工委召开会议，听取省财政厅关于江西省2021年全省和省级预算执行情况与2022年全省和省级预算草案初步方案的汇报，并对2022年省级预算草案初步方案进行预先审查，会后，预工委起草形成预先审查报告提交省人大财经委，为初步审查提供参考。[③] 2022年2月，济南市人大财经委会议审议通过了济南市人大财经委对"四本预算"

[①] 林志云、冯添：《广州天河：人大代表"全过程"参与预算监督》，《中国人大》2021年第17期。
[②] 《市人大教科文卫体委员会召开第十八次（扩大）会议暨对口政府部门2018年预算初审会》，北京市人大常委会门户网站，2017年11月15日。
[③] 《预算工委召开2022年省级预算草案初步方案预先审查会议》，江西人大网，2021年12月24日。

的初步审查意见，提出充分发挥财政职能作用、着力推进高质量发展，切实加强预算管理、有效保障改善民生、深化财政体制改革、进一步提升管理效能、强化政府债务管理、确保财政经济健康平稳运行等方面的意见建议；3月，济南市人大财经委和预算工作室收到政府有关部门对初审意见的处理情况报告，预算工作室对报告的题目、格式、文字等方面提出修改意见，及时督促政府有关部门予以修改完善。①

四 探索使用刚性监督方式

询问、质询、特定问题调查是《监督法》赋予各级人大及其常委会的权力。在实际运行中，在很长一段时间内，地方人大在审查监督政府预算时较少使用上述刚性监督方式。但随着实践的推进，越来越多的地方探索使用询问、质询、特定问题调查的监督方式。

关于询问，自2010年第十一届全国人大常委会第十五次会议首次开展专题询问之后，很多地方开始探索询问的监督方式，上海、湖北、安徽、浙江、福建等地先后开展了专题询问，安徽、云南、湖北等地在专题询问过程中还采用了广播电视实时报道和网络全程直播的方式，安徽、内蒙古、山西还分别在2013年、2014年、2016年出台了关于询问和质询的相关地方性法规。近年来，各地经常性、规范性地运用询问的方式，就优化营商环境、义务教育、生态环保等问题对相关部门进行监督。一些省市把听取和审议审计查出突出问题整改情况报告，同开展专题询问等监督形式结合起来监督财政预算。2017年11月27~29日，湖北省第十二届人大常委会通过审议报告、满意度测评等方式，对省人民政府关于2016年省级预算执行和其他财政收支审计查出问题整改情况以及《湖北省农村五保供养条例》《湖北省公共资源招标投标监督管理条例》等的实施情况进行监督。② 2017年11月30日，湖南省人大常委会对省民政厅等21个省直部门关于2016年审计查出问题的整改情况进行满意度测评，48名常委会组成人员现场投票，测评结果即时显示在大屏幕上。最终测评结果显示，21个省直部门中，审计问题整改情况满意度最高的单位是省档案局，为97.92%，最低的为

---

① 《市人大财经委反馈2022年预算草案初步审查意见》，济南人大网，2022年4月2日。
② 王馨等：《我省对审计查出问题狠整改严问责》，《湖北日报》2017年12月6日。

64.58%。省高院、省检察院、省残联等 6 个部门的满意度均在 90% 以上。对此次满意度测评结果较差、问题整改不到位的单位，将由省政府督促继续整改，并将整改情况再次向省人大常委会报告。① 2022 年 6 月，河北省石家庄市人大常委会就全市优化营商环境工作情况对市政府及 12 个相关部门负责人进行了专题询问。

关于质询，河南、四川、广东、海南、贵州等省的人大都曾提出过质询案，主要针对群众反映强烈的民生问题。比如，2016 年河北省人大常委会 13 名委员提出质询案，向省文化厅质询东陵的两起文物被盗案。2018 年，昆明市人大常委会向市住建局质询建筑工地扬尘治理问题。

关于特定问题调查，这是各地使用较多的一种监督方式，主要围绕地方治理的重要问题、群众关注的民生问题。比如，2016 年江西省人大常委会调查食品生产加工小作坊和食品摊贩问题，2017 年浙江省嘉兴市人大常委会调查市属国有资产问题，2018 年四川省自贡市人大常委会调查大气污染防治工作情况，2018 年辽宁省人大常委会调查政府支出预算结构和政府性债务问题，2020 年宁波奉化区调查国有资产情况，2022 年重庆市人大调查减轻义务教育阶段学生作业负担和校外培训负担情况。

五　探索审计监督与人大监督有机融合

为使人大预算监督和审计监督更好地结合起来，提升监督质量，经过多年努力，对年度预算决算工作进行审计成为配合预算监督的一个关键环节。在实践中，各地着力于优化审计查出问题、加强人大和审计机构的有效配合两个方面。多数地方的工作流程如下。首先，人大常委会听取和审议审计工作报告；然后，政府及相关部门落实整改责任；接着，人大常委会听取和审议政府审计查出突出问题整改情况的报告，开展专题询问，相关被审计部门负责人到会回答询问；最后，审计部门将审计查出突出问题整改情况的报告向社会公开，接受社会监督。

在优化审计机制方面，2017 年全国首部规范省、市、县三级人大常委会监督审计查出问题整改工作的地方性法规甘肃省《甘肃省各级人民代表

---

① 刘文韬：《21 个省直部门接受审计问题整改情况满意度测评最高 97.92%，最低 64.58%》，《湖南日报》2017 年 12 月 4 日。

大会常务委员会监督审计查出问题整改工作办法》获人大常委会会议表决通过。① 此后，陆续有地方就审计查出问题整改出台地方性法规。在审计监督工作中，2016年湖北省人大常委会首次听取省政府审计整改情况的报告及省教育厅、省地税局的部门审计整改报告。在广东、江苏、河北等地，省审计厅厅长向省人大常委会报告了审计查出问题的纠正和整改情况，哈尔滨市人大常委会专题询问预算执行审计整改情况。②

在审计监督与人大监督的有机融合方面，各个地方探索形成了审计查出问题整改情况向人大常委会报告，人大常委会对整改情况进行专题询问、满意度测评的工作机制。2016年浙江省政府首次向省人大常委会做了审计工作报告，反映问题整改情况报告，省人大常委会对部分省直单位负责人就本部门审计整改方面的问题进行了专题询问。2017年浙江省首次组织开展审计工作报告反映问题的联合督查，由人大财经委与省审计厅组成联合督查组，对审计工作报告反映问题整改情况进行实地督查。③ 湖南省对审计查出问题整改情况报告进行了规范，并在2016年首次对18个单位审计整改报告进行满意度测评。2016年湖南省益阳市人大常委会会议听取和审议审计查出问题责任单位整改情况的报告和市人大农业委、市人大常委会联工委、市人大财经委、常委会预工委相关的调查报告，在12个责任单位的整改报告中有2个单位未获得会议表决通过。④ 陕西省白河县人大常委会除了对审计查出问题的整改落实结果开展满意度测评，还选定政府债务资金使用、棚户区改造专项贷款等专项资金或民生工程安排专项审计，对专项审计结果的审议意见落实情况进行满意度测评。⑤

2020年，全国人大常委会办公厅印发《关于进一步加强各级人大常委会对审计查出突出问题整改情况监督的意见》之后，各地对审计监督与人大监督有机融合的探索更进一步。2021年，广西壮族自治区人大常委会对

---

① 齐昕：《人大监督与幸福美好新甘肃一路同行——甘肃省十二届人大常委会五年监督工作亮点采撷》，《人民之声报》2018年1月24日。
② 田必耀：《首次追问审计整改》，《人民之友》2016年第2期。
③ 严星等：《浙江省人大、审计厅对审计整改不到位事项开展联合督查》，《中国审计报》2017年6月30日。
④ 张俊英、徐亮亮：《益阳市：票决审计整改报告，五单位亮"红灯"》，《人民之友》2012年第12期。
⑤ 《白河县人大创新监督方式推动审计整改事项落实效果好》，陕西人大网，2016年12月26日。

审计查出突出问题整改情况报告进行专题询问,自治区教育厅、科技厅、工信厅、财政厅、住建厅、商务厅、乡村振兴局、医保局、糖业发展办等相关部门和单位主要负责人到会应询。①2022年四川攀枝花市人大常委会对市政府6个部门2020年审计查出问题整改情况报告进行逐个审议,逐项了解问题整改落实情况,逐一填写"满意""基本满意""不满意"测评票,截至2022年3月底,相关整改责任主体通过上缴国库、归还原渠道、加快施工进度、调整账目等方式,全面整改审计工作报告指出的问题,共采纳审计建议188条,制定完善相关制度68项。②

第三节 人大预算监督方式和手段趋于多样化

地方人大为履行《宪法》《预算法》《监督法》赋予的预算监督职能,不断探索改进预决算审查监督的方式方法。

一 线上实时监督和线下日常监督相结合

在互联网技术发展的基础上,部分地方通过人大与政府办公网络的互联互通,对政府预算进行在线监督,以技术手段的创新推动预算监督实效化,激活和开发已有的制度安排和法律规则。

2017年6月30日,全国人大常委会办公厅印发《关于推进地方人大预算联网监督工作的指导意见》。2017年7月4~5日,全国人大财经委、全国人大常委会预工委、财政部在广州召开座谈会,部署落实预算联网监督在全国推广的工作。联网监督能够大幅度提高监督的效能和力度。政府与人大共享财政信息后,人大能够对政府预算进行实时在线监督,将传统的事后监督变为实时、全程监督,大大改变了预算监督中的信息不对称问题。

在联网监督方面,广东走在了全国的前列。2004年8月,广东省人大常委会探索建立省级预算支出联网查询系统,实现对支出预算线上监督和

---

① 《聚焦审计查出突出问题整改情况自治区十三届人大常委会开展专题询问》,广西人大网,2021年11月2日。
② 《做实审计查出问题整改增强人大监督实效》,攀枝花市人民政府官方网站,2022年6月9日。

线下监督相结合，实现预算资金全覆盖和预算单位全覆盖。联网监督系统涵盖了 119 个省级预算单位和 21 个地级市及 121 个县区转移支付资金拨付情况；实现了预算执行全跟踪，可以查询年初预算编制、年终决算以及年中每笔财政资金的具体拨付情况。① 2017 年，广东省 21 个地级市人大常委会、审计部门都与同级财政国库集中支付系统联网，全省 121 个县区已全部实现了人大与财政联网，联网率达 100%，其中 13 个地级市、17 个县区实现了人大与社保部门联网。② 经过不断实践改进，2020 年 10 月广东省人大预算联网监督系统 3.0 版正式上线运行，全新版的系统具备服务多元化、资金监督动态化、分析预警智能化的特点，通过该系统，人大代表可在线实时审查预算数据，动动鼠标即可开展"云端监督"。

其他地方的联网监督也在逐步推进。2017 年，广西壮族自治区本级财政国库集中支付、预算编制等系统与自治区人大开发的预算联网监督系统进行联网，基本实现查询、预警、分析和服务等功能③。江苏省在财政厅国库集中支付系统上增加"江苏省人大预算联网监督综合查询"窗口，省人大财经委、预工委，各委员会可在系统上查询省级所有预算部门的资金状况，包含 122 个一级预算单位和 777 个二级预算单位的每一笔财政资金的支出和使用④。天津市人大常委会建立预算实时审查监督网络系统，与市财政局国库集中支付系统联网，能够实时监督由国库集中支付的 800 余家机关事业单位的每一笔业务，涵盖人员支出、公用支出、项目支出的预算数、支出明细数以及预算执行进度，预算单位在支付确认日内所有支出的申请金额、支付方式、收款人名称、结算方式等信息⑤。湖北省人大率先建成预算执行在线监测预警系统，可以查询任何一家省直预算单位任何一天的支

---

① 朱宁宁：《"第三只眼"让政府花钱不再任性，广东省人大预算支出联网监督工作纪实》，《法制日报》2016 年 12 月 27 日。
② 林洪演：《省人大常委会召开全省人大预算联网监督工作座谈会》，广东人大网，2017 年 9 月 28 日。
③ 许丹婷：《打造透明"钱柜" 守护"阳光"账本——自治区人大推进地方预算联网监督工作观察》，《广西日报》2018 年 5 月 28 日。
④ 江人：《江苏省人大预算联网监督综合查询系统开通，省级国库支付系统向人大开放》，《人民权力报》2017 年 10 月 17 日。
⑤ 《看得懂的"账本" 预算支出不再是"天书"——市人大常委会预算监督网络中心启用》，《天津人大》2017 年第 1 期。

出情况，谁出差、谁报销、钱支付给谁等一目了然①。2018年，陕西开始建设预算和国有资产联网监督系统，在全国率先实现了省级部门横向联通、省市县三级系统纵向贯通目标，率先实现了省市县系统全覆盖、机构全覆盖，形成了预算联网监督事前审查批准、事中监督整改、事后追踪问责联网监督模式，2019年以来，陕西省人大预算和国有资产联网监督系统共发出预警信息3580条，经分析核实问题3043个，均得到圆满解决，人大代表、常委会组成人员先后有1500人次登录平台，提出意见建议348项。②

二 实行政府向人大报告国有资产的制度

为履行人大对国有资产的监督职责，各地方在实践探索中授权人大财经委、常委会预工委在人大常委会的领导下承担国有资产监督的具体工作，由人大常委会每年听取和审议政府关于国有资产管理情况的报告。

2017年5月，在河北省第十二届人大常委会第二十九次会议上，省政府首次向人大常委会报告全口径国有资产情况。2017年8月，河北省委全面深化改革领导小组第三十二次会议审议通过了《省政府向省人大常委会报告国有资产管理情况办法（草案）》，成为最早出台省政府向省人大常委会报告国有资产管理情况制度的省份之一。③

2018年1月，《中共中央关于建立国务院向全国人大常委会报告国有资产管理情况制度的意见》印发，全国人大常委会监督国有资产的制度建设助推了地方的制度建设与实践进展。此后，各地陆续建立并完善向人大报告国有资产情况的制度。比如，黑龙江省委在2018年7月出台了《中共黑龙江省委关于建立省政府向省人大常委会报告国有资产管理情况制度的实施意见》，对报告方式、报告重点、报告内容、审议程序等方面进行了具体规定。2019年，贵州先后出台《中共贵州省委关于建立省人民政府向省人大常委会报告国有资产管理情况制度的实施意见》和《省十三届人大常委会贯彻落实〈中共贵州省委关于建立省人民政府向省人大常委会报告国有资产管理情况制度的实施意见〉五年规划（2018—2022）》，建立健全全省

---

① 《守护老百姓的"钱袋子"》，湖北省人大网，2016年12月15日。
② 张婷：《聚焦全流程服务全领域、践行全过程人民民主——新时代人大预算联网监督"陕西模式"取得积极成效》，陕西人大网，2022年4月18日。
③ 《河北：三张清单+联网监督，管好国资"账本"》，河北新闻网，2018年7月18日。

国有资产管理情况报告和监督制度。2019年，重庆市市级和全市38个区县实现了国有资产管理情况报告制度全覆盖。到2021年9月，重庆市人大常委会出台《重庆市人民代表大会常务委员会关于加强国有资产管理情况监督的决定》，进一步规范国有资产重大事项向人大通报的制度。[①]

三 加大对地方政府债务的监督

中国地方政府债务数额庞大。截至2015年末，中国地方政府债务16万亿元，如果以债务率（债务余额/综合财力）衡量地方政府债务水平，2015年地方政府债务率为89.2%。[②] 截至2022年5月末，全国地方政府债务余额332509亿元，其中一般债务143668亿元，专项债务188841亿元；政府债券330887亿元，非政府债券形式的存量政府债务1622亿元。[③]

地方政府债务的不断累积，增加了中国发生通货膨胀、财政和金融危机的可能性，成为威胁经济安全的重要因素。一直以来，地方政府违规举债、存在隐性债务的现象无法杜绝。2015年底，浙江、四川、山东和河南四省通过违规担保、集资或承诺还款等方式，举债余额为153.5亿元；内蒙古、山东、湖南和河南四省区在委托代建项目中，约定以政府购买服务名义支付建设资金，涉及融资金额175.65亿元；浙江、河南、湖南和黑龙江四省在为基础设施建设筹集的235.94亿元资金中，不同程度地存在政府对社会资本兜底回购、固化收益等承诺。[④] 2016年以来，安徽、河南、贵州、江西、湖南等8地存在典型的隐性债务问题，包括安徽省安庆市化债不实371.76亿元、新增隐性债务3.5亿元，河南省信阳市浉河区假借医院采购药品名义新增隐性债务2.5亿元，贵州省兴义市通过国有企业举债融资新增隐性债务2.99亿元，江西省贵溪市通过融资平台公司募集资金用于市政建设支出新增隐性债务1.7亿元，湖南省宁乡市新增隐性债务11.24亿元、化债不实4.17亿元，河南省孟州市借政府购买服务名义新增隐性债务9.08亿

---

① 《国有资产重大事项要向人大通报》，《重庆日报》2021年9月30日。
② 《财政部：依法厘清政府债务范围坚决堵住违法举债渠道》，中华人民共和国财政部网站，2016年11月4日。
③ 《2022年5月地方政府债券发行和债务余额情况》，中华人民共和国财政部网站，2022年6月30日。
④ 《国务院关于2015年度中央预算执行和其他财政收支的审计工作报告》，中华人民共和国审计署网站，2016年6月29日。

元，等等。①

政府债务既是金融和法律问题，又是政治问题，需要在多个层面上做出不懈的努力。党中央、全国人大常委会、国务院高度重视地方政府债务问题，不断完善相关制度，加强地方政府债务管理（见表1-5）。一些地方政府纷纷加强地方政府债务管理。比如，2016年9月重庆市印发了《重庆市人民政府办公厅关于加强地方政府债务管理的通知》。

表1-5　加强地方政府债务管理的举措

行动主体	时间	举措	主要内容
中共中央	2021年7月	印发《关于加强地方人大对政府债务审查监督的意见》	就推动完善政府预算决算草案和报告中有关政府债务的内容、规范人大审查监督政府债务的内容和程序、加强人大对政府债务风险管控的监督、加强组织保障等做出了明确规定，提出了工作要求
全国人大	2015年12月22日	听取国务院关于规范地方政府债务管理工作情况的报告	受国务院委托，财政部向全国人大常委会报告规范地方政府债务管理工作情况。
全国人大	2015年12月22日	全国人大常委会预算工作委员会调研组发布《关于规范地方政府债务管理工作情况的调研报告》	存在的突出问题：控制债务规模增长难度较大、偿债能力不足的问题尚未有效解决、债务风险防控机制不够健全、存量债务置换存在一些不足、人大对地方政府债务的监督还不到位 建议：处理好防风险与稳增长的关系、依法从紧控制债务增长、健全债务风险防控体系、建立健全地方政府债券融资市场、增强人大监督工作的主动性和实效性
全国人大	2021年7月30日	全国人大财经委员会、全国人大常委会预算工作委员会联合召开视频会议	对推动地方人大加强对政府债务的审查监督做出工作部署、提出意见建议

为了履行监督职能，各级地方人大将政府债务资金纳入预算审查监督范围，多措并举加强对政府债务的监督（见表1-6）。

---

① 《财政部关于地方政府隐性债务问责典型案例的通报》，中华人民共和国财政部网站，2022年5月18日。

表 1-6　各级地方人大加强对政府债务监督的举措

地方人大	时间	举措	主要内容
福建	2016 年 5 月	审议省政府《关于加强我省地方政府性债务管理情况的报告》	省财政厅厅长受省人民政府委托作省政府《关于加强我省地方政府性债务管理情况的报告》，省人大常委会组成人员对报告进行了审议
福建	2018 年 4 月	在三明市开展地方政府性债务管理情况调研	深入建宁县溪口镇桃头村、莆炎高速公路（建宁段）项目工地、建宁县高峰村、建宁县医院整体搬迁项目现场、建宁县东山公园建设项目、泰宁县新桥乡岭下村、泰宁县上青乡崇际村、泰宁县全民健身中心项目点，实地调研我市地方政府性债务管理情况，并召开汇报座谈会
辽宁	2018 年 7 月	成立政府支出预算结构和政府性债务问题调查委员会	辽宁人大成立全国首个地方债调查委，人大以成立特定问题调查委员会的方式介入公共议题
浙江	2019 年 1 月	审议《2018 年省级新增地方政府专项债务预算调整方案（草案）》	省财政厅受省政府委托报告《2018 年省地方政府债务限额及发行情况》和《2018 年省级新增地方政府专项债务预算调整方案（草案）》，省人大常委会进行了审议
黑龙江	2022 年 2 月	审议通过《关于加强我省各级人大对政府债务审查监督的实施意见》	对各级人大审查监督政府债务的相关事项做了制度规定
黑龙江	2022 年 5 月	召开加强政府债务审查监督培训会议	传达学习、贯彻落实中共中央办公厅印发的《关于加强地方人大对政府债务审查监督的意见》和省委办公厅印发的《关于加强我省各级人大对政府债务审查监督的实施意见》
广东	2022 年 5 月	到财政厅调研国有资产和政府债务管理	观摩预算联网监督和数字财政系统演示，听取全省财政运行情况以及国有资产和政府债务管理工作情况的汇报
湖南	2022 年 6 月	在郴州调研地方政府债务管理与人大审查监督工作	赴苏仙区、高新区开展调研，实地走访郴州粮油机械有限公司、农夫机电有限公司、正威集团郴州项目，并召开座谈会，详细了解政府债务管理和人大审查监督工作以及相关产业项目、专项债券项目和平台公司转型发展情况
浙江	2022 年 6 月	建设省人大地方政府债务审查监督系统	开发建设浙江人大地方政府债务审查监督系统（PC 端）和按照系统定制适配于"浙政钉"工作台的应用场景（移动端）

四 发挥专家和社会公众的作用

(一) 完善第三方参与预算监督的机制

审查监督政府"钱袋子"是一项专业性、法律性很强的工作。为提升监督效果,一些地方探索借助第三方(专家、专门的审计机构)的力量。

自2016年起,四川省财政厅引入高等院校、会计师事务所、资产评估机构、咨询调查机构等独立第三方开展绩效评价,将三项重点专项转移支付和一项财政政策交独立第三方实施评价,省财政厅作为委托方负责评价质量控制和监督。① 四川省人大每年都对财政预算及部门预算组织专家集中预先审查。在审查2016年预算时,将《预算法》的一些新规定,细化成50余项审查指标,对审查重点、审查内容、审查方法及建议意见的表述进行了全面规范,在此基础上,运用联网审查系统,实现审查预算、提出意见、问题复核、意见采编全程无纸化、流水线作业。四川省人大组织18位专家通过联网审查系统,利用5天时间对财政预算草案及省级129个部门的预算草案进行了集中预审,发现问题2200条,经专家A、B角复核采纳1600条,最后预工委梳理印发1062条,杜绝了庞大预算数据的技术性错误,结束了人大预算审查"总为浮云遮望眼"的尴尬处境。②

为使专家学者在预算审查监督工作中发挥专业技术支持作用,部分地方人大还出台了相关制度规范。2016年7月,河北省出台的《河北省人大财政经济委员会预算审查监督专家顾问组组织与活动办法》。

2021年4月,财政部印发《第三方机构预算绩效评价业务监督管理暂行办法》,对第三方机构从事预算绩效评价业务进行了引导和规范。第三方参与预算监督的机制得到不断完善。2022年3月,陕西省人大成立地方人大首个预算和国有资产监督第三方机构库,首批8家机构入库,入库的第三方机构将在陕西省人大常委会预算工作委员会统一组织下参与财政、税务、审计、国资、地方金融等方面的审查、监督、立法、调研等工作。③

---

① 齐小乎:《四川全力推动预算绩效管理改革》,《中国财经报》2017年3月18日。
② 郭志强:《"实"字当头做好人大预算审查监督》,四川省人大网,2016年9月6日。
③ 《地方人大首个预算和国有资产监督第三方机构库在陕成立》,陕西省人民政府网,2022年3月10日。

（二）扩大公众参与

公众是监督政府"钱袋子"的重要主体。地方人大监督政府预算必须和公众监督密切结合，形成监督合力。各级地方人大在实践中，探索出了参与式预算这一独具特色的工作机制，即以民主恳谈为主要形式，让公众参与政府年度预算方案的协商讨论，让公众实质性参与对政府"钱袋子"的监督。

参与式预算最早由温岭市首创，2009年温岭市人大出台《关于开展预算初审民主恳谈，加强镇级预算审查监督的指导意见》，2010年参与式预算覆盖温岭市所有镇（街道），2014年温岭市、镇两级政府及部门预决算在网上实现全公开。其他地方在借鉴已有经验的基础上，不断探索实践。浙江省义乌市佛堂镇的参与式预算分为四个阶段：第一阶段是前期准备，广泛选取民意代表，召开分线讨论会、民意征询会，初步制订项目预算方案；第二阶段是召开恳谈会，让民意代表与政府对话、协商，参与财政预算草案的编制；第三阶段是人大审查、表决通过预算草案；第四阶段是会后监督，组织市、镇两级人大代表，对项目工程实施和专项资金落实情况进行监督检查。[1]

江苏省宿迁市青伊湖镇人大的参与式预算有五个典型做法：一是通过线上线下相结合的方式征求民情民意，尽可能收集意见建议；二是根据收集的意见建议，整理编制民生项目汇编，人大代表带着汇编到选民中实地走访，找出群众关注度高的重点项目；三是组织恳谈会，让更多选民充分参与为民办实事项目的征集，让重大项目汇集更多民意；四是采用无记名方式投票表决政府投资额高的重大项目，让人民群众和人大代表全程参与项目决策过程；五是在民生项目实施后，人大多次组织以"微调研、微视察、微检查、微评议、微质询"为主体的"微监督"活动，督促项目建设有效推进。[2]

五 推进预算公开常态化

预算透明是有效的监督形式之一。各地在建立透明预算制度上进行了探索。

---

[1] 张维炜、李小健：《佛堂镇人大：政府如何花钱，村民说了算》，《中国人大》2016第12期。
[2] 《参与式预算监督、管好政府的钱袋子》，江苏省人大网，2020年12月22日。

第一，人大和财政部门联动，监督政府部门依法依规按时通过多种途径公开预算。从 2016 年开始，提交湖南省湘乡市人大审议的财政预算草案去掉了"内部资料，会后收回"字样。这意味着预算草案将不再保密，会后不再收回，留给代表会后继续认真研究审议，解决了审议预算草案时间短、难消化的问题。①

第二，推动政府部门预算内容精细化，公开较为详细的报告和报表，而不是简单的几页纸，扩大部门预决算公开的范围和内容。同时，尽可能把预算精细化变得通俗易懂，至少让人大代表看得懂。2016 年 1 月，在四川省第十二届人大第四次会议上，四川省财政厅提交了《关于四川省 2015 年财政预算执行情况和 2016 年财政预算草案的报告》，让不少人大代表感到意外的是，预算报告变厚了，不仅报告有附表，还有图文并茂的解读本《百姓关注政府的钱怎么花？》，此外，每个代表还领到一个包含 5 分钟视频的光盘。②

按照财政部 2015～2021 年在全国范围内开展的 5 次地方预决算公开检查的情况来看，2015 年未公开预决算的地方各级部门为 9.3 万家，之后连年大幅下降，2018 年以来连续三年均为个位数，地方预决算基本实现"应公开尽公开"，同时预决算公开制度体系逐步健全完善，公开透明度不断提升。③

第四节　网络技术规制权力④

提升人大预算监督能力，除了健全制度，还有一个重要实践样态是引入技术。在广东、四川等省先试先行的示范效应下，人大预算联网监督逐渐向全国推广。2017 年全国人大常委会办公厅印发《关于推进地方人大预算联网监督工作的指导意见》，明确地方人大预算联网监督的时间表。与实

---

① 金果林等：《湘乡市人大：预算草案厚成"书"，代表看得细》，《中国人大》2016 年第 12 期。
② 陈岩、罗英：《四川财政预算报告"史上最细"获点赞》，《人民日报》2016 年 2 月 3 日。
③ 《财政部发布 2019、2020 年度地方预决算公开度排行榜》，中华人民共和国财政部网站，2021 年 12 月 30 日。
④ 本节内容由刘元贺执笔。

践相比，人大预算联网监督的理论分析尚处于滞后状态。为此，本节力图回答信息技术何以规制权力这一问题，进而探析人大预算联网监督的理论支撑，并对当前的实践进行归纳与分析。

一 人大预算监督的三种理论视角

预算之于公共权力，如同"血液"之于动物。规范公共权力运作，较为有效的方法就是将其预算行为纳入监督视野。在这个意义上，人大预算监督被赋予规制公共权力的价值意蕴，成为政治学研究的理论关怀之一。总结现有理论文献可以发现，人大预算监督基本沿着三种视角展开。

（一）权力制约权力

在权力制约权力方面，人大预算监督权是一项不可或缺的制约权力。通过控制行政权的财政达到权力规范的目的，也是各国立法机关监督行政权的普遍做法。要达到规范权力的目的，人大预算监督权与被监督权力应处于相对均衡的权力格局中。按此逻辑，我们有必要聚焦人大预算监督过程中的权力配置及相互关系[①]。相关研究发现，当前我国人大预算监督权存在一定的"悬空"。立足这一现实，提升人大预算监督权的研究也就具有了现实关切，如重构公共预算过程中的权力关系，明确和细化人大的预算权[②]；引入预算草案修正权[③]；等等。与理论研究相呼应，在实践方面，提升人大预算监督权也有了一些实质性进展，不少地方人大引入了预算草案修正权。

以权力制约权力，虽然从权力配置的源头上限制了某一权力主体因权力不受限而肆意妄为，促使权力规范化、法治化[④]；然而，其实际效果的发挥受制于权力间的配置状况。在"行政主导下的简约治理"的权力配置格局下，单纯从改变权力配置的视角思考如何提升人大预算监督权及其效能

---

① 董佰壹：《论预算监督与财政立宪——基于中国省级人大实践的探讨》，《河北法学》2015年第3期。
② 马骏、牛美丽：《重构中国公共预算体制：权力与关系——基于地方预算的调研》，《中国发展观察》2007年第2期。
③ 朱大旗、李蕊：《论人大预算监督权的有效行使——兼评我国〈预算法〉的修改》，《社会科学》2012年第2期。
④ 刘涛：《中西方"权力制衡"与"官吏制约"的比较探析》，《理论月刊》2018年第12期。

阻力大，难以解决监督中的信息不对称问题。

（二）社会制约权力

如果说以权力制约权力属于权力系统内的监督，那么社会制约权力更强调外部力量对权力的监督。在社会制约权力的理论视野中，制约权力的主体由另一种权力转化为相对独立且与国家权力密切关联的社会力量，如公众、社会组织、媒体等，其实现的方式是在民主的目标下将制约权力与保护公众和社会的权利结合在一起[1]。与权力制约权力类似，社会制约权力同样是引入另一行为主体来实现对权力的制约，只是制约的主动权由国家权力转移到了社会方面，强调社会力量作为相对独立的行为主体来规制国家权力。因此，社会制约权力的效度取决于社会力量的成长，由此衍生的方法论是促进社会力量的壮大以及重视社会参与。

以社会制约权力理论来分析人大预算监督，关注点聚焦于社会参与方面，基本思路是通过权利约束权力。目前，相关研究基本上沿着两条线来展开：一是知情权，二是参与权。在知情权方面，研究重点是以预算公开为突破口来提升人大预算监督能力。预算公开的对象固然不限于人大代表，却有助于人大预算监督权的履行：第一，预算公开要求预算信息的可获得性，这将使人大代表"看不懂"的预算信息转化为能够理解的信息，从而增强人大代表审批预算的能力；第二，通过公开，将有助于政府严格执行人大审批后的预算法案，减少预算执行中的扭曲[2]。在预算参与权方面，学界已形成参与式预算理论。参与式预算在很大程度上推动预算权威向公众和人大代表转移，促使人大充分行使《宪法》赋予的预算监督权[3]。为适应公众参与的现实，吸纳公众、专家等多方参与成为人大预算监督能力提升的重要内容[4]。相关的实践创新主要有部门预算公开、浙江温岭的民主恳谈会等。

---

[1] 郭道久：《"以社会制约权力"：理念、内涵和定位》，《延安大学学报》（社会科学版）2011年第3期。

[2] 刘剑文：《预算公开的中国式探索：目标、意义与实现路径》，《社会科学论坛》2013年第8期。

[3] 陈家刚、陈奕敏：《地方治理中的参与式预算——关于浙江温岭市新河镇改革的案例研究》，《公共管理学报》2007年第3期。

[4] 王逸帅：《地方人大财政预算初审及其推进模式的实证研究》，《探索》2017年第3期。

社会制约权力扩大了公众参与，限制了财政资金被少数人控制，一定程度上促进了财政民主、规避了财政浪费，能够促进人大预算监督效能提升。尽管存在显著的优势，但由于被监督的权力存在规避信息的倾向以及分散的社会专业性不足，信息不对称问题依然难以有效解决（如非财经专业的人大代表看不懂预算信息），进而限制了社会制约权力的效能。

（三）制度制约权力

无论是权力制约权力还是社会制约权力，都是从行为主体的角度去规制权力。它们制约的效力一般取决于行为主体的行为能力，而且制约权力的行为主体同样无法摆脱滥用权力的倾向。这些行为主体固有的缺陷促使研究视角转向制约手段，通过设定权力运行的规则来实现权力制约的目的[1]，即以制度制约权力。能否"把权力关进制度的笼子"，取决于制度的健全程度。因此，制度制约权力分析视角的理论进路是制度的建构与完善。

用该理论进路分析人大预算监督制度，关注点集中在人大预算监督的制度供应方面。李一花教授较为系统地呈现了我国人大预算监督的基本安排，如预算编制、预算审批、预算执行有关的制度安排[2]。任喜荣教授基于制度分析方法的运用，较为详细地审视了新中国成立以来我国地方人大预算监督制度结构的变迁，从宏观制度建构的角度来说，地方人大预算制度的宪法性制度结构比较稳固，未发生大的调整，人大预算监督权的成长属于"制度内的权力成长"，因此，面对多条发展进路，与其在冲突的路径之间寻求中庸之道，不如将地方人大预算监督视为"制度事实"，在现有制度框架内寻求渐进变革[3]。在《宪法》制度框架内，结合制度供给方面的问题，健全人大预算监督制度的思路主要是：在宏观方面，进一步规范各参与主体的角色与功能，如人大与政府、人大财经委与政府财政部门间的关系；在微观方面，细化人大对预算编制、审批、执行过程中行使监督权的

---

[1] 蒋炜：《论从权力制约到制度制约》，《求索》2011年第7期。
[2] 李一花：《完善人大预算监督的三维视角：法律、制度和组织保证》，《地方财政研究》2010年第5期。
[3] 任喜荣：《地方人大预算监督权力成长的制度分析——中国宪政制度发展的一个实例》，《吉林大学社会科学学报》2010年第4期。

规定①。在实践方面，制度制约权力反映在人大预算监督方面的标志性改革是2014年对《预算法》的修订。

良好的制度设计为权力规范化运行提供了明晰边界，规范了监督与被监督方信息互通的权利与义务，降低了信息不对称，使权力受到约束成为可能。制度制约权力，除了制度设计科学，更依赖于制度实施。制度实施受到技术环节的约束，如果不考虑这一点，过度依赖制度供给，频繁输出制度，并不能有效规避信息不对称问题，也就难以有效解决权力肆意妄为的问题②。

权力制约权力、社会制约权力、制度制约权力三种理论视角均在不同程度上反映和推进了人大预算监督的实践，呈现出行为主体与手段的交织，共同推动着人大预算角度效能的发挥。然而，它们在化解信息不对称方面都存在一定的技术困境。这也意味着人大预算监督效能的提升需从解决信息不对称的思路入手。近年来，人大预算联网监督实践为我们提供了一个新的分析视角——信息技术规制权力。

二 作为规制权力新视角的信息技术：基于委托代理的理论阐释

在上述三种理论视角之外，目前地方人大预算监督实践中效果最显著的是预算联网监督。人大预算联网监督的实践机理是利用网络技术实现人大与同级财政系统的联网，建立预算联网监督系统，实现预算信息实时共享，从而将预算行为纳入人大实时监督。换言之，人大预算联网监督的实质即为将信息技术嵌入权力过程，改善信息不对称，进而规制公共权力。问题在于信息技术何以能够规制权力，其背后的理论机理是什么？要解答该问题，首先应当追问技术的本质的是什么。技术的本质在于解蔽，揭露真实世界。③通过网络技术的应用，人大可以更加便捷地获取真实的预算信息，这是信息技术规制权力作用机理的核心。为进一步说明其内在机理，本节引入委托代理理论来做进一步阐释。

---

① 孙德超、韩冬雪：《人大预算决算审查监督职能的加强：双重障碍与消解途径》，《社会科学战线》2014年第7期。
② 黄其松：《权力监督的类型分析——基于"制度—技术"的分析框架》，《中国行政管理》2018年第6期。
③ 赵奎英：《技术统治与艺术拯救——海德格尔的技术之思及其生态伦理学意义》，《山东社会科学》2017年第7期。

在我国人大预算监督过程中，人大通过预算审批授权行政机关按照预算契约在规定期限内行使预算权力，由此形成了以人大为委托方和以行政机关为代理方的委托代理关系。委托代理理论发现[①]，由于激励不相容与信息不对称，代理方的机会主义难以避免。在解释机会主义的缘由上，委托代理理论假定行为主体存在自利一面，行为主体的自利性导致委托方与代理方的利益并非完全一致。如果制度设计能够杜绝这种不一致性，即为激励相容；反之，则为激励不相容。激励不相容问题在现实中往往很难杜绝，代理方总是有动机偏离委托方的预期。这种动机由于信息不对称而具备了转化为现实的可能性。所谓信息不对称是指代理方在信息占有方面要优于委托方，具有委托方所不知道或不完全了解的信息。在代理方履行代理事务的过程中，委托方不会投入和代理方一样多的精力，否则委托方也就没有必要委托了。结果就是，委托代理链条中的信息不对称难以避免。代理方可以利用自身的信息优势来谋取利益；甚至在有些情况下，委托方难以觉察代理方的谋利行为。作为一种客观存在，信息不对称固然难以避免，但委托方可以通过技术创新、制度设计等方式方法降低委托代理中的信息不对称，尽可能规避其中的机会主义。这也是委托方监督代理方的思路：委托方可以通过降低信息不对称来强化对代理方的监督。

信息不对称程度可以降低的可能性，使委托代理过程中的监督具有了现实性。在预算监督过程中，作为委托方的人大如果能够获得充足的预算过程信息，那么作为代理方的预算执行机关的机会主义就能在很大程度上得到规避。从这一角度来讲，人大预算监督职能的有效发挥程度主要取决于它的信息获取能力。长期以来，人大获取预算信息的方式主要有审查报告、查看各类报表、调研、听取汇报等，基本上是以"纸"为载体的信息。纸制信息本身存在信息承载量有限、传输耗时大等问题。在这种情况下，人大获取预算信息的交易成本比较高。另外，受限于人大的组织架构，信息传输过程中存在"层层处理"的问题，因而也就难以规避信息在传输中出现遗漏、失真等现象。传统信息获取方式的这些缺陷，可以说是人大预算监督效能发挥不理想的又一种解释。

[①] 郑石桥：《政府审计对公共权力的制约与监督：基于信息经济学的理论框架》，《审计与经济研究》2014年第1期。

改变传统信息获取方式，降低预算信息获取中的交易成本，是当下人大在预算监督过程中减少信息不对称、强化预算监督能力的必然选项。当然，这其中的关键问题是利用什么技术降低信息获取中的交易成本。"互联网+"时代的来临为人大改变信息不对称提供了机遇。网络信息技术在很大程度上改变了人大的信息劣势地位，增强了其预算监督能力。当信息技术成为权力系统运行的支撑时，它将赋予权力系统新特点：集成性、多通道、互动性以及公开、透明、资源共享等。这些新特点可以加快政务信息流通的速度，提高政府的透明度，有效降低监督过程中委托方获取信息的成本，改善其信息劣势地位。具体而言，网络技术在监督过程中的优势表现为以下几个方面：一是改变了传统信息传递过程中的"层层处理"，实现"点对点"传输，避免了信息传输过程中的截留、屏蔽或衰减等问题，实现了对代理方利用信息优势滥用权力的技术控制；二是大大提高了信息资源的共享性，从而保证了权力监督的可行性；三是增进了权力过程中的透明度，提高了社会监督实效；四是将政务过程程序化，从而压缩了公务人员行使权力的自由裁量空间，使规避权力滥用成为可能[①]。

信息技术规制权力的作用机理在于网络技术能最大限度地弥补委托方的信息劣势，改善它与代理方在信息占有方面的不对等地位。在这个过程中，有一点需要明确：网络技术所起的作用主要是支撑性的，并不能取代权力、制度、社会等方面的制约，而是嵌入其中。换言之，网络技术作为规制权力的一种理论视角，应当与其他三种理论视角统一于人大预算监督实践之中，共同致力于公共预算价值最大化。中国人大预算联网监督实践的突破，为网络技术规制权力提供了实践素材，为网络技术成为规制权力的第四种理论视角贡献了中国方案和中国智慧，促进了预算监督理论的创新。

三 人大预算联网监督：技术规制权力的实践

信息技术可以规制权力，这是"互联网+"时代权力监督发展的一个新特点。在当前一段时间内，强化反腐力度、规制公共权力运作，既要加强制度建设，也要充分应用网络技术，开辟信息技术规制权力的新路径。人大预算联网监督可以说是典型实践，甚至是独创性的监督实践。国外的预

---

① 叶常林：《信息技术在权力监督中的作用》，《中国行政管理》2004年第11期。

算联网系统多限于行政内部①，立法与行政之间的预算联网鲜有报道。人大预算联网监督在我国已有十多年发展，广东、四川等 7 个省份先后开启试点工作。在试点基础上，2017 年全国人大常委会工作报告指出"推进预算联网监督试点工作"，将其作为人大重点工作来抓。同年 6 月 30 日，全国人大常委会办公厅印发的《关于推进地方人大预算联网监督工作的指导意见》明确规定，争取用三年时间，全国预算联网监督网络实现横向联通、纵向贯通。2017 年 7 月 4 日，推进地方人大预算联网监督工作座谈会在广州召开。2017 年底，全国人大预算联网监督系统一期工程完成。通过对当前公开报道资料的分析②，可以发现地方人大预算联网监督契合技术规制权力的工作机理，并呈现如下实践特征。

（一）寻求共识，合力推进

网络技术制约权力的前提是委托方能够将被监督方的代理行为纳入网络平台。也就是说，人大预算联网监督的推进应当寻求与财政部门、预算使用单位的合作，共同建立预算监督网络。问题是被监督部门是否愿意配合人大预算联网工作？回答这个问题，就要清楚我国人大预算监督的本质是什么。我国人大预算监督遵循的是合作监督逻辑，其目的在于督促和支持被监督部门依法开展工作，时任全国人大常委会委员长李鹏同志指出，"人大监督的目的是督促和支持'一府两院'依法行政、公正司法……人大常委对'一府两院'的监督，根本不同于西方国家议会对政府和司法机关的权力制衡。因此，在人大监督工作中，要把监督和支持结合起来，在监督的同时，还要强调支持，通过监督，支持政府、法院、检察院把工作做得更好"。人大预算监督的监督与支持功能，契合财政部门保护公共财政的价值理念。一般情况下，监督部门会自觉将人大预算监督视为工作动力而不仅是压力，珠海市一位财政局负责人表示："人大监督带给财政部门的不仅仅是压力，更多的是促进提高财政治理水平的外部动力。"③ 因此，在推进人大预算联网监督过程中，以财政部门为主的预算部门大多都会主动配

---

① 段铸、程颖慧：《国内外财政监督比较研究》，《特区经济》2010 年第 7 期。
② 本节分析的公开报道资料全部来自主流网站，网络技术的信息优势使本节的分析成为可能。由于涉及相关报道的网站比较多，限于版面，相关报道的引用不再一一注明网站出处。
③ 于浩：《珠海：互联网思维推动人大预算监督》，《中国人大》2015 年第 16 期。

合人大工作，为联网积极创造条件。

在具体实践过程中，人大预算联网监督工作多以人大与财政部门合作的模式推进。在广东省人大与省政府的共同努力下，2004年8月广东省人大与省财政厅共同架设了内网光纤专线，使省人大财经委与省级财政国库集中支付系统联网，率先在全国实现省级人大预算支出联网监督。以此为基础，2008年广东省人大实现了与省审计厅联网；2013年与纪检监察部门联网；2014年与省社保局的专网连接。黑龙江省人大常委会在2010年初步完成了与省财政厅预算联网。其中，黑龙江省财政厅起着基础性作用，预算审查联网中心接入国库集中支付系统由其负责。此外，在预算联网建设中，地方党委的支持是该项工作有序推进的重要保障，如广东省在预算联网过程中，省委和省纪委做出了"继续探索建立实时在线财政预算监督系统的做法，加强人大对财政开支的监督"的统一部署和要求。可以说，在预算联网监督过程中，网络技术仅仅是获取预算信息的技术，它本身并不能解决信息的准入问题。没有财政部门的配合，立法机构难以完成信息准入这项工作。

总体而言，由于我国人大监督具有支撑被监督部门工作的性质，使人大与被监督部门合作有了共识；这种共识反过来推进了二者合理构建人大预算联网监督网络。

（二）技术支撑，信息可视

在传统人大预算监督过程中，预算信息的获取往往存在两个方面的限制：一是预算信息传输过程中的截留与失真，预算信息不完整；二是预算信息专业性强、枯燥，人大代表"看不懂"预算。通过与财政部门的联网，人大可实现对预算信息实时查看。可见，网络技术应用，就是为了破除人大预算监督过程中信息获取的障碍。

首先，依托预算联网，人大基本实现对预算支出信息的全覆盖。这种全覆盖包含两层含义：一是预算支出类型信息的全覆盖；二是预算支出过程信息的全覆盖。在预算支出类型方面，截至2017年2月，黑龙江省的预算联网覆盖的数据包含了"四本预算"中社会保险基金预算外的其他预算信息；广东省涵盖了"四本预算"的支出信息。在预算支出过程方面，网络技术超越了时间的限制，使得人大能够实时获取预算信息并进行监控，如广东省的预算联网监督系统的主要功能是全面反映预算支出情况，实现全覆盖预算单位、全纳入预算资金、全跟踪预算执行、全方位监督预算。

其次，预算联网使人大能够"看得懂"预算信息。对普遍缺乏专业预算知识的人大代表来说，在不借助必要技术的前提下，看懂政府账本较为困难。为此，在预算联网监督系统开发过程中，注重系统分析功能的应用。从各地的实践来看，预算联网监督系统普遍具有预算信息分析板块，如广东省的人大预算联网监督系统设计了相应模型配合人大查询，并能够统计数据、分析问题、实现预警；湖北省的人大预算联网监督系统具备查询、任务、监测、分析、集成五项功能，拥有包含数据中心、警情处理、报表分析、监测指标等六大模块。值得关注的是，预警功能的开发，使人大预算监督向智能化监督迈出了重要一步。广东省人大在预算联网监督系统中设置预警指标，当指标出现异常时系统将立刻提示并发出红色或黄色警报，帮助监督人员及时发现问题。

为了更好地发挥人大预算联网监督功能，不少地方人大预算联网监督呈现出专业化发展趋势，如湖南省建有"预算监督网络中心"。此外，吸纳专家参与预算联网监督，是人大预算联网监督的又一亮点，如黑龙江省的"预算审查联网中心"建有三间办公室：预算审查室、专家讨论室、专家工作室。

（三）重点突破，支出监督

预算过程中的信息是庞杂的，即使人大通过联网可以获取全部预算信息并可通过技术实现对预算信息的分析，但信息处置最终还需由人来完成。在人力有限以及专业能力不足的情况下，人大几乎不可能处置所有预算信息。结合当前我国人大预算执行中的突出问题，地方人大在预算联网监督过程中形成了以支出监督为主的联网监督模式。

预算过程中存在"公地悲剧"问题，导致预算部门倾向于过度支出。[1]党的十八届三中全会指出，预算审核的重点由平衡状态、赤字规模向支出预算和政策拓展。2018年3月，中共中央办公厅出台《关于人大预算审查监督重点向支出预算和政策拓展的指导意见》，明确预算监督的重点内容在于支出。在联网监督实践方面，地方人大围绕支出全覆盖为核心开展联网

---

[1] 朱进：《财政预算的"公地悲剧"：财政支出规模增长的一种解释》，《当代财经》2008年第3期。

工作,主要是通过人大与国库支付中心联网,实现对预算部门每项支出的金额、去向、名称等的实时在线监督。以四川省为例,2003年四川省人大对省级部门支出预算执行启动实时在线监督,并在各区、县人大推广,宜宾市、巴中市、成都青羊区、广元青川县也先后实现了人大和财政联网,人大对本级部门支出预算执行情况实时在线监督。

(四) 两线结合,财政优化

技术规制权力实际上强调的是技术的工具属性。就人大预算联网监督而言,网络技术的应用主要是为了解决委托代理过程中的信息不对称问题。预算联网监督功能的优势在于帮助人大获取预算过程(目前主要是支出)的信息,而这些信息转化为监督还需依赖人大的线下工作。也就说,预算联网监督功能的实现要"两线结合"。此外,一些地方人大引入第三方进行评估,预算联网监督呈现出"两线结合、第三方评估"的实践特色,如2014年广东省人大在评估战略性新兴产业专项资金绩效时,采取了联网查询、专题调研与第三方评估相结合的方式。

人大预算联网监督的实践,改变了人大预算过程中的信息不对称问题。信息能力的提升能否提升人大预算监督能力、促进财政优化呢?对此地方案例做出了解答,如在2016~2017财政年度中,黑龙江省人大通过预算联网监督系统共检查了88.74万笔预算支付行为,共计金额423.15亿元,其中发现问题支出1031笔,共计金额4921.25万元;发现问题后,人大将其反馈给财政部门及相关部门并督促整改,取消了部分支出项目。实践证实,网络技术可以规制权力,人大预算联网监督能够促进财政优化。财政优化的实践效果进一步表明,人大预算联网监督不仅为立法机关预算监督理论增添了中国创新,更为促进财政优化贡献了中国方案。

四 发展启示

委托代理理论表明,信息不对称是代理方偏离委托方预期的作用条件;降低委托方与代理方间的信息不对称,能够减少代理方的机会主义。网络信息技术的发展,使委托方与代理方之间的信息关系改善成为可能。网络技术成为除权力、社会、制度之外的第四种规制权力的方式。对于其他三种监督方式而言,网络技术不是取代,而是补充,其作用的发挥在于网络技术嵌入其中，成为它们的技术支撑。网络技术规制权力，为分析人大预算监督提供了新的理论视角。依据该视角分析人大预算监督可发现，通过网络技术的应用以及系统软件的开发，地方人大改善了传统预算监督中的信息劣势地位，提升了监督能力，优化了公共财政。不过，由于地方人大预算联网开启时间有早有晚，各地发展参差不齐，而且地方人大预算联网监督主要集中在支出方面，尚未完全覆盖收入，人大获取预算信息的完整性受限。基于网络技术规制权力的思路，人大预算联网监督深化发展思路应以方便获取、分析完整预算信息为中心展开。

第一，网络独立，软件统一。在信息获取与预算监督方面，人大预算联网监督的优势已得到体现。但主要集中在那些先试先行的地区。这些地区的人大不仅实现了网络独立（而不只是端口的接入），还开发了集查询、分析与预警等功能于一体的软件系统。与之相比，部分地方人大推进预算联网监督依然限于端口接入，独立软件系统开发尚处于起步阶段。从人大功能发挥的角度讲，独立网络、功能完整的软件系统是联网的基础。各地重复开发软件系统既不经济也难保功能齐全，因此，一个经济且效果突出的做法是全国人大开发统一的功能齐全的软件系统，向全国推广。

第二，预算全纳入，信息全覆盖。预算支出在当下固然是监督重心，但这并不意味着预算收入监督不重要。预算包括收入与支出，因而预算收入当然属于人大预算监督范畴。实际上，如果人大通过预算联网监督网络不能有效掌握预算收入信息，那么它也很难在监督过程中确保预算平衡。因此，人大预算联网监督的深入应当将预算收入纳入网络建设之中。在可行性方面，预算支出信息纳入的实践为预算收入的覆盖提供了先例。

第三，构建预算咨询机构，实现预算分析专业化。网络技术便利了人大搜集预算信息，这是人大预算监督实质化的重要一步；接下来，人大应当提升预算信息分析的专业化。尽管网络技术可以实现预算信息可视化，但这不等同于预算信息分析不需要专业能力。事实上，信息的丰富使专业分析能力在人大预算监督中的重要性更为凸显。在我国人大代表以及常委会委员财经专业能力不足的情况下，预算信息分析的专业能力受到一定限制。立足当前实践，人大在预算联网监督过程中应当把握发展契机，建立预算咨询机构。人大预算联网监督为预算咨询机构的建立提供了良好的发展契机，不少地方建有"预算监督网络中心"或类似机构，有的还聘用了预算专家。除了这类以预算信息收集、分析为主的机构，地方人大应当更进一步，发展出专门的预算咨询机构，以实现预算信息分析的专业化，并对预算整改提供专业建议。

第五节　人大预算监督重点拓展的逻辑分析与路径考察[①]

一　问题的提出

党的十九大报告明确了"建立全面规范透明、标准科学、约束有力的预算制度，全面实施绩效管理"的新时代预算改革目标。为更深一步确保人大预算、决算审查监督的专业性和权威性，中共中央办公厅印发了《关于人大预算审查监督重点向支出预算和政策拓展的指导意见》（以下简称《指导意见》），正式开启重点拓展改革，明确"中国特色社会主义财政监督机制"，将新时代预算制度建设与改革向纵深推进。

近年来，重点拓展改革快速推进，各级各地积极研究向监督重点拓展的转变思路，提出贯彻落实《指导意见》的具体措施，推动改革尽快落地生根。同时，也应清醒地意识到，全面推进改革的进程中还存在改革共识不清晰、战略目标不明确、地方调研不充分、措施方案不到位等突出问题。

为确保人大监督政府"钱袋子"的财政改革取得成效，必须对以下四个问题加以解读。一是人大预算监督重点拓展改革是什么？对这一问题的讨论，涉及具体改革内容的分析，构成了所有分析的基础，其他任何问题都围绕这一问题进行阐述。改革的核心是回答如何实现向支出端、政策端的拓展监督，《指导意见》是这一问题讨论的重要支撑，不仅阐述了重点拓展改革的理由和逻辑，还提出了具体改革方案。二是为什么要推进人大预算监督重点拓展改革？只有深入考察党和国家行动背后的逻辑，即分析改革对推进问题整改落实、促进整体社会发展、完善组织自身运行的重要性，才能在此基础上形成一个分析重点拓展改革紧迫性和必要性的完整链条。三是人大预算监督重点拓展改革是怎样运行的？这涉及对《指导意见》设计逻辑的分析。与上一个研究问题相比，这一部分的研究更彻底，它有益

---

① 本节由金灿灿执笔，发表于《地方财政研究》2019 年第 7 期。

于解决真实改革活动中出现的各类阻碍。四是人大预算监督重点拓展改革将会带来哪些影响？这是对改革的整体评价，它需要描述改革前后发生的合理变化，评估实施重点拓展改革是否使得财政监督的运行模式产生重大调整。要完整回答这一问题，还需从体现改革实效的数据分析入手，通过横向、纵向对比得出结论。

基于上述分析，本节研究重点锁定前三个问题，致力于描绘人大预算监督重点拓展改革的事实、逻辑和路径。首先，阐述人大预算监督重点拓展改革的主要内容和运行逻辑，对理解改革的挑战、现实和机遇的三重视角进行简要分析；其次，从设计原则、战略目标和操作指引三个板块对重点拓展改革的行动路径进行论述；最后，理性客观评估本次改革，为继续稳妥推进改革建言献策。

二 理解"重点拓展"改革的三重视角：挑战、现实与机遇

重点拓展改革指的是为提升人大工作、健全人大制度、促进经济健康稳定发展，围绕"人大预算审查监督重点向支出预算和政策拓展"的主题，自上而下部署开展的一项深刻变革。

（一）当下财政治理面临的挑战

政府预算的本质是政治，在国家治理中发挥核心枢纽作用。然而，随着经济的发展，财政本身不平衡、不协调、不可持续的特点也日益凸显：一是经济粗放式高速增长，以商品服务税为主的税收收入连年大幅增长；二是土地财政愈演愈烈，隐性和显性的各类地方政府债务问题一一显现，经济风险、财政风险与金融风险叠加；三是在财政收入相对宽松的环境下，不可避免地出现财政监督不严、预算约束软化、财政规范性较差、信息透明度较低、行政自由裁量权较大、财政治理较粗放等问题。[1]

在此背景下出台的《指导意见》正是恰逢其时，为应对财政治理面临的挑战提供了新的解决思路。重点拓展改革以支出预算和政策拓展为核心内容，强化对政府资金使用效率和政策实施连续性的关注，强调预算审查监督的针对性和绩效性。以中国目前总体经济形势来看，在财政收入无法

---

[1] 卢洪友：《踏上新时代历史征程的政府预算中国财政》，《中国财政》2018 年第 9 期。

实现大幅增长的情况下，如何提高财政资金的使用绩效，最大限度发挥效用就显得尤为重要。

（二）迈向国家治理体系和治理能力现代化目标的现实需要

"预算不仅是高效配置财政资源的某种机制，也是开展政治活动过程中的一个政治工具。"[①] 党的十九大对国家经济社会建设各方面都提出新目标、做出新要求，这些与政府预算紧密关联。每年的政府预算安排及预算改革进度，都是为了全面建设社会主义现代化国家、全面促进国家治理现代化的历史总目标渐进式探索前进。基于此，观察2018年及以后的年度预算，不仅要看其解决了哪些国计民生难题、如何解决的，还要有未来视野，动态分析政府预算在推进国家治理现代化和财政治理现代化进程中，在厚植新时代预算新思想、新体制、新机制等层面有什么新进展，贡献了哪些"边际"力量。正值历史转折期的政府预算，更应着力贯彻新时代财政观，着力推进现代财政制度建设。

可以将政府预算比作关键按钮，于政治活动而言，牵一发而动全身。一旦把握了这个按钮，就等同于把控了国家建设的主要脉络，而人大预算审查监督正是把握好这个按钮的重中之重。人大监督工作质量的高低直接影响政府预算工作的好坏，最终影响新时代国家建设各项目标的实现进度。实施重点拓展改革，正是为了更好发挥财政在国家治理中的基础和重要支柱作用，使国家治理各项活动的支出需求与财力实力相匹配，确保国家运行更加顺畅，国家治理效能得到极大提升，国家治理体系和国家治理能力加快迈向现代化。

（三）人大预算监督能力提升的机遇

面对日益复杂的财政经济形势，政府预算承载的影响力越来越大。财政监督具有一定的专业性和技术性，对政府"钱柜"最直接有效的制约来自国家权力机关开展的预算监督，如果人大对政府预算审查流于形式，监督"利剑"将难以产生真实效果。基于此，人大在预算监督过程中不能只停留在一个层面，人大作为一个在预算过程中被忽视的行动者，应通过强

---

① 马骏：《中国公共预算改革：理性化与民主化》，中央编译出版社，2005。

化相关资源变量的配置、优化自身监督流程、重塑自身角色，逐渐从法律意义的监督者变成实质意义的监督者，从而进化为不可替代的审查监督者。① 因此，该不该监督、敢不敢监督不应再被视作棘手问题，如何进一步完善监督程序、提升监督能力才是真实政治生活中亟待解决的难题。

人大预算监督权不仅是衡量一个国家政治发展水平的重要标准，也是学者们研究一国政治制度发展模式的重要切入点。中央文件专门就财政监督领域提出系列要求。党的十八大提出，以政府全口径预算、决算为目标，加强审查监督职能；党的十八届三中全会和党的十九届三中全会提出，强化人大对预算决算、国有资产管理等领域的监督力度；中共中央印发的《深化党和国家机构改革方案》提出深化改革人大机构，将全国人大内务司法委员会更改为全国人大监察和司法委员会，除了保留原有工作职能，另外增加促进党内监督和国家机关监督有机统一方面的职责。这些举措一方面表明党中央对加强人大预算审查监督高度重视，另一方面证明预算审查监督工作在人大总体工作中的重要地位更加突出，为财政监督体制改革奠定了基础。传统的预算监督聚焦于赤字规模大小和预算收支是否平衡上，对财政支出的绩效性和政策实施的连续性关注不够。在重点拓展改革中，人大关注本级政府财政的重心由赤字和平衡，转为支出政策和支出预算，多角度介入政府支出政策和支出预算等具体施政行为，致力于解决一直困扰我国监督体系的"上级监督过远、下级监督过难、同级监督过软"的难题。

值得注意的是，与大多数西方国家"只管支出"的预算审查监督不同，人大重点拓展改革并没有完全转向"只管支出"，而是灵活把握"收支联动"的大方向原则，在此基础上向支出端和政策端拓展延伸，从"有多少钱办多少事""有足够的钱办必要的事""找过多的钱办过多的事"转变到"该办什么事去找什么钱"，是完全符合中国特色的监督体系扩展。

三 改革的行动路径：设计原则、战略目标与操作指引

（一）以清晰的设计原则，凝聚新时代预算监督共识

理解和发现重点拓展改革方案背后的设计原则是研究者的一项重要工

---

① 林慕华、马骏：《中国地方人民代表大会预算监督研究》，《中国社会科学》2012 年第 6 期。

作，并通过扩大学术视野，帮助改革实践者深层次把握改革活动。"任何改革设计都需要依托一定的政策文本，研究人员可以从中找到指导改革的设计原则。"① 梳理目前官方公布的信息可以发现，重点拓展改革过程中比较重要的政策文本包括《指导意见》及各省市根据《指导意见》出台的《实施意见》。从《指导意见》入手，我们可以将指导人大预算监督审查重点拓展改革的设计原则归纳为三项大原则和六项小原则。这些设计原则阐述了中国特色预算审查监督"向支出预算和政策拓展"的根本遵循，体现了市场经济形势下实行"人民监督"的新时代财政监督共识。

根据表 1-7 的分类，人大预算监督重点拓展改革的三项核心原则分别为政治型原则、专业型原则和情境型原则，其核心是回答人大预算监督如何实现向支出预算和政策延伸拓展的问题。政治型原则明确了重点拓展改革的目标和方向，将党的领导和人民当家作主融会贯通于社会主义民主政治的伟大实践；专业型原则回答了重点拓展改革的着力点和举措，坚持依法监督和有效监督相统一；情境型原则阐述了重点拓展改革面临的不同形势和任务要求，是党中央的路线方针政策在地方工作中得到全面贯彻和有效执行的重要保障。这三类原则是解码整个重点拓展改革的"钥匙"，构成了稳定改革的重要基石。

表 1-7　人大预算监督重点拓展改革的设计原则

	类型	具体原则
核心原则 1	政治型原则	原则 1.1 坚持党中央集中统一领导
		原则 1.2 坚持围绕和服务党和国家大局
		原则 1.3 坚持以人民为中心的发展思想
核心原则 2	专业型原则	原则 2.1 坚持依法开展审查监督
		原则 2.2 坚持问题导向
核心原则 3	情境型原则	原则 3.1 坚持积极探索与扎实推进相结合

（二）以明确的战略目标，精准深化改革思路

党委通过政策文件使改革目标与手段之间建立强逻辑关系。明确的战

---

① 李文钊：《党和国家机构改革的新逻辑——从实验主义治理到设计主义治理》，《教学与研究》2019 年第 2 期。

略目标不仅需要回答理想的重点拓展改革未来的预期状态，还需要重点考虑财政监督改革对经济社会发展的改变，进而诠释改革在整个社会系统中的角色定位。

对于重点拓展改革的目标设定，《指导意见》开篇部分通过四个"有利于"进行了客观描述："人大加强对支出预算和政策的审查监督，有利于强化政策对支出预算的指导和约束作用，使预算安排和政策更好地贯彻落实党中央重大方针政策和决策部署；有利于加强和改善宏观调控，有效发挥财政在宏观经济管理中的重要作用；有利于提高支出预算编制质量和预算执行规范化水平，实施全面规范、公开透明的预算制度；有利于加强对政府预算的全口径审查和全过程监管，更好发挥财政在国家治理中的基础和重要支柱作用，更好发挥人民代表大会制度支撑国家治理体系和治理能力的根本政治制度作用。"这意味着，重点拓展改革的战略目标可以按照表1-8分为微观目标、中观目标、宏观目标三个层次，不同层次的战略目标之间存在紧密的联系和互动关系，重点拓展改革是为了不断完善和发展中国特色社会主义制度，最终实现推进国家治理体系和治理能力现代化的总目标。

表 1-8　人大预算监督重点拓展改革的战略目标

	类型	表述
目标 1	微观目标	目标 1.1 预算安排和政策更好地贯彻落实党中央重大方针政策和决策部署
目标 2	中观目标	目标 2.1 发挥财政在宏观经济管理中的重要作用
		目标 2.2 实施全面规范、公开透明的预算制度
目标 3	宏观目标	目标 3.1 推进国家治理体系和治理能力现代化

（三）以完备的操作指引，指导地方实践的创新

完备的操作指引是改革的坚实载体和具体抓手。《指导意见》的发布，使人大预算监督的重心随之发生调整，预算监督工作的主要内容、主要程序、组织保障以及具体工作任务也因此有一定的调整，这需要各级人大在以后的工作中按照《指导意见》的要求做出有针对性的改革，具体表现在以下四个方面。

1. 确立重点审查内容

从"国家预算"走向"预算国家"的监督体系逐渐呈现出由"合规趋向"转为"绩效导向"、由"收入端"转为"支出端"、由单一主体转为公众参与、由年度预算转为中期规划等演化趋势。《指导意见》指出预算审查工作重点发生倾斜,从与政府行为挂钩的财政数字延伸到支撑政府行为的政策,与"全面实施绩效管理"的任务相符,财政监督审核内容从"花几笔钱""花多少钱"到"该不该花这笔钱""如何花得恰到好处",这就确立了将预算能否促进政策可持续性作为重点审查内容,即要求各级人大在监督工作中准确把握党中央重大方针政策和决策,充分了解与民生紧密关联的热点难点问题,聚焦工作重点,精准监督内容,有效提升监督效能。

2. 规范工作程序

重点拓展改革工作应合理布局、规范操作,落实到各级人大具体工作上,须依托相关法律法规制度,制定合理可行的实施办法和行为规范,明确预算监督工作程序,规范审查工作行为,做到"有法可依"。在推进重点拓展改革的进程中,各级地方人大应及时启动有关预算审查监督条例的制定工作,全面梳理原有法规与中央要求不一致、与《预算法》规定不相符、与财政经济形势不相适应的条款,总结地方预算审查监督工作经验做法,制定地方性法规,确保立法与改革决策相衔接,使重点拓展改革有序有效推进。例如,《预算法》只规定了监督财政执行情况与预算决议要求之间的吻合情况,重点拓展改革则具体从审查意见是否落实到位、预算计划是否做出支出安排、预算调整是否得到批准三个方面给出详细指导意见,针对这种情况,为了使重点拓展改革尽快落实到位,地方各级人大应主动完善地方性法规的相关内容,进一步对监督拓展延伸的领域做出合法性解释;新《预算法》对审查预算的总体要求是与经济社会发展相一致即可,党的十九大后推行的重点拓展改革则明确强调重点监督预算安排是否与中央经济工作会议上提出的大政方针、重点任务、紧迫要求相符合,使审查监督的各项工作皆有迹可循,更规范合理。

3. 提升审查监督工作能力

重点拓展改革要求地方人大能因地制宜、与时俱进、开拓创新地改进工作方法,除了把好审查监督关,更能对审查内容做出科学的绩效评价。在济南召开的全国重点拓展改革工作座谈会上,通过充分发挥预算联网监督平台的作用，实现对各类民生保障支出和财政转移支付政策重点审查的"广东经验"得到各方肯定。此外，湖北、湖南、四川、南京等省市也展示了地方人大充满热情的探索实践，分别从建设预算内固定资产投资监督平台、实时监控政府重大投资项目、增加初审预审工作流程、丰富人民代表审议监督方式、对重点工作开展满意度测评等方面展开实践。饱含地方特色的经验总结，证明各级人大审查监督工作能力在实践中不断得到调试和提升，为推进监督拓展延伸工作提供了有益参考。

4. 坚持群众路线和民主集中制

财政只有体现人民性，才是"人民财政"。人民是国家的主人和一切权力的拥有者，始终坚持"以人民为中心"是新时代人大监督体系——"一体两翼"监督的指导思想。[①] 把功夫重点花在平时，深入群众开展调查研究，才能将热点难点问题以民主集中制的方式合理转化为政府意志，提高预算支出和政策的科学性。人大预算监督实际上是与政府机构之间的预算信息博弈，后者在预算信息的掌握上具有绝对的优势，如果人大审查机构不进行及时、充分的信息调研，在审查监督工作中就只能处于劣势并最终导致监督工作流于表面。人大审查和批准预算，不是与政府唱"对台戏"，是通过严格的监督来纠正偏差，从源头上预防和遏制腐败，确保财政资金用在刀刃上。

四　小结

为者常成，行者常至。推进人大预算审查监督重点拓展改革是持续发力、逐步深化的过程，全面贯彻落实各项改革要求，积极探索实践，及时总结经验做法，才能稳妥推进、统筹兼顾，以渐进式制度变革不断推动人大预算工作取得新突破。

从总体上来看，短期内推行重点拓展改革，人大预算监督仍然受制于法律法规、权力机构间政治定位、人大自身的组织和监督能力、技术手段等层面的制度环境。一方面，人民代表大会专门委员会目前的人员配比和知识储备能否应对《指导意见》提出的转变要求，人大代表目前惯行的

[①] 邓力平：《"以人民为中心"发展思想与新时代人大对预算国资监督》，《财政研究》2018年第11期。

"兼职制"是否能切实发挥监督功能，这些都是预算监督重点拓展改革工作需要解决的问题。另一方面，预算监督的重心由赤字、平衡向支出、政策拓展转变，将人大纳入更广泛的监督范围，人大介入政府施政的程度更深，人大工作和政府部门之间如何协调，如何真正实现"寓支持于监督之中"也是在工作中需逐步探索解决的难题。

第二章　完善地方预算权力结构：以机制调整促进体制变革

监督政府"钱袋子"是人大的一项重要职权。近年来，各级人大为履行《宪法》《预算法》《监督法》赋予的预算监督职能，不断探索改进预决算审查监督的方式方法，稳步推进国家治理体系和治理能力现代化。但是，就整体而言，各级人大在预算监督中依然存在诸多问题，比较突出的是地方人大预算审查监督能力明显低于全国人大，相当一部分地方人大无法实质性审查政府账本，在不同程度上存在监督表面化和形式化的问题。

如何理性认识这一客观政治现象，学术界一直存在争议，对人大预算监督中的各种具体问题也评价不一。争论的焦点主要是人大是否获得了监督政府预算的实质性权力。人大在监督政府"钱袋子"方面是否有效、有为和有位，受人大政治定位、法律规则、预算权力结构、人大监督手段和方式、人大自身能力等诸多因素影响。本章的主要工作是以地方人大监督政府预算所涉及的预算权力结构为研究对象，力图在掌握更多客观事实的基础上，从中观角度发现事实背后的基本关系和"深层次结构"。

地方人大的预算监督权有效运转，重要的是利用已有的制度空间，通过健全监督机制、做实监督程序、改进监督方式、规范权力关系，因时而变、随事而制，通过一个个微小调整、点滴改良，不断增强人大监督的刚性力。预算信息是制约人大监督的一个基础要素，是预算权力结构的一个重要映照，从具体机制上完善人大与政府间的预算信息传输，也是增强人大监督的重要思路。

第一节　寓支持于监督：地方人大监督政府"钱袋子"角色定位[①]

预算不是部门事务，而是国家治理问题。人大监督政府预算，不仅体现了人大和政府之间的关系，也体现了国家治理体系各主要主体之间的关系。提升人大的预算监督能力涉及国家治理体系中权力结构的重构。本节从各地发生的客观事实出发，集中回答地方预算权力结构发生了哪些变化、总体特征如何、面临的基本问题及发展趋势等问题。

一　预算权力结构变革的实际进展

预算权力结构包括人大与政府的预算权力、政府内部的预算权力以及社会参与预算过程的权力。落实人大预算权力涉及国家治理体系中各主要权力主体之间关系的调整。基于对部分地方人大的实地调研和对各地方政府、人大官网公开资料的梳理，本节选取有代表性或者有较大社会影响的地方人大预算监督案例，以图对现实中的人大预算权力做一个描绘。

（一）以人大提前介入为基本导向的预算编制监督

预算过程始于预算编制，预算权力主体间的互动亦始于预算编制。在前预算时代，预算编制是各个部门自己的事。预算改革后，财政部门对预算编制起关键作用，在政府部门中逐步成为核心预算机构。[②]

近几年来，地方人大提前介入预算编制已成为一个基本导向，一般有以下实践路径。一是参与预算编制准备工作，对当年预算重点和预算原则进行整体把握。重庆市等地的人大财经委、预工委积极参加本地财政工作会议和部门预算编制工作会议，听取财政部门关于预算编制原则、依据、口径和总体安排的工作汇报。二是赴事关民生、资金量大的部门开展调研，将人大代表和部门的意见建议汇总转交财政部门。天津市东丽区人大常委

[①] 本节内容已发表。周振超、李英：《以机制调整促进体制完善：完善地方预算权力结构的视角》，《江苏行政学院学报》2019年第2期。

[②] 马骏：《治国与理财：公共预算与国家建设》，生活·读书·新知三联书店，2011。

会在2013年预算草案编制过程中，通过调研了解居民对旧楼区改造的呼吁，随后将此问题反映给区政府，推动了旧楼区改造工程的启动。三是对上一年的预算开展重点审查，对症下药。从2013年起，重庆市人大常委会每年都会选择4个市级部门就部门重点专项资金的安排情况及绩效目标编制情况开展重点审查，将审查意见转市财政局及被审查部门，要求其反馈研究处理情况并提供给人大做预算审查批准的参考。

通过提前介入，关口前移，地方人大对预算的审查监督提前到预算方案形成之前或形成之时，有效提升了预算的科学性和针对性，弥补了人大在预算方案前期的参与缺位。这一做法也为人大审查批准预算方案奠定了基础。

（二）以预算草案初步审查为主要抓手的预算审查批准

预算草案只有经过人民代表大会审查批准才具有法律效力。人大对预算草案的审查批准包括两个依次衔接的环节：一是预算草案初审，二是大会审批；其间还可能涉及预算修正案的提出与审议。在大会审批阶段，我国实行的是整体审批制，即要么完全通过，要么完全否决。但在现实政治生活中，几乎不存在否决政府预算草案的情况。人大在大会审批时行使权力相对谨慎。

"预算修正权是现代议会的核心预算权力。""衡量议会权力的一个指标是议会能否修改政府提交的预算，如果议会不能对政府预算进行修改，那么，议会的权力就相对比较小，反之则比较大。"① 在预算修正方面，重庆、云南、河北等地在地方性法规中明确规定了预算修正案提出和审批的程序，上海闵行区等地已将预算修正权付诸实践。但总的来说，人大预算修正权的实践还不普遍，预算草案修正对预算权力结构的影响不大。

人大在预算审查批准环节发挥作用，主要抓手是预算草案初步审查。初审实质有效、能提出建设性的审查意见，是人大有效审查预算方案的前提。为做好初审工作，各地进行了诸多努力。一是积极组织人大代表参与，扩大参与面。云南省建立了预算审查前广泛听取人大代表和社会各界意见

---

① 马骏等主编《呼吁公共预算——来自政治学、公共行政学的声音》，中央编译出版社，2008。

的机制；河北省在2018年预算草案初审中组织了21名省人大代表参与。二是积极开展调研咨询，通过专题座谈会、汇报会、代表视察、专家参与等方式听取意见，提高预算初审的针对性和科学性。2017年云南省通过专家座谈会吸纳18名预算审查专家参与预初审；2018年河北省人大财经委选取上年度预算执行中问题较为典型的地区进行视察调研，听取和审查15个部门经济运行和预算执行情况的汇报，并组织了6位专家顾问参与初审工作。

人大在初审期间的努力取得了较好的效果。2017年，云南省人大在预算草案初审意见中提出"在草案中增加2016年全省和省本级政府债务限额、余额和使用情况表"后，财政厅在预算草案中新增10张表。2018年，河北省人大财经委初审后向省财政厅提出了71条意见和建议，要求省政府相关部门在规定时间内修改预算草案。浙江省乐清市人大财经委的预算草案初审意见直接促成财政部门对80个非重点审查部门2018年的预算进行了修改，其中新增项目7个，涉及5个部门796.27万元；删减项目30个，涉及16个部门2012.48万元；优化项目92个，涉及12个部门2041.57万元。

这些客观事实反映出部分人大基本具备了预算草案初审的能力，切实行使了要求政府部门就发现问题进行整改的权力；也表明相关预算编制部门能够接受人大的初审意见并进行整改，积极回应人大的要求。

（三）以规范预算调整为主要内容的预算执行监督

预算执行通过真实的资金流动反映了政府的钱"来自哪里、花在哪里、如何花"。适应环境变化进行一定的预算调整是正常和必要的，然而如果调整过于随意和频繁、不受约束，则可能出现财政资源的浪费和权力滥用。在地方预算管理实践中，以财政超收超支、政府债务等现象为诱因的预算调整现象比较普遍。

针对预算调整，地方人大做法如下。第一，积极探索预算调整监督的地方立法。有些地方明确了必须经地方人大常委会审查批准的预算调整情况，有些地方明确界定了调整的次数、时间及幅度、要件及限制等，还有部分人大常委会通过量化和列举的方式直接界定预算调整监督的权限。一些省市还细化了预算与政策的有关规定，如安徽省规定重大财政政策出台前，政府应向本级人大常委会报告，出台后应及时报送本级人大常委会备案；财政部门的财政收支政策文件应在出台后15日内抄送本级人大常委会预算工作机构。这些规定都是在本地实践基础上的总结。第二，运用会议监督为主、询问与调研为辅的监督方法。各地方一般一年安排两次常委会全体会议，通常是年中和年末各一次，在会上由政府报告半年和全年的预算执行情况及调整方案，然后由大会进行审议并做出决议和决定。此外，部分省市还丰富了预算执行监督方式，专题询问、质询和调研已日趋成为各级人大常委会的一种定期、常规的工作方式。

地方人大富有智慧的探索与实践，有效规范了政府的预算调整行为，增强了预算对各支出部门的约束力，强化了人大对政府预算调整的监督，硬化了人大对预算执行的监督权力。

（四）以审计查出问题整改情况向人大常委会报告为关键环节的决算监督

预算年度结束后，对预算执行情况和决算进行审议，是人大预算监督的最后一个环节。作为事后监督，发挥实质性约束力的难度很大，大多数地方大多数时候，决算审批流于形式，没有实现决算问效追责的目的。正如林慕华、马骏对80个地方历经五年的调查所显示的，从未出现人大及其常委会否决政府决算草案和决算审计报告的案例，89.1%的地方人大从未在政府决算审查时对政府或财政部门提出重大问题的质询。[①]

强化人大对决算环节的监督，需要加强审计机关与立法机构的互动，以专业的审计监督提升人大预算监督的质量和效果。《关于改进审计查出突出问题整改情况向全国人大常委会报告机制的意见》出台后，地方人大对人大监督与审计监督的有机结合做了进一步深化、细化，要求加大对审计结果和整改情况的公开力度，审计要向人大常委会报告，向人大提交预算和决算要确保真实性、完整性。重庆的《预算审查监督条例》、湖北的《开展审计查出问题整改情况的报告满意度测评办法》、安徽巢湖的《关于加强对审计查出问题整改工作监督的决定》、江苏扬州的《关于加强审计工作监督的规定》等都有体现。

审计查出问题整改情况向人大报告日渐成为决算监督的关键环节。一是审计查出问题配合询问、质询、特定问题调查等刚性监督方式。2016年，

---

① 林慕华、马骏：《中国地方人民代表大会预算监督研究》，《中国社会科学》2012年第6期。

在中央部署下，一些省市把听取和审议审计查出突出问题整改情况报告，同开展专题询问等监督形式结合起来监督预算。二是审计查出问题后按清单整改并跟踪调研。从2015年起，重庆市人大要求审计部门对存在问题的部门单位进行点名并列出问题清单。于是，2016年的审计报告附件首次出现了8个表格，点出了在市级财政预算执行、部门预算执行、"三公"经费、区县财政决算、政府债务、重点民生资金、政府投资项目、国有企业等方面审计查出问题的单位、项目和金额。到2017年，重庆市人大常委会围绕市级财政预算执行及决算草案、地方税收收入征管、部门预算执行等七个方面，对2016年审计查出突出问题的整改情况进行了跟踪调研，重点检查了市审计局、市财政局、市人力社保局等相关部门、单位、企业，并发布了跟踪调研报告。三是对审计查出问题整改情况报告进行满意度测评，如河北、青海、安徽、甘肃、湖北、四川、重庆巫山等地。2016年，湖南省第十二届人大常委会第二十六次会议第三次全体会议上，湖南省人大常委会组成人员依次对省发改委等18个单位的审计整改情况进行现场满意度测评，其中满意度超过90%的有7个，满意度在80%～90%之间的有8个，还有3个单位满意度在70%～80%之间。经过一系列努力，对年度预算决算工作进行审计成为配合预算监督的一个重要环节。地方人大通过与审计机关的互动配合，强化了在决算环节的监督权。

经过多年的预算改革，人大预算监督逐渐从程序性监督向实质性监督转换，人大"钱袋子"权力兴起并不断发展。这一过程同时也是预算权力结构调整和完善的过程。但也必须认识到，在地方的自主实践探索中，各地预算监督发展不均衡、监督方式有限、监督效果不明显等问题依然存在。

二 地方人大监督政府"钱袋子"的角色定位

预算监督主要涉及党委、人大、政府、公众四者间的关系。人大监督政府预算不是为监督而监督，而是在党的领导下推动现代化建设。人大和政府总体上是相互配合、相互支持、相互理解的关系。人大预算监督的角色定位是寓支持于监督，这一定位影响甚至决定了人大预算监督的空间、方式和效果。

(一) 党委领导下的预算监督机制不断完善

党政军民学，东西南北中，党是领导一切的。党领导下的预算监督，是预算权力结构中最基本的一对关系。

党对地方预算监督的领导，具体体现为地方党委对同级人大的领导。首先，党在人大中的组织体系建设。地方党委在本级人大常委会设立了党组和机关党组，在人大工作和常委会机关工作中发挥把方向、管大局、保落实的作用。常委会党组是实现党对人大工作领导的重要组织形式和制度保证，担负着本级人大及其常委会党的政治建设、思想建设、组织建设、作风建设、纪律建设的主体责任。常委会机关党组履行常委会机关全面从严治党的主体责任，贯彻党管干部原则。其次，党委书记兼任人大常委会主任的干部人事配置。大部分省级政府的人大常委会主任由省委（区委）书记兼任。党委书记兼任人大常委会主任的权力配置提升了人大在政治权力结构中的定位，有助于强化人大的预算监督能力。最后，预算过程中党与人大的程序性关系建设。一般情况下，预算首先是在政府内部研究讨论，再提交党委会审议决策，最后交由同级人大审查批准。由于政府的预算方案在提交人大常委会审查批准之前已经获得了地方党委常委会的批准，人大的审查批准没有太大的空间。近年来，一些地方完善和改进政府预算审查和批准的程序，政府常务会议通过预算后先提交人大常委会初审，政府吸收人大意见修改预算后再提交党委常委会讨论决定。实现了党对人大的领导，很好地发挥了党的领导下的人大积极进行预算监督的作用。

中央推动、党委重视和支持成为落实人大预算权力和提升预算监督能力的最重要政治保障。近几年的预算改革实践亦证明，党委重视则进展显著。2016年，山东、陕西、黑龙江、湖南等地省委办公厅转发《关于改进审计查出突出问题整改情况向省人大常委会报告机制的意见》，支持省人大常委会加强对审计查出问题整改情况的监督。2017年，全国人大出台了《关于人大预算审查监督重点向支出预算和政策拓展的指导意见》《关于推进地方人大预算联网监督工作的指导意见》《关于建立预算审查前听取人大代表和社会各界意见建议的机制的意见》等推进预算监督的指导意见。

人大有效行使预算审查监督权有力支持了同级党委的科学决策与有效领导。在坚决维护党中央权威和集中统一领导的基础上，人大在其审查监督职责范围内积极履职，这既是人大的法定职责，也是由其专业优势所决定的。人大提前介入预算推动了预算编制的科学性，严格预算初审保障了预算约束的合理性，把关预算调整强化了预算实际执行的规范性，加强决算审计提升了预算资金的有效性。人大在预算全过程的监督配合支持了党的科学决策、高效执行与有效监督。

（二）人大与财政、审计等政府部门的联动形式逐渐健全

权力必须受到控制和监督，预算权力也不例外。对预算权力的控制和监督属"财政问责"范畴，是"政治问责"中至关重要的内容。在中国语境下，最典型的有以下两点：一是政府内部建立起来的以财政部门的预算审查和监督为核心的问责；二是以人大预算监督以及国家层面的审计监督为代表的平行问责。财政部门是政府的预算主管机构，全面负责政府预算工作，在政府预算管理中处于核心地位。审计机关在法定权限内独立行使审计权，对收支部门进行审计并编制审计报告。从行政隶属层面讲，财政部门和审计部门都是政府内部的控制力量，在长期的预算实践中，明显强于平行的人大监督力量。

为了强化对预算权力的控制，在政府内部控制之外还需要发挥横向的人大监督作用。人大具有监督政府的天然使命。预算作为政府为社会提供公共产品和服务的财政支持，是人大审查监督政府收支运作的窗口和途径。人大监督政府预算就是管好政府的"钱袋子"。强化人大的监督力量，也是在增强财政部门和审计机关在政府内部"财政问责"的权威。

人大与财政部门配合越来越密切。预算改革之后，财政部门集中了政府部门的预算权力，在政府内部建立了分阶段的预算编制、预算执行、预算调整、决算的综合预算监督制衡机制。当预算权力在政府内部理顺之后，在人大积极作为和财政部门主动支持的基础上，人大与财政部门共同发力，促进预算的规范管理。首先，实现预算信息公开共享，构建人大与财政部门的信息共享与虚拟互动平台。2004年广东省财经委与财政厅联网，使用国库集中支付系统；2015年湖北省人大常委会建立人大常委会预算监督网络中心，开始运行预算执行在线监测预警系统，通过该系统，人大常委会可以实时掌握支出部门的每一笔支出信息，还可以对支出行为进行实时监控预警，线上监测预警配合线下核查取证、反馈自查，提高了人大与财政

部门对预算的监督时效性与有效性。其次，进行预算过程共商，逐步优化具体预算程序。与以前财政部门相对独立完整编制预算决算方案、人大流于形式的审批或备案相比，人大通过对预算编制的介入、对方案的严格初审、对调整的监督介入，对预算过程提出正式的审查意见，反馈给财政部门，建立财政部门与人大财经委的沟通机制，促进了人大与财政部门在具体预算环节中的沟通协商。

人大与审计部门之间的互动取得突出进展。审计是确保财政资金规范使用的内生"免疫系统"。审计的目的是发现问题、查找原因、堵塞漏洞，尤其是发现普遍性的问题。中国的审计体制机制逐渐完善，审计监督效能不断提高，但屡审屡犯的现象仍然比较突出，审计查出问题整改的效果不理想。在现实运作中，审计机关与纪检监察机关的合作较多，与人大尚未在预算监督上形成合力。预算监督要有所改进，就需要"审计部门在发现预算执行和决算的重大问题时，应同时向本区域政府和人民代表大会常务委员会有关工作机构通报备案"。[①] 2016 年，在推动审计查出突出问题整改工作制度化、长效化，增强人大监督和审计监督合力和实效上，各地进行了诸多有益探索，改进审计查出突出问题整改情况向人大报告的机制，探索采用询问、满意度测评等方式进行监督。

通过人大与财政和审计部门联动，越来越多的政府部门积极接受并主动配合人大预算监督工作，政府内部控制与人大监督支持的合力得以体现。这种监督合力反过来也塑造着人大、财政部门、审计部门在预算过程中的权力关系。

（三）人大监督与社会监督的配合越来越密切

"社会问责"是"政治问责"的另一重要内容。预算是政府执政理念、执政方式和执政绩效的直观反映，与老百姓的生活息息相关。政府要通过预算满足公众基本需求和公共优先事项，应该收集各种不同意见，最终达成一种平衡。对政府预算的监督不能仅靠事后的法律追责，还要有广泛的公众参与，在政府与民众的互动中增进相互理解。

---

① 《十二届全国人大常委会分组审议预算法修正案草案强化约束，管好政府"钱袋子"》，《人民日报》2014 年 8 月 27 日。

社会公众监督有两种实现途径：一是直接监督；二是选举代理人监督。就直接监督来说，社会公众是预算契约关系中的初始委托人，对政府预算享有最全面的监督权力，然而公众的预算监督会出现"所有者虚位问题"。社会公众和政府之间存在信息不对称问题，个人获取信息、表达意见的成本较高。同时，对政府预算进行监督的收益最后会转化为公共产品和公共利益，参与监督的个人付出的却是自己的私人利益，权衡对比之下，大多数人缺乏对政府预算深入调查监督的动机和积极性。即使有少数公众愿意参与监督，政府预算监督对其个人的专业知识水平、参与能力以及政府过程提供的意愿表达机制都提出了很高的要求，分散的个人很难真正有效监督政府的"钱袋子"。

部分地方的公众参与预算实践已卓有成效。民主恳谈和参与式预算的出现及其发挥的作用，推动了预算改革的进程。这种公众参与之所以能推动政府预算改革、促进政府预算的有效性，是因为行政机构必须考虑社会公众的反应，这是公众参与的监督效应。

就代理监督来说，人民代表大会制度为人民群众监督预算提供了可行途径和有效方式。人大监督在制度层面和实践层面有效支持了人民群众对政府预算的监督权。我国《宪法》规定，一切权力属于人民，人民通过人民代表大会行使权力、管理国家事务。人民委托人大代表对政府预算进行监督，人民是委托方，人大代表是代理方。人民代表大会享有的法定监督权，是基于人大代表与社会公众的契约关系，人大的预算监督要对人民负责。

部分地方积极探索人大监督和社会监督的有机结合。例如，充分发挥人大代表、专家和社会公众的作用；完善第三方参与预算监督的机制；发挥人大代表在预算审查监督中的作用；引入旁听、听证制度，扩大公众参与；广泛调研听取公众意见诉求等。人大监督与社会公众监督的结合与联动，增加了人大进行预算监督的动力，影响着地方预算管理的实际进程。

（四）人大内部权力体系的完善支撑预算监督能力提升

拥有预算监督权的人大是一个整体概念，既包括人民代表大会，还包括人大常委会、各内设机构以及人大代表。受人民代表大会的会期限制，人大的预算监督权主要依靠其常委会来履行，常委会又依靠财政经济委员会或者预算工作委员会来开展日常工作。随着预算监督要求的提高和实践发展，逐步形成了由人民代表大会、人大常委会、财经委、预工委或预算审查监督处、预算审查监督小组、人大代表组成的体系完善、运转有效的人大组织框架体系。

首先是设置了人大常委会的专门办事机构。1998年12月，全国人大常委会成立预算工作委员会后，绝大多数省市人大常委会设立了相应的工作委员会，即预算工作委员会或办公机构，如宁夏的预算审查监督处、深圳的计划预算委员会，负责预算审查监督的具体工作。在预工委的协调下，各专门委员会一般都会参与对政府预算的审查工作。其次是建立预算审查监督小组、联络员。从正在施行的预算审查监督条例来看，重庆等地规定建立预算审查监督联络员制度；浙江规定县级以上人民代表大会可以根据需要成立预算审查小组；广西规定预算初步审查时可以组成代表预算审查小组集中审查；安徽规定县级以上人民代表大会每届第一次会议召开时，各代表团应当成立由三至七名人大代表组成的代表团预算审查小组。再次是加强常委会建设。优化常委会组成人员的知识结构、年龄结构，尤其是增强财经委、预工委等机构领导人员和办事人员的财经会计专业力量，提升人大对预算审查监督的专业水平。最后是发挥人大代表的作用。2017年3月全国人大发布《关于建立预算审查前听取人大代表和社会各界意见建议的机制的意见》，发挥人大代表在预算审查前的监督作用。

在不断探索实践的过程中，财经委的核心预算监督功能逐步确立，人大代表的监督主体作用逐渐被激发，人大内部逐步形成一个权力关系清晰、履职行为积极的监督体系。同时，人大探索通过专题调研、询问、质询、互联网平台、第三方参与等方式，提升人大的预算监督能力，有效支撑人大预算监督权的履行。

地方人大在预算监督中寓支持于监督的角色定位愈来愈明显。曾经"多理解、多支持""多些换位思考、少些批评挑刺"等理由左右着不少地方人大的监督思维，"和谐监督""支持有过之而监督不力"成为人大监督的一种普遍状态。当前，大多数部门已经有意识地在自觉接受监督的基础上，将人大监督作为推动部门工作的重要动力。在监督形式上，把法律赋予的询问、质询等方式用起来，使之常态化和刚性化。询问和质询的目的，不是为了问倒对方，使政府难堪，而是有效改进工作。因此，询问和质询前，人大和政府要进行有效的沟通。

三 以机制调整促进预算权力结构完善

完善人民代表大会制度是国家治理体系和治理能力现代化的重要内容。提升人大的预算监督能力是一个长期的过程，需要坚持以时间换空间的思路，以程序和技术的改进不断推动人大的预算工作取得新进展。从总体上看，人大的预算监督主要受制于以下四个层面的影响：一是法律法规；二是政治权力机构各要素之间的关系和政治定位；三是人大自身的组织和监督能力；四是技术手段。在短期内，由上述四个层面塑造的地方政府预算监督的制度环境不会发生大的改变。人大的预算权力有所加强，但在中国政治生活中的定位相对稳定。一个可行的目标是争取党委重视和政府尊重、在政府部门预算中树立权威。

预算权力结构短期内不会发生大的改变，并不意味着人大在预算监督上无所作为。地方人大的预算监督权有效运转，重要的是利用已有的制度空间进行机制创新，用一个个具体行动和微观运行机制调整推动预算权力结构逐步调整。中国的很多问题不是出在体制和制度上，而是源于具体的"机制"。"很多人一提到社会问题就习惯性地归咎于'体制'，其实很多问题不是因为宏观的'体制'，而是源于具体的'机制'。体制改革和机制调整有关联有不同，体制改革牵一发而动全身，不易轻为；机制调整则相对可以因时而变、随事而制，即使是微小调整、点滴改良，往往也能起到绳锯木断、水滴石穿的作用"[①]。从1999年预算改革开始，"钱袋子"权力开始兴起，预算过程中各个参与者的权力关系不断被重构。这既是制度安排的结果，更是行为实践的结果，是通过一个又一个对具体机制的探索和完善实现的。

当前正在进行和将要推进的预算制度改革，目的是要在中国建立一个控制取向的公共预算制度，进而推动国家治理体系和治理能力现代化。预算改革具有政治含义，会涉及对权力结构的某些调整，这是预算改革的应有之义。随着改革的推进，涉及的权力关系更加复杂，改革的难度更大。本节坚持的基本立场是，继续沿着以机制调整促进体制完善的实践路径，通过健全监督机制、做实监督程序、改进监督方式、规范权力关系，因时而变、随事而制，

[①] 朱光磊：《政府既要"有限"，更要"有为"》，《人民日报》2014年1月16日。

不断增强人大监督的刚性力，逐步构建更加规范科学的预算权力结构。

第二节 政府预算信息：人大行使预算监督权的基础条件[①]

人大有效行使预算监督权的重要前提是获取全面准确的政府预算信息并高效、高质、有强度地反馈给政府。现实情况是，人大与政府在预算方面存在信息不对称的问题。本节力图回答的学术命题是，人大如何更好获取政府预算信息以实现法定的监督职能。

一 人大与政府间的预算信息传输：文本规定和实际运行状态

（一）规则梳理："两位一体"的统合型传输模式

信息传输网络是"政府的神经"，在政府过程中占据重要地位。[②] 政府预算信息反映政府活动的范围、内容和政策导向，集中反映了政府的行为，政府预算信息的传输网络成为预算管理的"神经"。

在预算过程和预算监督过程中，政府通过多种手段和完整程序去利用可资利用的资金为社会提供公共产品和服务。人大对政府这种内部预算信息运作过程进行监督，形成内外两层预算信息网。在两层信息网之间，存在着人大与政府间预算信息的传输，包括预算信息从政府向人大的输入报备及人大向政府的输出反馈，从而形成基于预算信息的人大预算监督。

人大为行使监督职能，拥有通过各种渠道、采取多种方式获取信息的权力，这是人大的信息获得权或称获取信息权。它不仅是一个独立的权种，是预算监督权行使的基础，它还是所有其他人大权力行使的基础。[③] 信息获得权既可以是人大代表个人的身份行使，也可以是常委会或内部机构的身份行使，还可以是人大的整体名义行使。本节关注的即是各级人大与本级政府及政府部门之间在广义上的预算信息传输。另外，人大的预算信息获取在预算审查和预算执行等不同预算阶段也有不同的呈现。总的来说，预

[①] 本节内容已发表。周振超、李英：《人大预算权的困境与出路——基于预算信息传输的视角》，《探索》2016年第3期。
[②] 朱光磊：《当代中国政府过程（第三版）》，天津人民出版社，2008。
[③] 任喜荣：《地方人大监督权论》，中国人民大学出版社，2013。

算信息在人大与政府间的传输渠道有正式渠道与半正式渠道之分，并形成了专有的信息传输模式。

1. 正式的预算信息传输渠道

根据《预算法》和《监督法》的相关规定，在人大内部不同组织框架层次下，人大与政府间的预算信息传输渠道有所区别。围绕人代会、常委会、专委会工作会议等的召开，预算信息传输渠道具体表现为：人代会接收政府提交的预算和预算执行情况报告，人大常委会接收政府提交的预算执行情况报告、决算草案和相关审计报告，财经委等专门委员会接收政府提交的预算草案初步方案及上一年预算执行情况、预算调整初步方案和决算草案。以上所有信息经由人大向参会的人大代表公开。以省级人大为例，预算信息的正式获取渠道如表2-1所示。全国人大的预算信息传输同省级人大相似，全国人大设立了财经委这一专门委员会和预算工作委员会这一工作机构处理预算监督的日常事宜和预算信息的初步获取处理工作。其他各级地方人大因地方人大组织的设置差异，在预算信息传输的具体操作上会有所差异，如《预算法》第二十二条规定，设区的市、自治州以上各级人民代表大会有关专门委员会进行初步审查、常务委员会有关工作机构研究提出意见时，应当邀请本级人民代表大会代表参加。

表2-1　省级人大的政府预算信息获取

人大预算监督主体	法定的预算监督职能	信息获取
人民代表大会	1. 审查预算草案和预算执行情况的报告 2. 批准预算和预算执行情况的报告 3. 改变或撤销人大常委会关于预算决算的不适当的决议 4. 撤销本级政府关于预算、决算的不适当的决定和命令	1. 本级政府的预算草案 2. 本级政府做的预算草案报告 3. 本级政府做的预算执行情况报告 4. （主席团接收）专委会提交的审查结果报告
人民代表大会常务委员会	1. 监督预算执行 2. 审查和批准预算的调整方案 3. 审查和批准决算 4. 撤销下一级人大及其常委会关于预算决算的不适当的决定、命令和决议	1. 本级政府的预算执行情况报告（6~9月） 2. 下级政府提交的预算汇总备案 3. 本级政府提交的预算调整方案 4. 本级政府提交的决算草案 5. 专委会提交的相关初步审查意见 6. 审计机关提交的上一年度预算执行和其他财政收支审计工作报告

续表

人大预算监督主体	法定的预算监督职能	信息获取
财政经济委员会或预算工作委员会等工作机构	初步审查预算草案初步方案及上一年度预算执行情况、预算调整初步方案和决算草案	1. 本级政府在人代会 30 日前提交的预算草案初步方案 2. 本级政府在人大常委会会议 30 日前提交的决算草案 3. 本级政府在人大常委会会议 30 日前提交的预算调整初步方案
人大代表	人代会上，就预算决算中的有关问题提出询问或质询	1. 所参会的有关会议资料 2. 有关的政府或者财政部门的回复

人大与政府间预算信息传输的正式渠道是预算信息传输的主要渠道，其中，正式的预决算草案及报告和预算执行报告是政府预算信息的最大载体。

在人大与政府间预算信息的传输过程中，人大的会期长短和内部的权力关系决定了政府的预算信息会以何种形式呈现给人大和得到何种处理结果，同时形成了预算信息在人大内部"层层处理"的传输形式。人大的预算监督权主要依靠其常委会来履行，常委会又依靠人大专门委员会——财政经济委员会来开展日常工作，预算工作委员会或预算审查监督处[①]是人大常委会设置的专门办事机构。虽然专门委员会由人大设立，工作委员会由人大常委会设立，但就其工作而言，"作为人民代表大会常委会的工作机构，实际上，工作委员会也在行使专门委员会的职权"。[②]

如图 2-1 所示，从人民代表大会到人大常委会，再到财经委、预工委，其监督职能逐层降低，其接收的政府预算信息的初始程度也相应逐层降低。也就是说，政府提供的第一手预算信息几乎集中在专门委员会或工作机构手中，由其进行处理，再提供给常委会、人民代表大会和人大代表。所以，预算工作委员会与财政经济委员会成为政府与人大间预算信息的"中转站"，强化了财经委的核心预算监督功能。财经委、预工委的存在大大提高

[①] 1998 年 12 月，全国人大常委会成立预算工作委员会，集中力量进行预算的审查监督。此后，绝大多数省市地方人大相继在其常委会内部设立了相应工作委员会，即预算工作委员会或办公机构，如宁夏的预算审查监督处。

[②] 蔡定剑：《中国人民代表大会制度（第四版）》，法律出版社，2003。

了人大获取、分析进而使用预算信息的能力。

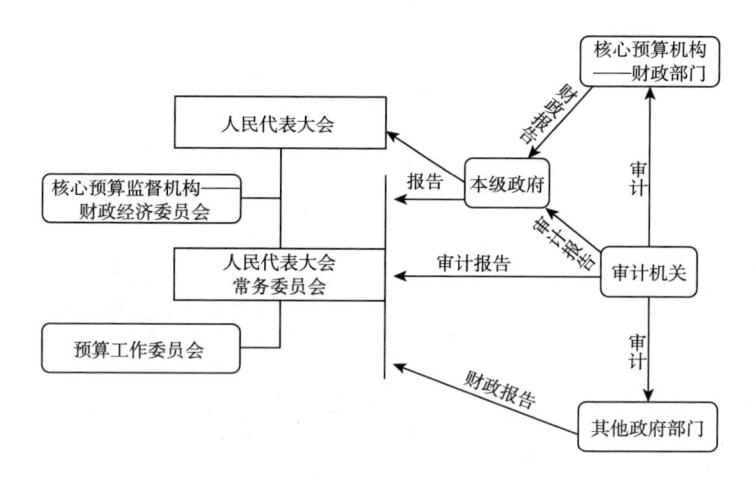

图 2-1 部分省级人大与政府间的预算信息正式传输渠道

2. 半正式的预算信息传输渠道

随着预算管理改革和科学技术发展,预算公开的方式和渠道不断更新和扩充,人大积极主动作为,探索了许多日常工作中监督预算信息的渠道,这种渠道主要指人民代表大会闭会期间的半正式渠道。

人大代表在闭会期间的履职行为包括视察、执法检查、专题调研、列席会议和联系群众,其活动以集体活动为主,其中大多数行为由人大相关机构组织进行,较少有人大代表的单独行动。[①] 与预算监督相对应,人大及人大代表获取预算信息主要渠道包括以下两种。

第一,视察调研或专题询问。现实政治生活中,财经委或预工委等机构会组织相关工作人员和人大代表对某部门的预算或某项目的预算进行视察调研、专题询问。如就预算审查、预算执行中的某一重大问题组成特定问题调查委员会,到预算所涉项目的一线去调查研究预算使用的绩效。或者召集预算工作专题会,主动通知相关部门参会,在会上对预算进行审查和询问,并在限定时间内得到相关部门的答复。

还有部分地方人大通过听证、质询等方式提前介入预算编制以掌握一

---

① 王元成:《全国人大代表政治行为研究——以笔者的亲身经历为例》,法律出版社,2014。

手预算信息,如河北财经委的预算执行分析制度,广东省人大常委会的决算听证形式。视察调研、质询询问成为人大代表以个人身份获取信息的基本方式,这是许多地方人大普遍采用的日常监督工作方式。

第二,网络公开。在大数据时代,政府会通过政府公报、门户网站、新闻发布会以及报刊、广播、电视等便于知晓的方式公开预算。在人大与政府间,预算信息的网络互动主要渠道有:人大常委会门户网站上建设的人大代表网络履职平台、财政机关门户网站上的财政信息互动窗口、政府或财政机关与人大联网的实时监督平台等。

综合正式渠道与半正式渠道,在人大与行政部门间,预算信息主要是通过正式会议、半正式会议的视察与询问以及网络平台进行传输,其中正式会议和半正式会议属于党政系统的信息系统,是预算信息的主要传输渠道,网络传输只是党政系统的辅助渠道。总结起来,人大与政府间预算信息的传输模式可以概括为"两位一体"的统合型信息传输模式。[①]

(二)实际运行:铸造中的"玻璃柜"

1. 进展

我国的政府预算公开步伐逐渐加快,实现了从不公开到公开、从被动公开到主动公开、从粗线条公开到相对细致公开、从特例式公开到常态化公开的逐步转变。从1951年的"国家机密不得向社会公开",到1999年的"向人大代表公开",再到2010年的"预算向社会公众公开",新出台的《预算法》更是明确规定预算公开。可以说,预算公开是人大监督实效的显著标志,而要继续提升人大监督实效,还要进一步推动预算公开。就政府预算信息对人大的公开来说,在信息内容、信息质量、信息通道方面都有很大进展。

(1)公开的预算信息内容逐渐全面完整和具体

第一,从政府总预算公开到部门预算公开,从"三公"预算公开到

[①] 本观点借鉴朱光磊教授对中国政府过程信息传输模式的总结。他认为,中国政府过程信息传输为"五位一体"的统合型模式,是介于单通道和多通道之间的一种统合型信息传输模式。所谓"五位"指党政机关中的信息系统、官方或半官方的思想信息库、新闻媒介、民间信息机构和电子网络信息系统,所谓"一体"是单通道信息传输模式依然存在,其他信息机构基本上都是本着为党政服务的精神和原则从事信息工作。

"四本预算"公开,预算内全部收支逐渐向人大公开。就全国来说,部门预算公开涉及的部门逐渐增多。2000年,教育部等4部门向人大报送部门预算及细化预算;2013年,主动接受全国人大和审计署监督、报送全国人大审议预算的部门数量达99个;2013年,公开的范围扩大,财政部首次向全国人大报送社会保险基金预算。就地方来说,各地提请人大审议预算的范围扩大,内容包括政府预算与本级部门预算、基金预算草案、主要结算项目的说明、上年预算执行及本年预算(草案)等。部分省市预算公开走在前列,如2006年湖南把124个省级单位全部预算情况的资料发放给人大代表;2009年广州财政局在官方网站公开了114个政府部门的部门情况、预算收支情况、项目支出情况、收支预算总表和支出预算总表等,内容十分详细。

第二,从预算编制到预算执行,从预算实施到预算绩效评估,完整的预算过程逐渐透明化。预算参与者通过获取、处理和使用预算信息这些行动来对预算决策过程施加影响[1],预算过程的公开能将预算决策过程及其中的利益博弈一定程度上公开在公众视野中,从侧面促使预算决策更加科学。广东省2012年成立人大代表财政预算小组,组织19名人大代表对交通厅、环保厅、统计局三部门全程预算监督,部门的预算过程全程在人大代表的视野中进行。

第三,预算内容逐渐精细清晰。2010年,四川省巴中市白庙乡实行"全裸式"财政预算,该乡公开的预算支出涉及各部门的各项细碎开支,包括办公费、印刷费、水电费、住房公积金、奖金、生活补贴等20多项,"单位在职人员工资情况"公开了具体的职务级别、基本工资、月工资津贴发放标准等;最小的开支,如预算中的村干部每月增加10元补助、决算中的购买信纸1.5元都入账。预算空前细化,这是当时国内各级政府所公开的最细化的基本支出预算草案。

(2)公开的预算信息逐渐规范并且通俗易懂

在规范层面,各地各部门逐渐在实践中统一预算公开形式,如广州各部门2013年的预算情况包括公共财政、收支总表、收入、支出、"三公"

---

[1] 於莉:《省会城市预算过程的政治——基于中国三个省会城市的研究》,中央编译出版社,2010。

经费支出五张表。当年41个部门统一格式公开预算，包括"2011年决算"与"2013年预算"两部分，列明"三公"各项预算。具体内容涉及部门的组织结构、编制容量、工作职能，对具体的预算安排也有详细的文字说明。2015年财政部开展清理规范重点支出同财政收支增幅或生产总值挂钩事项，以及全面清理规范收费制度，试图在预算管理和预算公开方面做到全面规范。

在通俗易懂层面，2014年的人民代表大会上，随着预算报告一起发下来的还有一个小册子，有解读，有漫画。而2015年的预算报告后面还附有名词解释说明，这对人大代表读懂预算报告有很大的帮助。

（3）预算信息公开通道逐渐多元化，互动性增强

首先，在财经委全体会议和决算工作汇报、预算执行审计报告会等专题会议上，人大代表对预算、决算的专题询问逐渐成为人大监督政府预算的常用方式，在各地人大逐渐常态化。

其次，网络平台的监督逐渐发展，人大代表与财政部门间搭建了互动平台。2004年广东省财经委与财政厅联网，使用国库集中支付系统，此后各地纷纷采用这一系统。此外还有实时在线监督系统等网络平台，逐渐构建起一个人大与政府及其部门间的虚拟互动平台。

2. 困境

预算信息在人大与政府、部门之间的传输虽有一定进展，但总体来说，我国预算公开基本上仍处在起步阶段，似乎"形式大于实质"，预算公开信息呈现"碎片化"特征。[①]

第一，在信息内容方面，基本公开而不是彻底公开。目前，我国很多地方财政预算信息公开的范围和内容主要包括公共财政收支、政府性基金收支、部分部门预算、部门预算汇总、"三公"经费汇总预算、财政决算，全口径预算的完整信息不足。比如，2014年的决算草案就没有社会保险基金决算的信息。对于全口径预算的编制、批准、执行、调整、审计、决算整个过程和各个环节真实、全面、详细的信息，受众也不能很好地了解。在地方层面，只实现了一般公共预算信息公开，很多地方仍未完全公开其

---

① 魏陆：《完善我国人大预算监督制度研究——把政府关进公共预算"笼子"里》，经济科学出版社，2014。

他三类预算，或是公开了但信息不全。比如，海南省2012年本级预算执行的审计发现，省级国有资本经营预算编制信息不全，仅公开了省国资委监管的15家国有企业。另外，政府预算会计科目设计为类、款、项、目、节5个层次，而目前各级政府许多部门在公布预算时，款以下各科目的信息基本没有反映，只反映到类，有少部分能反映到款。

第二，在信息质量方面，比较清晰但不够精细。预算信息公开的预算数与决算数、中央与地方的统计口径不一。以"三公"经费来说，中央公开的是当年财政一般预算拨款实际支出数，但各省、市公开的"三公"经费有些包含了以前年度结转资金，有些包含了基金预算，情况五花八门。现在的项目预算对基线筹划法①重视不足，几乎只是笼统宣布总数多少，比上年增加了多少、增幅为多少，然而这部分数据受通货膨胀率、技术管理进步等影响，并不能真实反映政府的投入与决策。此外，即使有精细化的预算公开个案，在总体不够精细的大环境下，个案也昙花一现，沦为笑谈。比如，2013年广州市质监局公开了长达9页的"最详细丰富""最值得看"的"三公"经费预算表，包括了26个单位所有"三公"经费支出细账，每笔钱都公开到"项"一级，还附有接待人次、接待标准等说明，但只过了一夜就被换成了简单的"三公"经费支出总表。

第三，在信息渠道方面，部分互联但畅通不足。一方面，在正式渠道中，会议报告形式有所争议。2005年起，各级两会不再宣读预算报告，只发给代表自己阅读，因为有人大代表提出政府预算报告与政府工作报告存在较多重复的内容，从精简会议议程的角度主张取消口头报告。现在，又有人大代表提议继续在大会上宣读报告，因为代表自己阅读报告对个人能力有很大要求，普通人大代表可能无法很好地理解预算信息，同时，不在大会上宣读，媒体与公众了解信息的渠道变得不通畅。另一方面，专题询问、网络平台在各地的进展不平衡。广东、四川等省份相对走在前列，探索了许多有益的预算监督渠道，如广东省人大常委会副主任率人大代表到财政厅视察，提前介入预算编制工作；预工委召开重点支出预算安排座谈会，为审查批准做准备。而其他省市在这一方面还比较滞后。

---

① 基线筹划法将预算分为"线上预算"（随政策变动的部分）和"线下预算"（不随政策变动的部分）。

二 完善人大与政府间预算信息传输的基本思路

(一) 预算信息的"透""明""通"

对政府的监督,预算监督是最基本、最重要,也是最有效的方式。[①] 但是,政府预算常常是"外行看不懂,内行看不到"的特殊账本。这与财政预算的技术性有关,与政府预算的透明度也有很大关联。

人大监督"钱袋子"权力的落实有赖于预算信息在人大和政府间的畅通传输,首先应该满足"透""明"条件,既有充分的信息量,还要是高质量的信息,以实现"看得到"和"看得懂"。其次,政府预算信息还要提供信息获取、人大质询的通道,在人大与政府预算部门间形成多元互动(见图2-2)。

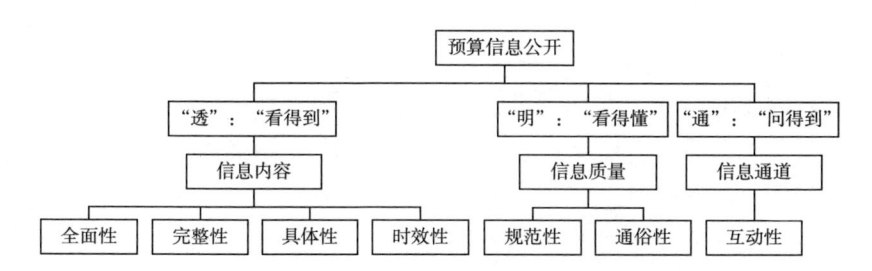

图 2-2 预算信息公开的要素解构

1. "透":"看得到"的信息内容

预算公开首先要满足信息内容"透"的要求。预算具有全面性、完整性、具体性、严肃性等特征,在预算信息公开的内容上也应体现这些特征和要求,做到"应公开尽公开"。

第一,从静态来看,预算公开要求全面公开。即除涉及国家秘密的预算内所有收支都要公开,覆盖一般公共预算、政府性基金预算、国有资本经营预算、社会保险基金"四本预算",既包括财政总预算,也包括部门预算、项目预算。

第二,从动态来看,预算公开要求完整公开。预算是包括从预算编制、

---

① 马骏、赵早早:《公共预算:比较研究》,中央编译出版社,2011。

审查批准、预算执行、预算调整到结果审计的一个完整预算管理过程，每个阶段的预算信息都应该公开。

第三，无论是动态还是静态，预算公开要求具体公开。一方面，"四本预算"中的每本预算都是一个详细的预算账本，要做到详细透明，每笔收支一目了然；另一方面，在完整预算过程中，不应该只包括预算报告类的预算信息汇报，还应该包括在具体解释和说明基础上的信息公告，比如预算编制的依据、预算编制过程中的重大项目决策、预算审批过程等细节。同时，对于具体项目来说，预算公开应该包含该项预算下二三级的分类、科目等具体信息。

第四，预算公开要求及时连续公开。预算信息本身具有时效性，每个阶段的预算信息要及时公开，阶段之间的预算信息实现连续对接，才能实现对此阶段的监督。同时，对预算的公开不能只是一种事后的公开和监督，人大要在事前、事中都有所介入和了解，以便全程监督、实现督促。

2. "明"："看得懂"的信息质量

预算信息的"明"是对预算公开呈现形式的操作性要求。政府账本除了要能摆在人大面前，还要让人大能"看得懂""弄得清"，真正明白这笔钱花在何处、花得如何。

第一，预算公开的呈现要具有规范性，系统标准。政府预算信息公开应该建立完整统一的公开系统，参照国际标准，结合我国实际，对每项预算的公开形式、公开文本形成相对规范的公开范例。具体来说，首先要有一个规范化的预算公开指标体系和科学化的预算分类，有统一口径，且方便地方间的横向可比，预算公开的信息内容要涵盖所有指标，在标准分类下每项预算——公开。其次，要有规范一致的术语，不同预算阶段的信息公开采用的媒介和公开模板要形成相对常态化的范式，明确必须公布的信息内容、细化的具体项目及遵守的细化分类等。

第二，预算公开的呈现要具有通俗性，清晰易懂。预算是一项专业化较强的工作，除了拥有专业财经知识背景的人，普通人大代表即使拿着一份内容信息很详尽的预算报告，也很难看得懂。因此，实质意义上的预算公开应该是公开一份"用户友好型"的预算信息。首先，在措辞方面，要尽量将预算的专业术语规范处理为可接受、可理解的措辞，以贴近"用户"。其次，对具体的预算信息、预算术语、财政报表进行说明与解释，回答清楚这几个问题：政府正在做什么、花了多少、政府的目标是什么、实现或者取得进展了吗、收入能满足支出吗、谁应对支出行为和成果负责等。① 最后，在文本呈现中还要注意对财政报表的应用，将财政报表转化为一目了然的预算图表，在相对活泼的公开平台上还可以借助漫画、动画的形式呈现预算信息。

3."通"："问得到"的信息通道

政府能将账本真实摆在人大面前，不仅是"财政部门给什么，人大就看什么"，而且要"人大想听什么，财政部门就要给什么"。也就是说，预算公开除了要求人大有渠道获得政府主动公开的信息，还要求有可行的手段迫使政府向人大公开其不愿公开的信息，要给人大代表提供询问、质询、视察的通道，通过畅通的预算信息通道实现人大与预算部门间的互动，建立起一种以预算为核心的政治对话与讨论，实现对每项预算的具体监督。《中华人民共和国预算法》第八十五条规定，在人代会和常委会上，人大代表或常委会组成人员依照法律规定程序就预决算有关问题提出询问或质询，有关政府或财政部门必须及时给予答复。这是人大主动获取预算信息的一种通道。此外，在政府网站、日常工作中也要有畅通的人大质询预算的通道，并且能够得到相关政府或财政部门的及时明确答复，保证人大和每一位人大代表实实在在行使监督权。

在"两位一体"的统合型预算信息传输模式基础上，建立多元化的信息传输渠道很有必要。在正式预算信息传输占主导地位的当前，需要继续探索可操作、有实效的半正式渠道，减少信息处理和反馈的环节，使人大机构和人大代表在闭会期间也能够掌握和监督预算信息，这也是人大代表在会议期间发挥作用的基础。尤其是在大数据时代背景下，需要着力整合已有数据平台，实现信息联动和数据共享，充分利用正式、半正式资源，争取尽早实现财政核心数据业务一体化管理。

（二）预算信息处理的专与精

人大与政府间的预算信息传输除了政府内层的预算信息向人大的传输，还包括人大外层的预算监督信息向政府的反馈，其中牵涉预算监督过程中

---

① 王雍君：《部门预算公开：评述与展望》，《中国财政》2012 年第 12 期。

更细节性的人大内部预算信息分析处理及处理后的意见反馈。

第一个预算监督过程细节即人大对预算信息的分析处理。一方面，人大对预算信息的分析处理与人大获取预算信息同等重要，甚至更为重要。对于获取的预算信息，人大代表要有足够的能力和手段进行分析验证，人大对预算信息内容和质量的把握与人大代表的专业背景和工作背景有关。更重要的是，预算信息传输对作为核心预算监督机构，接收政府提供的第一手预算信息，向常委会、人大代表提供预算分析信息以及预算信息"中转站"的财经委（包括预工委等工作机构）提出了更高的能力要求：一是能自主独立分析处理预算数据，行使审查权力；二是能为人大和常委会提供更快、更积极的预算信息及回应；三是能使复杂信息简单化，使之容易为人大代表理解。议会的研究能力被用来测量议会获得信息的能力，而这主要用议会预算办公室的专业人员数量来测量。[①] 在我国，多数从事人大预算监督工作的人大代表具有财经相关的工作经历，专业化的人员结构已基本形成，部分省市还在预工委内部设置了办公室、调研处、预算处、经济处等分支机构，提高了预算信息的处理效率和处理质量。

另一方面，信息获得权的实质化，不论是对政府还是对人大都构成了实质性的挑战。[②] 就拿人大代表审议和批准预算草案来说，人大代表需要在极短的时间内阅读、讨论预算草案，然后在大会上公开表决，时间仓促，来不及细究预算草案中每笔资金的来龙去脉，且个别关于预算的意见得不到反馈落实。[③] 预算信息处理的专与精需求对人大的专业化和更细节性的监督提出了挑战。

（三）预算信息传输的规范化

财政问责是最具实质性的政治问责，信息是政治问责的三大要素之一，只有当国家财政按照现代预算制度来管理时，财政信息才有助于实现政治

[①] 马骏、赵早早：《公共预算：比较研究》，中央编译出版社，2011。
[②] 任喜荣：《地方人大监督权论》，中国人民大学出版社，2013。
[③] 王元成描述第十一届全国人大五次会议时写到，2012年3月13日上午代表小组第八次会议，十几分钟时间内代表阅读政府工作报告、年度计划和年度预算三个决议草案，之后被问及有无意见，代表们一致回答没有意见，表示小组会议审议通过；最后在代表大会闭幕会上进行表决，赞成2291票，反对438票，弃权131票，表决通过。

问责①；只有当预算信息按照现代政务信息公开制度来规范时，人大监督才能实现善政善治。

第二个预算监督细节，即人大向政府的输出反馈，是实实在在将人大的监督意见反馈给政府，是预算监督的外在表现形式。受监督的政府才可能廉洁，受监督的政府官员才可能廉洁，人大预算监督落到实处意味着这种监督确实能对政府和官员的行为产生影响。

政府也需要在对内部的激励管理和对社会的服务管理中掌握一定的自由裁量权，预算公开带来高效、高强度的预算监督会制约政府的灵活性。如果人大要求看到的预算信息太细太死，就会减少政府行为的权力激励，影响政府的积极性；如果人大看到的预算信息太粗太散，就会削弱人大对政府的监督，导致政府行为和政府权力的任性。人大与政府的这种双向的内在需求，深层次涉及了立法机构与行政机构之间的权力关系。现实中需要人大在预算监督和保障政府灵活性之间做出取舍。

三 从机制上保障预算信息传输的规范化

人大的预算监督有赖于人大及时获得全面、准确、真实的与政府收支、政府政策以及活动相关的各种信息，还有赖于人大能高效、高质、有强度地分析处理预算信息并反馈给政府。获得信息是对预算和预算执行进行实质性监督的基础条件。

当前人大与政府间的预算信息传输采用的是"两位一体"的统合型信息传输模式，以预算草案及报告为主要的信息载体，以正式会议为主要传输渠道，辅之以闭会期间的专题询问、网络公开等半正式渠道，在预算信息的内容、质量、通道方面取得了一定进展，但也不可避免存在一些不足，主要是公开的预算信息太粗。

"透""明""通"是对预算公开信息比较细致的要求，主要强调预算信息在人大与政府间的传输要实现在信息内容、信息质量、传输通道上的规范化。通过在人大和政府间规范化地传输规范化的预算信息，以及在技术细节上逐渐累积的缓慢改革，实现良性持续的人大监督。

---

① 马骏：《治国与理财：公共预算与国家建设》，生活·读书·新知三联书店，2011。

第三节　全面实施预算绩效管理[①]

全面实施预算绩效管理是预算管理乃至政府治理的深刻变革。预算绩效管理不单单是控制预算，也不是简单地奖优惩劣，而是在更深层次上将理财与理政结合在一起，通过预算绩效评价及问责，促使政府提供高效的公共产品和公共服务，从而强化政府责任意识，硬化责任约束。

一　理清多层次的预算绩效管理

理清多层次的预算绩效管理，实现全面性和层次性的统一。推进预算绩效管理应具有全面性。在预算主体上既要覆盖五级政府，还要包括所有公共部门和单位；在预算内容上既要涉及"全口径"预算，还要涵盖所有公共政策和项目；在预算过程中要贯穿预算绩效评估到结果应用全过程，是一种全方位、全过程、全覆盖的预算绩效管理。

预算绩效管理具有层次性。政府预算绩效、部门和单位预算绩效、政策和项目预算绩效这三者之间，一般公共预算绩效与其他政府预算绩效之间，中长期预算之间，预算的当前绩效和长远绩效之间，既有相似相通之处，也有所差别。在全面推进预算绩效管理的过程中，对各个层次的预算绩效管理的协调处理是无法回避的问题。

全面实施预算绩效管理，应坚持总体设计、统筹兼顾，规划好路径图，厘清不同层次预算绩效管理的特殊要求，科学建立共性绩效指标框架和分行业、分领域、分层次的核心绩效指标和标准体系，做到统一要求下的精细化管理。同时，全面协调全方位、全过程与全覆盖的预算绩效管理，有效衔接不同预算主体、不同预算内容、不同预算阶段的绩效管理工作。在改革初期，坚持以问题为导向，突出重点，逐步推进，坚持标准化、规范化推进绩效管理，做到全面性与层次性的有机统一。

[①] 本部分内容已发表。周振超、李美：《全面实施预算绩效管理，加快推进责任政府建设》，《中国行政管理》2018 年第 11 期。

二 明晰政府绩效评估体系的运作机制

明晰政府绩效评估体系的运作机制，实现政府效能最大化。自 20 世纪 90 年代起，我国公共领域基本形成了四套绩效评估体系。一是中央组织部以德能勤绩廉为内容的"地方党政领导班子和领导干部综合考评体系"，二是中央编办牵头的"政府绩效管理体系"，三是财政部组织的"预算绩效管理"和"财政支出绩效评价体系"，四是各个系统和各个部门的内部绩效管理体系。

强化预算绩效的责任约束和激励约束，离不开将预算绩效与政府绩效和干部政绩挂钩的具体设计。如何挂钩才能既保证各级政府和干部依法依规履职，又激发各级政府和干部干事创业的热情，这是推进国家治理体系和治理能力现代化进程的一个重要课题。

预算绩效助推责任政府建设，需要将预算绩效建设成为政府绩效的关键内容。要坚持优化政府绩效评估指标设计，改革政绩考核机制，发展成果考核评价体系，边探索边完善，让预算绩效的考评和问责对组织和个人的影响更加科学理性，让预算绩效管理体系和其他绩效体系共同实现对政府的激励与问责，从而激发政府效能最大化。

三 推进人大监督与社会监督

推进人大监督与社会监督，发挥预算绩效管理的整体合力。在推进预算绩效管理过程中，地方各级政府和各部门各单位是预算绩效管理的责任主体，各级财政部门和各领域主管部门是构建绩效指标和标准体系的主体，预算绩效的评价主体和问责主体也会在实践中逐步明确。同时，审计机关依法对预算绩效管理情况进行审计监督。这种管理和监督是一种典型的政府内部控制行为，可以从多个层面硬化绩效约束，重构预算参与者在资金分配中的决策方式和执行方式，解决绩效管理中存在的突出问题。

全面实施预算绩效管理需要把政府内部绩效管理监督与立法监督和社会监督有机结合起来。人大享有对预算资金"来自哪里、花在哪里、花得如何"的审查监督权，社会公众享有基本的预算资金和预算绩效知情权及监督权。以人大和社会公众的"外部"力量倒逼、配合政府内部预算绩效管理，可以整体性推进预算绩效管理，也可以更好地通过财政问责实现"政治问责"的制度改革目标。

各级人大在预算审查和批准、预算执行、预算调整、决算等各个环节要突出绩效导向，构建绩效导向型的预算监督模式。要引入审议辩论的程序，进行跟踪问效，改变"文来文往"的现象，建立二次审议、满意度测评等制度。人大的监督同样也要追求绩效，没有绩效就是空转。要提高预算监督的针对性和实效性，对重大项目实行分项表决，改变"四本预算"一起表决的批准程序，逐个进行表决；改进地方人民代表大会的工作流程，让预算报告回归口头报告；扩大财经委和预工委的规模并提升其专业能力；等等。

要搭建社会监督预算绩效的途径和平台，发挥社会监督的作用。进一步推进预算公开，在人大网站上统一公布除涉密单位外的所有政府部门预算，尤其是细化专项转移支付的公开内容、推进地方政府资产和政府性债务信息公开。鼓励群众通过网络进行提问，鼓励媒体通过现场报道、网络直播等方式进行报道。在人代审议预算报告时，允许感兴趣的公众列席。

四 评估改革难度和改革进展

评估改革难度和改革进展，努力实现改革目标。《中共中央、国务院关于全面实施预算绩效管理的意见》要求，力争用3～5年时间基本建成全方位、全过程、全覆盖的预算绩效管理体系。这一改革任务是从党的十六届三中全会提出"建立预算绩效评价体系"到党的十九大提出"全面实施预算绩效管理"的战略议题的延续，是长期性、持续性实践推进的结果，也是推动政府满足人民日益增长的美好生活需要的时代要求。

尽管预算绩效管理已有清晰的路线图和明确的时间表，但改革实际进程却受诸多因素影响，不可能一帆风顺、一蹴而就，必须徐徐图之、久久为功。这主要是因为预算绩效管理表面上是技术性的，实质上是政治性的。在推进预算绩效管理的改革中，既有技术性的问题要解决，也有深层次的权力结构问题要触及，同时还要与正在推进的机构调整、社会治理等改革任务协调推进，是一种"自我革命"，改革难度很大。

全面实施预算绩效管理需要以当前问题为突破口和关键点，聚焦代表性的政策和项目，为全面推进预算绩效管理积累可复制、可推广的经验。预算绩效管理没有终点，3～5年的改革任务只是一个阶段性目标，成熟定型、尽善尽美将是持之以恒的追求。

第三章　夯实地方人大预算草案初审权[①]

预算草案初步审查实质有效、能提出建设性的审查意见，是人大有效审查预算方案的前提，也是各地人大抓好预算审查批准监督的主要抓手。

第一节　地方人大预算草案初审权：一项悄然成长的权力[②]

在现代治理体系中，公共预算不仅是重要的经济政策工具，更是民众权利表达的重要依托。构建现代意义上的公共预算体系，是20世纪末以来国家公共预算改革的目标。沿着集中统一与预算监督两条路径向预算国家推进，是我国现代公共预算体系构建的基本路线图。[③] 就预算监督而言，强化立法机关预算监督，不仅是国际普遍做法，也是完善我国人大制度的内在要求。

强化人大预算监督制度，需要在客观评价制度实践的基础上充分利用本土资源。不可否认，与推进国家治理体系的要求相比，人大预算监督制度依然存在若干问题，但制度成长是不争的事实，多数地方人大在预算监督方面取得了诸多本土创新，如提前介入预算编制、民主恳谈会、初审权强化等。现在的问题是，由于长期以来本土分析框架的缺失，我们往往依靠西方理论分析人大预算监督制度成长，忽视了制度的本土性，缺乏对本土分析框架的关注，从而无法对人大预算监督制度成长进行全面客观评价。另外，对本土分析框架的忽视，也导致我们难以充分挖掘本土资源，一定

---

① 本章内容由刘元贺执笔。
② 本节内容已发表。刘元贺：《地方人大预算草案初审权探析——以协商民主为视角》，《财政监督》2016年第23期。
③ 王绍光、马骏：《走向"预算国家：财政转型与国家建设"》，载马骏等主编《走向"预算国家"：治理、民主和改革》，中央编译出版社，2011。

程度上制约了人大预算监督制度的成长。

随着研究的深入，我们遇到的困境既有人大预算监督权的乏力，也有本土分析框架的缺失。本土分析框架的构建，需要对我国人大预算监督制度的价值取向有着清醒的认识。本节分析了我国人大预算监督制度所内含的价值理念，认为寻求共识是我国人大预算监督的价值遵循。在现有的理论体系中，协商民主可以提供分析框架，并依据这种框架分析了地方人大预算草案初审权的成长情况，认为它是一项不断强化的权力。

一　创造共识：中国预算监督制度的价值遵循

从一般意义上讲，宏观层面的制度设计理念形塑着立法机构预算监督制度的价值遵循。然而，在现实生活中，我们在分析立法机关预算监督制度时，却往往注重制度表象而忽视了其内在理念。比如，从表面上看，人大预算监督制度与西方议会的预算监督制度在设计方面具有诸多相似之处：行政机关编制预算并向立法机关报告、由立法机关审批、重大调整需要立法机关审批等。正因如此，我们在分析我国人大预算监督制度时往往陷入西方理论的窠臼，难以全面认识其实践。抛开制度表象、深入分析其内在理念，是我们正确认识不同政治体制下立法机关预算监督制度效能的基本前提。

共识与制衡分别构成了中西方政治体制设计的基本价值理念。社会主义制度与资本主义制度是构成中西政治体制差异的显性制度。分析两种制度内含的理念，就会发现，基本价值理念的区分更具重要性。前者强调的是人民主权，而后者则是一种形而上的天赋人权理念。对于人民主权理念，马克思指出："在民主制中，国家制度本身只表现为一种规定，即人民的自我规定……在这里，国家制度不仅自在地，不仅就其本质来说，而且就其存在、就其现实性来说，也在不断地被引回到自己的现实的基础、现实的人、现实的人民，并被设定为人民自己的作品。国家制度在这里表现出它的本来面目，即人的自由产物。"① 那么，如何实现人民主权？如何让分散的民意集中而形成普遍的共识？这需要根据一定的原则组织国家政权，该原则就是民主集中制，即"在民主基础上的集中和在集中领导下的民主"。

---

① 《马克思恩格斯全集》（第1卷），人民出版社，2006。

通过民主集中制，分散的民意由民众或其代表经过广泛的协商过程形成新共识；在共识执行过程中，信息渠道同时搜集各方面意见完善共识。因此，民主集中制本身就是一个共识形成的过程。也正因如此，有的学者将中国的权力体制称为"共识型"体制。① 对于天赋人权理念，依据洛克的观点，生命、自由、财产是不可分离的自然权利。为了捍卫这些不可分离的自然权利，洛克提出了构成现代西方政治体制理论基础的分权学说，孟德斯鸠发展了这一学说，提出了立法、行政、司法三权分立与相互制衡。在三权分立理论中，制衡是核心理念，"只有权力未被滥用时，政治宽和的国家里才有政治自由。然而，自古以来的经验表明，一切拥有权力的人，都倾向于滥用权力，而且不用到极限绝不罢休……为了防止滥用权力，必须通过事物的安排，以权力制止权力"②。作为分权制衡的典型，美国的政治体制不仅存在着横向的三权相互制衡，而且在联邦政府与州政府之间也存在着纵向的制衡关系。

　　立法机关预算监督制度，必然要符合该国政治体制的基本价值理念。因此，共识就构成了我国人大预算监督制度的价值遵循；相反，制衡则是西方议会预算监督的价值理念。理论上来说，中国人大预算监督的价值目标并不是制约或者制衡行政机关，而是为了保障公共预算的合理化，进而确保公民的基本权利得到切实保证。该目的与行政机关的价值诉求具有内在一致性，因为作为人大执行机构，行政机关保证公共预算的科学编制、合理使用也是其扩充合法性资源的重要途径。考虑到党在我国政治体制中的领导地位，我们就会更加容易理解二者之间合作者的角色定位。党通过党组加强对人大、政府等国家机构的领导。无论人大还是政府，都必须贯彻党的方针、路线，这是坚持党的领导的基本原则。从公共预算的角度而言，预算编制、预算执行、预算调整基本上都是党的方针、政策的具体落实，如此一来，确保预算编制合理、预算执行顺利进行也就构成人大与政府合作的重要内容。因此，在我国，人大与行政机关之间的角色定位是"合作者"③。形成合作，必须有共识这一基本前提的存在。寻求共识，自然

---

① 樊鹏：《论中国的"共识型"体制》，《开放时代》2013年第3期。
② 孟德斯鸠：《论法的精神》，徐明龙译，商务印书馆，2007。
③ 林慕华：《重塑人大的预算权力：基于某省的调研》，载马骏等主编《走向"预算国家"：治理、民主和改革》，中央编译出版社，2011。

就成为我国人大预算监督的基本理念,无论是政府预算的改革、"审计风暴",还是人大预算监督的提前介入以及初审,基本上都是为了寻求预算监督中的共识。在西方,议会预算监督制度的首要目的是制衡,特别是在附着政党利益时更是如此。西方现代民主是伴随着议会与国王争夺财政权开始的,最后议会通过获取财政权形成对国王的制约,开启了现代西方立法机关预算监督制度的基本模式。在随后的发展历程中,争夺"钱袋子"的权力,一直是立法机关与行政机关权力斗争的焦点,威尔达夫斯基在分析美国公共预算史时指出,预算过程(budgeting)其实是一个争夺权力的过程。[①] 事实上,在现代政党政治背景下,立法机关的预算监督沦为了政党之间相互竞争、相互制衡的工具,以美国为例,"当总统所属党派在国会参众两院中占据多数时,预算还能勉强过关,但是当控制国会的政党与总统分属不同党派时,围绕支出和赤字的斗争达到白热化,甚至导致联邦政府数次关门"[②]。

二 协商民主:地方人大预算草案初审权的一个解释框架

制度价值取向的不同,决定了我们在分析中国人大预算监督制度时不能简单地套用西方基于制衡理念形成的预算监督理论,否则我们难以准确地讲述"中国故事"。那么,有没有一个理论框架既能诠释人大预算监督制度,也能成为全球对话的理论工具?本节认为,这个理论工具就是协商民主(deliberative democracy)。

在诸多理论思潮中,如果要选择一种或者几种可以被中西方学术界持续关注的理论,协商民主应为其中之一。在批评西方选举民主缺陷的基础上,一些西方学者早在20世纪80年代就开启了协商民主理论研究的热潮,哈贝马斯、罗尔斯、吉登斯、米勒等学者都对该理论的发展做出了巨大贡献。虽然他们关注的焦点各异,但基本上认可了这样一种观点,即通过平等且广泛的讨论、辩论形成公共政策。如哈贝马斯认为"人民主权不再集中于一个集体之中,不再集中于联合起来的公民的有形的在场,或者他们

[①] 艾伦·威尔达夫斯基、内奥米·凯顿:《预算过程的新政治学》,邓淑莲、魏陆译,北京大学出版社,2006。

[②] 魏陆:《完善我国人大预算监督制度研究——把政府关进公共预算"笼子"里》,经济科学出版社,2014。

的聚集起来的代表,而是实现于具有理性结构的协商和决策之中"①,乔舒亚·科恩认为"协商民主意味着一种事务受其成员的公共协商支配的共同体"②,等等。西方民主理论的这种转型,与其说是一种理论创新,不如说是对古典"主权在民"理论的复归,"协商民主或者说通过自由而平等的公民之间的协商来进行集体决策的观念绝非是一种创新,而是一种复兴,这种理念与实践几乎和民主的概念本身一样久远,都来自公元前五世纪的雅典"③。从理论主张看,协商民主更加注重公众的政治参与,更加重视普通公民的民主权利,因此一些学者将其视为向"社会主义"靠拢④。

我国协商民主的实践可以追溯至抗日战争时期的"三三制"原则。1949年,人民政协建立,从国家制度层面上开启了中国特色社会主义协商民主的实践,并不断推动其深化发展,党的十八届三中全会《中共中央关于全面深化改革若干重大问题的决定》强调"推进协商民主广泛多层制度化发展",党的十九大报告明确指出"协商民主是实现党的领导的重要方式,是我国社会主义民主政治的特有形式和独特优势"。

对于协商民主而言,形成共识是其归宿。协商民主之所以能称为民主,很大程度上是由于参与者的利益通过协商程序将会得到基本满足。在资源稀缺以及利益多元的情况下,利益的满足有赖于协商过程中的讨价还价以及说服。通过讨论、协商,参与者的观念或多或少会发生变化,不断趋于一致,进而很有可能在某些问题上达成一致,"讨论将会增强社会在应该做什么或什么是正确的问题上达成一致意见"⑤,"协商民主意味着政治共同体中的自由、平等公民,通过参与政治过程、提出自身观点并充分考虑其他人的偏好,根据条件修正自己的理由,实现偏好转换,批判性地审视各种政策建议,在达成共识的基础上赋予立法和决策以合法性"⑥。因此,协商

---

① 哈贝马斯:《在事实与规范之间——关于法律和民主法治国的商谈理论》,童世骏译,生活·读书·新知三联书店,2003。
② 詹姆斯·博曼、威廉·雷吉编《协商民主:论理性与政治》,陈家刚等译,中央编译出版社,2006。
③ 马奔、周明昆:《协商民主:概念、缘起及其在中国的运用》,《中国特色社会主义研究》2006年第4期。
④ 王荔:《当代中国司法民主问题研究》,博士学位论文,吉林大学,2012年。
⑤ 约·埃尔斯特主编《协商民主:调整与反思》,周艳辉译,中央编译出版社,2009。
⑥ 陈家刚:《协商民主:概念、要素与价值》,《天津市委党校学报》2005年第3期。

民主是形成共识的民主,这与竞争性民主关注权力制衡有着本质不同。正因协商民主对共识的不断追求,它才能讲好中国人大预算监督的故事。在我国人大预算监督体系中,协商与投票并举,但从实际来看,协商更具实质意义,无论是初审过程中的协商还是人大会议期间的小组讨论。因此,应用协商民主理论来分析人大预算监督更具现实意义。需要注意的是,在协商民主理论视域下,人大预算监督权成长不是单纯地观察它对行政机关制约权力的成长,而是人大在预算过程中能否通过对话向行政机关反映其诉求以及该诉求是否会在预算中反映,即在预算过程中人大话语权的实现程度。

把协商民主作为人大预算监督权力成长的分析框架,需要清楚界定协商民主的关键要素。通过对话形成共识,是协商民主的理论核心。对话、协商意味着程序,一般情况下,完整的对话程序包括谁参与、什么时间、怎么谈、谈什么、对话结果有什么用等。因此,协商民主的理论分析框架如图3-1所示。

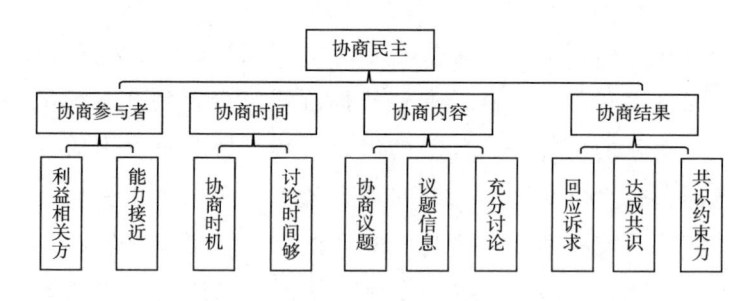

图 3-1 协商民主的理论分析框架

第一,协商参与者。协商的参与者应当向所有利益相关方开放,相关利益群体应有其代言人。对协商者而言,平等是协商成为民主的重要保证,参与者之间必须平等。所谓平等的参与主体,不仅要求法律地位的平等,而且要求参与者应该在能力方面相接近,能力悬殊会导致协商成为一家之言。第二,协商时间。恰当的协商时机和充足的讨论时间,是一场有效协商的重要条件。参与协商者未必在协商前都能获得充分信息,因此在协商过程中保障充足的时间以了解协商信息,是有效协商的必要条件。第三,协商内容。协商内容是指就什么事情进行协商,它包括三个要点:一是协商议题应当明确;二是有关协商议题的各种信息应对协商参与者公开;三是协商内容应当充分讨论，即协商各方应充分发言。第四，协商结果。协商结果应当回应协商各方的声音、让协商者普遍接受并具有约束力。

三 地方人大预算草案初审权的成长：一个被忽视的事实

在共识体制下，衡量人大预算监督效能提升的核心指标是人大在预算过程中的话语权是否受到重视，而不是制衡体制下单纯的权力控制。当我们依照此标准用协商民主理论分析地方人大预算草案初审权时，一个长期被忽视的事实呈现在我们面前：地方人大通过运用预算草案初审权在预算过程中发挥了较大的话语权，在推进预算科学化、民主化方面迈出了重要的一步。

（一）地方人大有能力初审预算草案

长期以来，我国人大预算草案会议审批实行的是综合审批，要么整体否决，要么整体通过。在现实中，整体否决既有违我国的政治体制，也会导致预算资源的严重浪费，因此否决人大预算草案的情况在省级以上人大从未发生过，只有个别案例发生在基层人大。我国人大根据实际创新了预算草案监督制度。1994年第八届全国人大第二次会议通过的第一部《中华人民共和国预算法》赋予了各级人大在大会审批前组织相关部门对预算草案进行初步审查的权力。此后，地方预算法规对人大的预算草案初审权进行了细化。从1994年《预算法》生效以来，地方人大预算草案初审的主体逐渐明确且能力日益突出。

从理论上讲，协商民主依赖协商主体间的平等。不过，这只是一种理想的状态，现实中协商主体之间尽管做到法律上的平等，但在专业知识、沟通技巧等能力方面的平等不可能实现。在能力不平等的前提下，谁先提出协商议题往往会抢占"天时"。面对当时存在的人大与政府的权力错位问题，1994年《预算法》明确了人大预算草案初审中议题动议者的地位。然而，对于人大内部谁来负责初审工作，该法律的规定较为模糊，仅在第三十七条笼统地做出规定。2014年新修订的《预算法》第二十二条对初审主体做出了更为详细的规定：省级及以上人大，初审主体是人大专门委员会；设区的市、自治州人大，初审主体是专门委员会，如未设专门委员会则由人大常委会负责、常委会有关工作机关提出研究意见，县级人大、不设区的市人大则由人大常委会负责、常委会有关工作机关提出研究意见。比较《预算法》修订前后的规定可发现，2014年《预算法》不仅明确了初审主体，而且更加重视人大专门委员会的作用。该趋势反映了人大在初审过程中更加注重专业能力。观察近年来地方人大预算草案初审会议的相关报道可发现，预算草案初审会议参与者除了初审主体、政府相关部门、其他专门委员会的人大代表，两种人员的参与值得关注：一是人大常委会副主任一般会参加预算草案初审会议，无形中提升了初审会议的规格；二是相关领域专家的参与，提供了专业支持。

人大代表构成具有突出的广泛性，这是我国全过程人民民主的体现。在实践中，少数人大代表议政能力偏低是一个不争的事实，"举手代表"并非个案。切实提高人大代表，特别是人大常委会委员的议政能力，是现实的迫切需要。近年来，各地人大纷纷举办人大代表培训班，致力于人大代表议政能力的提升。此外，在人大专门委员会组成方面，各级人大普遍根据人大代表的专业背景、工作经历等提名相应人大专门委员会的候选人，以此提升专门委员的专业能力。以全国人大财经委为例，第十一届全国人大财经委32位组成人员中具有财经背景的人员有21位，占65.63%；第十二届全国人大财经委31位组成人员中具有财经背景的人员有22位，占70.97%。总体来看，初审主体具备了相应的专业能力，且该能力呈现出增强的趋势。

（二）初审时间有保障

即使初审主体具备了预算草案初审的专业能力，但由于初审主体基本不参与预算草案的编制，这就在客观上造成了初审主体与行政机构预算草案初审信息的不对称，制约了其协商能力。改变该格局，初审主体须有足够的时间了解预算草案。与正式会议相比，正式会议前的信息接触更易改变协商参与者的观点[1]，因此有充足的时间了解预算信息是初审主体形成独立预算观点的必要前提。1994年《预算法》明确了预算草案递交初审主体的时间，第三十七条规定各级政府财务部门应在人大会议举行前的一个月

---

[1] Robert E. Goodin, Simo J. Niemeyer, "When Does Deliberation Begin? Internal Reflection versus Public Discussion in Deliberation Democracy", *Political Studies*, vol5（2003）：627-649.

将预算草案递交初审主体初审。2014年《预算法》在中央层面上提前了材料递交的时间,地方层面上保持不变。第四十四条规定中央层面应提前45天;地方层面应提前30天。

预算草案初审过程,其实就是初审主体与政府有关部门反复协商的过程。政府财政部门递交初审材料、人大初审主体初审、初审会议、政府有关部门反馈意见处理情况等过程均不同程度地存在初审主体与政府有关部门的互动。作为初审主体的人大有关专门委员会或者人大常委会,其初审意见返给政府有关部门后应为其留有一定的时间研究是否采纳,这是人大与政府持续协商的内在要求。对于初审主体接受预算草案之后多久进行初审,新旧《预算法》在这个问题上没有明文规定。在地方上,相关规定却取得了较大进展。在2014年《预算法》制定之前,相当一部分省份的地方性法规做出了明文规定,如安徽、贵州、河南等。2014年《预算法》公布以来,新制定或修订的有关地方性法规多对这个问题进行了明确,如河北省相关法规规定在15日内进行初审、安徽省相关法规同样规定为15日。此外,部分地方性法规对政府有关部门接到初审意见何时做出回应也进行了明确规定,以防止政府有关部门采取"口袋否决"的策略。2014年《预算法》公布前,在30部省级相关地方性法规中,有15部明确了政府有关部门在接到初审意见后何时做出回应。目前,安徽、河北两省新公布的地方性法规均明确了政府有关部门做出回应的期限,其中安徽省规定为7日内,河北省规定为10日内。

(三) 初审内容得到充分协商

部门预算改革以来,预算编制越来越详细、具体,预算草案文本也越来越厚。据报道,2015年深圳市本级的部门预算由去年的1000多页增加到2000多页[①]。如此厚的预算草案,在有限的时间内逐项讨论是不现实的,也没有必要,因为相当一部分预算项目属于常规项目,虽有变化但不大,这也是渐进性预算理论备受关注的重要原因之一。预算过程是渐进的,在威尔达夫斯基看来,许多预算项目具有稳定性,它们不过是每年重新开始而

---

① 曲广宁、李荣华:《"账本"变厚,钱去哪儿更明白》,《南方日报》2015年6月15日。

已（除非因特殊原因而取消）①，因此人大预算草案初审应有重点，从而集中优势力量进行充分协商。2014年《预算法》的另一个变化是将人大预算草案审查的重点内容法定化，第四十八条对此做了明确规定，包括预算安排、重点支出与重大项目、预算完整性、转移支付、政府举债等重点内容。从预算草案初审工作服务预算草案审查的目的来看，预算草案初审的重点应围绕上述重点内容进行。因此，2014年《预算法》的该规定其实明确了人大预算草案初审的议题。

人大预算草案初审要有议题，更要有详细的信息。作为预算草案的编制方与被监督方，政府天然地具有预算信息优势以及信息垄断的思维定式；而人大作为监督方，则处于信息弱势的地位。二者之间严重的信息不对称，弱化了人大在预算草案初审过程中与政府的协商能力。对此，人大并没有安于现状，而是依靠规则制定权通过制定有关法律逐渐强化政府报送预算草案完整信息的义务，进而增强自身信息获取能力。1994年《预算法》规定的递交人大有关机构初审的预算草案信息是不完整的，第三十七条只规定提交预算草案的"主要内容"，对于何为"主要内容"，该法并无明文规定，从而给政府在信息报送方面留有较大余地。1999年第九届人大常委会第十二次会议通过的《全国人民代表大会常务委员会关于加强中央预算审查监督的决定》要求递交的初审材料为预算草案初步方案，并对递交材料的类别、详细程度等做出了要求。在此基础上，2014年《预算法》更加充实了预算草案初审，不仅要求提交完整的预算草案初步方案，而且对报送材料的细化程度做了明确规定。在实践中，不少地方人大在初审过程中获取了更多的信息权，如有的地方性法规（如河北、安徽）要求地方政府在报送预算草案外还需报送编制说明、政策来源、收入与支出依据等内容，甚至有的地方性法规（如山东）进一步要求初审机构在初审中可以就初审内容向有关政府部门进行询问或组织调查。

一般而言，在议题明确、信息充足的情况下，只要初审会议组织形式合理，初审议题就可以得到充分协商。新旧《预算法》对于如何组织初审会议均未涉及，但不少地方性法规列出了初审会议组织的形式，如《河北

---

① 艾伦·威尔达夫斯基、内奥米·凯顿：《预算过程的新政治学》，邓淑莲、魏陆译，北京大学出版社，2006。

省预算审查监督条例》规定可以采取座谈会、论证会、听证会等方式。从实践来看，会议组织方式经常使用的是座谈会；但预算草案听证会有增多的趋势。随着会议组织方式的多样化以及掌握的预算草案信息越来越详细，参与初审会议的人员也越来越积极地发言、提出意见。2015年12月北京市人大召开的初审会议中，初审主体提出了增加对居家养老服务项目、院前医疗急救服务体系建设、污水管网建设维护、解决停车难、落实宗教团体房产政策等诸多建议。[①] 由此可见，初审内容被充分协商的程度呈现出一个逐渐上升的趋势，而且现实中协商程度已较高。

（四）初审结果有约束力

检验初审主体在预算草案初审过程是否具备协商能力的一个重要标准是其初审意见是否被政府所重视。1994年《预算法》实施初期，人大预算草案初审工作并未引起足够的重视，早期人大预算草案初审有关报道普遍缺失。基于加强人大预算监督的需要，越来越多省级人大认识到了预算草案初审工作的重要性，纷纷通过行使立法权强化政府的回应责任，如2001制定的《广东省预算审批监督条例》第十九条就明确规定了政府的回应责任。2014年新修订的《中华人民共和国预算法》吸收了地方性法规的这种创新，第二十二条规定对依照本条第一款至第四款规定提出的意见，本级政府财政部门应当将处理情况及时反馈。分析近年有关预算草案初审的报道，基本上可以发现一个共同点，人大要求政府有关部门认真研究初审意见并及时反馈或者政府有关部门负责人做表态。

初审机构汇总的初审意见和财政部门反馈的处理情况报告，实质上反映了二者之间就预算草案形成了基本共识。在初审意见中，初审机构基本不会否决预算草案；同样，对于初审意见，政府有关部门一般会认真研究，不采纳的情况会做出较为详细的说明，从而说服初审机构以及人代会上的人大代表。财政部门之所以如此重视人大预算草案的初审意见，很大程度是由于初审结果具有潜在的约束力。2014年《预算法》要求初审意见和财政部门反馈的处理情况报告要印发本级人大代表。从我国人民代表大会的会期短以及人大代表兼职等情况来看，初审意见和财政部门反馈的处理情

---

① 王皓：《市人大财经委初审明年预算草案》，《北京日报》2015年12月11日。

况报告基本上成了人大代表审议预算草案的指导,奠定了预算草案初审的基调。可以说,初审结果的约束力会越来越强。

四 小结

随着规制公共权力成为全面推进依法治国的重要内容,人大预算监督制度将会被赋予更多内涵。强化人大预算监督,要立足国情。共识型体制决定了我们依靠西方的权力制衡理论无法真实评估我国人大预算监督制度演变的情况。因此,在现有理论体系中寻求适合共识型体制的理论,是我们讲好人大预算监督"故事"的基本前提。在我国具有长期实践的协商民主,由于关注在多元协商主体之间如何形成共识,自然成了分析人大预算监督制度的理论框架。

利用协商民主理论分析框架,本节对人大预算草案初审权进行了初步分析。通过分析可以得出一个基本的结论:地方人大预算草案初审权已悄然成长,并在人大预算监督制度实践中发挥重要作用,提升了公共预算的科学化与民主化水平。

第二节 人大预算草案初审权的制度供给与创新路径:基于 30 部省级预算法规的考察[①]

随着 1999 年实施预算改革以来,中国开启了"预算国家"的构建。强化预算监督是构建"预算国家"的基本要义[②]。在现代社会,立法机关监督预算是核心,"公共财政的实质是议会中心主义"[③]。其实,强化人大预算监督,也是中国全面深化改革的重点内容之一,党的十八届三中全会《中共中央关于全面深化改革若干重大问题的决定》指出:"加强人大预算决算审查监督、国有资产监督职能"。

[①] 本部分内容已发表。刘元贺、孟威:《省级人大预算草案初审权的制度供给与创新路径——基于 30 部省级预算法规的考察》,《四川理工学院学报》(社会科学版),2016 年第 2 期。

[②] 王绍光、马骏:《走向"预算国家":财政转型与国家建设》,载马骏等《走向"预算国家":治理、民主和改革》,中央编译出版社,2011。

[③] 张树剑:《中国省级人大预算监督制度研究》,复旦大学出版社,2011。

为了破解会议审议形式化的难题,中国人大在监督预算的过程中创造性地引入了预算草案初审制度。从1994年《预算法》生效以来,各级人大普遍拥有了预算草案初审权。在初审环节,人大有关部门除了比会议审批有较为充足的审查时间外,还能够对预算草案提出修改意见并要求政府有关部门对采纳情况进行说明。2014年修订的新《预算法》更是对人大预算草案初审权进行了强化。一方面,初审机构可以就预算中某些项目向有关部门进行询问;另一方面,初审机构在预算草案初审后可以对预算草案提出修改建议,对于初审机构的修改建议,相关部门必须做出采纳或不采纳的情况说明。这就意味着预算初步审查除了为大会预算审查提供参考依据,还具有修正预算草案主要内容的特殊作用①。众所周知,监督包含两层含义:一是发现问题;二是督促相关部门改正问题。从维护人民根本利益角度讲,督促改正问题更能契合监督权成长的本意。初审过程中人大对预算草案的修正,不仅体现了人大对公共预算草案某些项目的调整,更表明了人大对政府的一种权力制约。正因如此,人大预算草案初审权更能够履行预算监督责任,林慕华、马骏等的实证研究表明,在事前监督环节,地方人大主要依靠提前介入和预算初审,而不是人代会期间的大会审批来加强预算监督,进而影响资金的分配和收入决策。② 因此,人大预算监督过程中的权力互动主要发生在初审环节,如2009年媒体广泛报道且引起强烈反映的承德市人大两次驳回政府预算的报告,其实是人大财经委在预算初审中对预算报告进行修改,而不是人大全体会议正式否决了政府预算报告。③

本节通过考察30部省级预算法规,透析人大预算草案初审权的制度供给,并据此提供强化人大预算草案初审权的制度创新思路。

一 分析框架与数据说明

(一) 分析框架

监督政府财政行为、规范政府权力、保障公民权益,既是人大预算监

---

① 李卫民:《预算初步审查与预算法修改》,《人大研究》2013年第2期。
② 林慕华、马骏:《中国地方人民代表大会预算监督研究》,《中国社会科学》2012年第6期。
③ 魏陆:《完善我国人大预算监督制度研究:把政府关进公共预算"笼子"里》,经济科学出版社,2014。

督制度的法治内涵，也是人大预算草案初审权制度供给分析框架建构的理论基石。实现上述目标，首先应当确保人大能够充分行使预算草案初审权，这需要有专门的机构、充裕的时间和丰富的预算信息。既然人大预算草案初审权是用来监督政府财政行为和规范政府权力的，那么在初审过程中人大应能够重构预算草案。因此，本节从预算草案初审机构、预算信息的获取、修正政府预算草案等维度考察人大预算草案初审权的制度供给情况。

预算草案初审机构主要考察人大有无专门负责初审的机构、什么机构来负责初审。按照 2014 年《预算法》，如果人大有专门委员会，初审权应由专门委员来行使；如果没有专门委员会，则由人大常委会进行初审，初审意见由常委会相关工作机构提出。虽然专门委员会和人大常委会工作机构在省级人大预算监督过程中都发挥重要作用，但它们在产生、性质、权力方面有着本质的不同。人大专门委员会由人民代表大会选举产生，对人民代表大会及其常委会负责，是法定主体，具有提案权；而人大常委会工作委员会是人大常委会的办事机构，不是法定主体，不具有提案权。[①]"就监督权的行使来说，专门委员会主要是监督权力的实施者，但同时也是监督权力运行的启动者。"[②] 显然，预算草案初审权在这两个不同的机构行使，所产生的影响力是不同的，如果有专门委员会，则应由专门委员会行使。

预算信息的获取主要考察人大预算草案初审机构在什么时间获得什么样的预算信息。一般而言，人大初审机构越早获取预算草案信息，越有充足的时间审查预算草案。不仅如此，获取的预算信息应当是全面且详细的。从预算信息全面的角度讲，初审材料应当包括预算编制依据、一般预算收支表和政府基金收支表、重点支出、转移支付、部门预算说明等。按照对内容完整程度的规定，分为五个等级：非常笼统（没有明确说明提交材料的种类）、只明确预算的关键项目（预算编制依据、一般预算收支表和政府基金收支表）、涵盖预算的基本项目（在关键项目的基础上，包括后三者的任何一项）、涵盖内容比较详细（在关键项目的基础上，包括后三者的任何两项）、涵盖内容非常详细（包括全部内容）。从详细的角度讲，依据 2014

[①] 崇连山：《关于地方人大专门委员会的性质、特点等探讨》，《人大研究》2013 年第 3 期。
[②] 任喜荣：《地方人大监督权》，中国人民大学出版社，2013。

年《预算法》,各类预算收支表应当编制到"项"。此外,地方性法规规定了财政部门在什么时间提供什么类型的预算草案,除了可以保证人大获取信息,更重要的是人大能够借助立法权主动提升它在公共预算过程中的影响力和权威,强化其监督权。

修正政府预算草案主要考察预算初审过程中人大对政府财政行为的约束情况。它是检视立法机关预算监督能力提升程度的一个关键性指标[①],主要包括人大相关机构如何初审预算草案(即初审程序)、重点初审什么内容、初审意见的法律效力、初审意见的运用等。其中,重点审查内容主要涉及是否符合法律规定与本省经济社会发展要求、预备费合理性、各项收支合理性、预算编制完整性、重点支出是否有保障、民生支出是否有保障、预算措施合理性等。依据包含内容的完整性,分五个等级:无相关规定、规定简单(仅包括法律规定、本省经济社会发展要求、各项收支合理性)、规定涵盖基本项目(在前者的基础上,涵盖预备费合理性、预算措施合理性)、较为详细(在前者基础上,包括重点支出是否有保障)、非常详细(包括全部内容)。

(二) 数据说明

随着法治中国的推进,法律在国家治理中的作用逐渐凸显。在行政主导预算过程的背景下,省级预算法规对省级人大预算草案初审对象规定的详细程度一定程度上可以影响人大与政府之间的权力关系:如果规定笼统,政府权力空间就会扩大,人大预算草案初审权的行使空间相应会受到限制;反之,政府的权力空间就会受到约束,人大预算草案初审权则得到保障。因此,从地方条例的角度分析各省对人大预算草案初审权行使的正式制度供给,将会在很大程度上把握省级人大预算草案初审权实际行使的制度空间。

从《中华人民共和国预算法》实施以来,拥有地方立法权的省级人大也加快了预算法规的制定,目前大陆 31 个省级单位除了新疆都制定了相应的地方性条例或实施办法。在这些地方性法规中,不少省级人大加强了制度创新,特别是在初审方面细化了《中华人民共和国预算法》的原则性规

---

① Joachim Wehner, *Legislatures and the Budget Process: the Myth of Fiscal Control*. (New York: Palgrave Macmillan, 2010), p. 20.

定。另外，由于省级政权是中国政治承上启下的枢纽，具有地方立法权是预算监督法制改革的基础，因此，本节选择30部省级预算法规作为分析对象来考察人大预算草案初审权的制度供给现状。

二 省级人大预算草案初审权的基本制度框架形成

依据预算初审机构、预算信息的获取、修正政府预算草案三个维度考察30部省级预算法规，可以发现，省级人大预算草案初审权的基本法律制度框架已经形成，为初审过程中的人大与政府间的权力互动提供了基本规范与保障，一定程度上促进了人大预算监督能力的提升。

（一）初审机构明确

新《预算法》对省级人大预算草案的初审机构做出了明确规定，第二十二条第二款规定，"省、自治区、直辖市人民代表大会有关专门委员会对本级预算草案初步方案及上一年预算执行情况、本级预算调整初步方案和本级决算草案进行初步审查，提出初步审查意见"。由于2014年《预算法》为2014年8月份修改、2015年生效，省级人大尚需一段时间修改本级预算法规，因此省级预算法规在初审机构方面的规定与2014年《预算法》存在一些出入。即使如此，这些大多数在2000年之前制定的地方性法规，都明确了人大预算草案初审权行使的机构。通过对30部省级预算法规的考察，可以发现，有20部省级预算法规明确规定初审机构为省级人大财经委，占66.7%；3部规定为人大常委会预工委，仅占10.0%；另有7部规定为人大财经委或人大常委会预工委，占23.3%。由此组数据可以看出，初审机构确定为省级人大财经委的法规占主流。省级人大财经委除了作为人大专门机构，在委员组成方面，其专业性程度也较高，一项关于省级人大财经委委员构成情况的考察显示，超过一半（57.3%）的委员具有财经工作经历，其中不乏高级会计师、高级经济师。[1] 因此，当前的这一规定有助于省级人大预算草案初审权的落实，加强人大的预算监督能力。

---

[1] 周振超、刘元贺：《提升省级人大预算监督能力的机制和路径考察——基于10省的经验分析》，《理论与改革》2013年第4期。

（二）预算信息获取得到保障

重视初审过程中的预算信息获得，是省级预算法规保障预算草案初审权充分行使的重要内容。从对各省预算法规有关内容的分析来看，预算材料递交的时间基本上得到保障且时间较为充分、获取的信息也较为全面。这些规定为人大预算草案初审提供了基本的时间保障和预算信息。

30 部省级预算法规均对预算草案初审材料递交初审机构的时间做出了明确规定。绝大多数地方性法规规定预算草案初审材料应在本级人代会召开的一个月前递交初审机构进行初审，基本上保证了参与初审的委员能够有充足的时间认真审阅预算草案，进而发现其中的问题。做出此类规定的省级预算法规有 24 部，比重达 80.0%；有 4 部省级预算法规规定应在人代会召开的一个半月前递交初审材料，占比 13.3%；仅有 2 部法规规定在 15 日前递交材料。

多数省级预算法规明确规定了递交材料的范围，并且对材料的要求较为详细。在所考察的 30 部省级预算法规中，26 部地方性法规明确规定了递交初审材料的范围，所占比重达 86.7%。在这 26 部明确规定递交初审材料范围的地方性法规中，大多数地方性法规对所递交的预算材料规定的较为详细且覆盖面较广。由图 3-2 可以观测出 53.85% 的地方性法规对递交初审材料类型的规定基本上涵盖了所有政府预算项目；15.38% 的规定涵盖预算的主要项目；7.69% 的规定涵盖预算的基本项目。在行政主导预算的现实背景下，该做法在很大程度上改善了人大初审机构在信息获取中的被动不利局面。

（三）预算草案修正初步实现

初审重点突出且覆盖面较全，为预算草案修正提供了基本条件。递交详细的预算材料，只是人大预算草案初审机构进行有效初审的前提，初审重点的覆盖面能够在很大程度上影响人大预算草案初审权的行使空间。由于预算材料的庞杂和初审机构的人员数量与能力限制，人大不可能在规定的时间内全面审查预算草案的每项收支，必须明确哪些内容应重点审查。在人大权力与行政权力现实背反的前提下，预算法规应明确规定初审的重点范围，而且这种范围必须涵盖所有的重点。只有这样，人大预算草案初

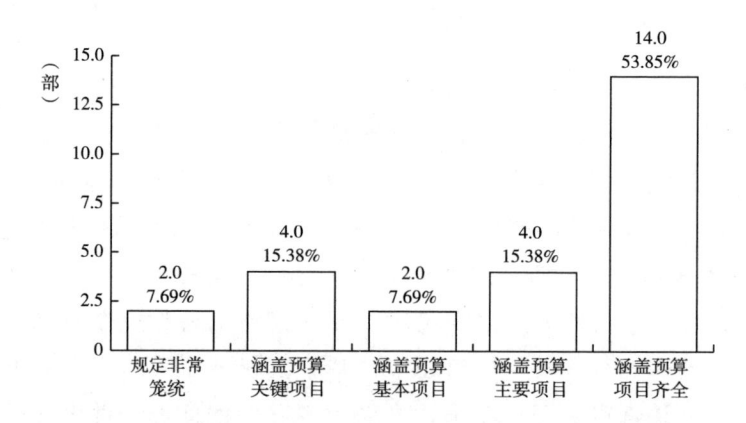

图 3-2　26 部省级预算法规对初审材料涵盖范围的规定情况

审权才能够进行有意义的预算修正，而不是边边角角的修补。图 3-3 反映了省级人大预算草案初审机构对预算初审材料进行重点初审范围的规定。通过该图可以发现，有约半数的省级预算法规对重点初审内容的规定较为详细，比重达 53.33%，其中"比较详细"的占 30.00%，"非常详细"的占 23.33%。在肯定这个主流的前提下，还需注意无明确规定或者规定简单的地方性法规所占比重，其中 23.33% 的省级预算法规对此没有明确规定，16.67% 的省级预算法规在此方面的规定较为简单，覆盖面窄。

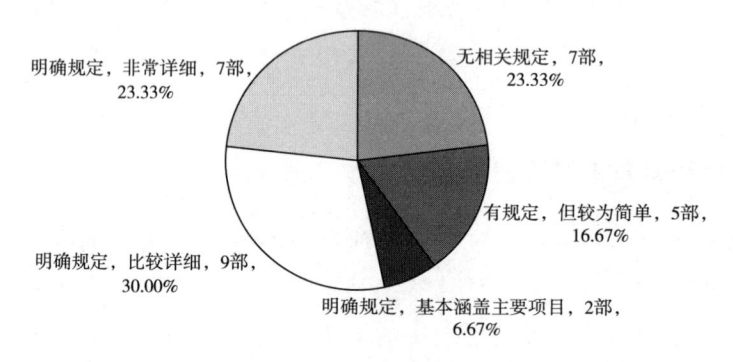

图 3-3　30 部省级预算法规对初审重点规定的详细程度

人大初审意见对政府预算草案修正具有约束力，人大预算监督权显现。省级人大预算草案初审权无论是反映民众意愿还是监督政府，必须确保预算草案初审意见对政府预算草案修正具有约束力。强化这种约束力，正如前文所分析的，是2014年《预算法》的修改亮点。实际上，预算初审意见对政府的约束力，也是省级人大预算监督立法实践的重要制度创新成果。在30部省级预算法规中，仅有5部没有明确初审意见对政府预算草案修正的约束力，如表3-1所示。在25部对初审意见的约束力有明确规定的省级预算法规中，有10部要求政府相关部门对初审意见的采纳情况进行说明，但在时限方面未做明确规定；有15部省级预算法规的规定不仅要求政府相关部门对采纳情况进行说明，还要求政府相关部门在规定的时间内进行反馈，所占比重为50.0%。在这15部规定政府限时反馈的省级预算法规中，时限安排主要集中在15天（53.3%）或10天（40.0%）。这些规定虽然没有强制要求政府必须按照初审意见进行修改，但对采纳情况进行说明的要求无疑给政府施加了一定的压力，即人大对某些预算项目提出了质疑，而且如果无正当理由接受人大初审意见的话，有可能还会打回再次修改，如上文提到的承德案例。面对这些潜在的压力，政府有关部门一般能够认真对待人大的初审意见，从而无形中提升了人大预算监督的权威。

表3-1　30部省级预算法规对初审意见对政府约束力的规定情况

政府对初审意见反馈情况的规定			政府向人大反馈的限时规定		
	法规数（部）	比重（%）	限时（天）	法规数（部）	比重（%）
没有明确规定	5	16.7	5天	1	6.7
要求政府相关部门对采纳情况进行说明，但未明确期限	10	33.3	10天	6	40.0
要求政府相关部门在规定的时间内做出意见采纳的说明	15	50.0	15天	8	53.3

可见，省级人大预算初审权的制度框架已经基本确立，为其规范化有效行使提供了基本保障。这些基本的制度供给也为人大与政府之间的权力互动提供了基本的规范，一方面保障了人大对政府的权力约束，另一方面强化了政府对人大的责任。因此，这些制度供给也在事实上提升了人大的预算监督能力。

三　省级人大预算草案初审权强化面临的问题

需要注意的是，省级人大预算草案初审权的制度框架只是基本建立而非完善。事实上，我们离完善还有距离。

（一）预算收支表信息的规定笼统

对省级人大预算草案初审权而言，预算收支表反映了预算收支项目的安排、资金使用情况等，是一项十分重要的预算信息。按照法理来讲，人大预算草案初审机构应获得全部预算草案信息，但省级人大对省级政府所能够行使的实际权力远小于法理上的权力，在这种情况下，除非法律做出明确的规定，否则政府可能会钻空子。因此，地方性法规对预算收支表所应包含信息详细程度的规定，实际上反映了初审机构所能够获得预算收支信息的详细程度。通过对30部省级预算法规的考察，可以发现现实情况并不乐观：30.8%的省级预算法规没有规定预算收支表科目列到什么程度；46.2%的省级预算法规只明确到类、重点项目到款；7.7%的省级预算法规明确到款；仅有15.4%的省级预算法规明确到款，重点项目到项。总而言之，关于人大所要初审的预算收支表的相关规定较为笼统，需要进一步细化。

（二）程序性规定缺失

人大预算草案初审中遵守的程序是人大预算草案初审权有效行使的重要保障。在考察的30部相关省级预算法规中，没有一部法规对该权力的行使做出明确的程序性规定。"对于财经委、预工委来说，初审阶段应采用什么方式进行审议，初审期间的一读、二读、三读，其程序又该如何进行，这些情况在规定中都没有明确要求。"[1] 不仅如此，对于初审过程中其他机构及专家的参与、参与形式、询问时的政府配合要求、专项调查等规定，相当一部分省级预算法规缺乏具体规定，从而导致其在实际运行中的缺位。通过表3-2可以观察到，关于预算初审过程中特定问题调查权之规定的缺失最为突出，而"调查权本身即是立法机关（在我国是各级人大及其常委会）的一项重要监督权，同时也是行使其他监督权力的前提"[2]；其次是政府对初审机构的询问应如何对待的规定。此外，对其他机构、专家参与预

---

[1] 崇连山：《关于地方人大专门委员会的性质、特点等探讨》，《人大研究》2013年第3期。
[2] 任喜荣：《地方人大监督权》，中国人民大学出版社，2013。

算初审的规定也存在较为突出的问题，表现为相当一部分省级预算法规没有明确规定其他专门委员会以及专家的参与，即使做出了参与的规定，这些规定也多是原则性的，可操作性不强。对于上述内容，鲜有法规对它们的程序和方式做出明确界定，从而导致初审实践中的这些内容难以落实，一定程度上限制了人大预算草案初审权的有效实施。

表 3-2　30 部省级预算法规对初审过程中有关程序的规定

单位：%

其他机构、专家的参与		其他机构、专家的参与形式		初审过程中，政府对询问应如何对待		初审机构是否可对特定问题调查	
没有明确规定	43.3	没有明确	64.7	没有明确规定	46.7	否	73.3
只明确其他专门委员会参与	23.3	开讨论会	17.6	初审机构提出询问或调查时，相关部门应配合	13.3	是	26.7
明确其他专门委员会及专家参与	33.3	参与初审会议	17.6	相关部门负责人应列席初审会议，并当场回答询问	40.0	—	—

（三）初审报告的运用不充分

预算草案初审报告，必须能够在预算审批过程中发挥指导意义才能使省级人大预算草案初审权充分行使。2014 年《预算法》修改还有一个亮点就是明确了预算草案初审报告在人代会上的运用。然而，还有一些省级预算法规尚未依据 2014 年《预算法》进行修改，在初审报告运用方面的规定相当不健全。资料显示，有 22 部预算法规对此没有明确规定，比重达 73.33%；有 4 部省级预算法规规定提交人大常委会审议，但对于审议结果的运用则没有明确说明；仅有 4 部省级预算法规明确了初审报告对预算草案审查的指导意义。

四　加强省级人大预算草案初审权的制度创新

人大应立足当前地方性法规在省级人大预算初审制度供给中存在的问题，推进省级人大预算草案初审权成长的制度创新，进一步增强人大预算监督能力。

（一）建构以程序为中心的省级人大预算草案初审权运行规范

程序性规范缺失是制约当前省级人大预算草案初审权有效行使的主要问题。省级人大应充分利用地方性预算监督法规修改的有利契机，对初审权行使的必要程序做出明确规定。首先，应明确初审机构向参与初审的委员、专家发放初审材料的时间，以便确保委员、专家有充分的时间审议材料。其次，应该在省级预算法规中明确规定初审会议的辩论程序。省级人大预算草案初审会议的程序性规定可以采用"三读"制："一读"，主任委员宣读初审草案的重点内容后交委员审查；"二读"，通过召开会议对委员审查后的预算草案内容展开辩论，同时要求政府相关部门负责人到会进行说明与接受询问；"三读"，对预算草案及委员的修改意见进行审查，形成初审意见。然后，公开预算草案初审过程。公开内容应包括初审会议的参与者、初审的程序、初审的重点内容、政府相关负责人的说明与解答、初审意见等。最后，省级预算法规应赋予初审机构进行调查的权力，并对该权力的行使做出明确的程序性规定。

（二）建立健全预算初审中的多方参与制度

公共预算涉及公众利益，公众参与预算草案初审过程理应成为一项法律规范。但目前尚无地方性法规对此做出明确规定。当然，一些地方已经开始了公众参与预算草案初审的实践，如上海闵行区预算初审听证会邀请社会公众代表参与讨论，并将公众意见作为财政预算初审的重要依据之一。在省级预算法规修改过程中，省级人大应将此类成熟经验转化为法律规范，保障公众参与预算草案初审过程的权利，扩大财政民主。另外，由于公共预算具有较高的专业性，不仅公众难以看懂预算草案，人大代表甚至不少委员也缺乏这方面的专业知识。考虑到我国独立咨询机构的发展现状，建立独立的人大预算咨询机构可行性并不大。作为弥补，省级预算法规应当扩大专家在预算初审中的参与，包括参与的专家人数、参与的方式以及参与的深度等。公共预算实质上是利益关系的反映，因此在初审过程中，省级人大预算草案初审机构需要对政府收支情况进行平衡性审查，这需要其他专门委员的配合。对于不同的参与者，省级预算法规需要规定明确的参与形式：公众参与适合采用听证会，专家适合采用讨论会和听证会，其他专门委员会除了可以参与听证会、讨论会，还应参与初审会议。对于参与者的意见，人大预算草案初审机构应当认真研究、吸收，并将采纳情况向建议者进行反馈。

此外，预算收支表信息的完善、初审报告的运用也应在省级预算法规修改过程中进行明确。

第三节　地方人大预算监督的制度逻辑：以预算草案初审为中心的考察

本节旨在回答我国人大预算监督的建构逻辑及其立足点。在梳理我国人大预算监督的建构逻辑基础上，提出回应型治理概念，进而论证人大预算草案初审权是强化监督的立足点之一。

一　合作式监督：中国特色社会主义的预算监督逻辑

立法机构的预算监督本质上是预算民主的内在体现。"预算民主是指经由权力制衡原则由立法机关对行政机关提交的预算案进行审查监督而实现对政府财政权的必要制衡，并借此构成了现代民主政治的制度基础"。[1]

强调人大自身权力的成长是我国政治发展的内在逻辑，也是党和国家在政治发展方面的重点部署之一，党代会报告对此亦多次强调。不过，人大自身权力的成长要放在中国场景之下，是党的领导下的增量变革。这种权力成长不是为了控制行政机关，而是通过人大与行政机关间的合作达到规范公共权力的目的。因此，在中国场景之下，人大权力的成长更多表现为基于《宪法》的职能履行，如强化立法、突出监督、积极反映民意等，而不是为了制衡的目的控制行政机关。

社会主义的国体决定了我国以人民根本利益为制度建构的逻辑起点。人民根本利益一致，要求国家机构建构的原则为集中统一领导与分工负责。在我国，国家权力配置的实践特征是功能性分工，即党的统一领导之下国家机构在治权方面的分工。这种权力分工体制一方面确保了主权的完整性，

---

[1]　王桦宇：《论人大预决算审查监督权的实质回归》，《法学评论》2017年第2期。

另一方面通过权力的统合、交叉有效促进共同体善的实现。① 既然国家机关在治权配置上以分工为原则，那么该原则衍生的逻辑理应是合作。这种合作主要体现为在党的领导之下，立法机关、行政机关、司法机关与监察机关基于目标共识而处于一种分工与合作的关系网络之中。除此之外，它还表现为党际合作以及国家机构与社会的合作。党的十九届三中全会公报指出，"推动人大、政府、政协、监察机关、审判机关、检察机关、人民团体、企事业单位、社会组织等在党的统一领导下协调行动、增强合力，全面提高国家治理能力和治理水平"。合作逻辑带给中国政治发展的一大优势在于它能够有效减少政治过程中的交易成本，集中优势力量办大事，"社会主义国家有个最大的优越性，就是干一件事情，一下决心，一做出决议，就能立即执行，不受牵扯"②。改革开放以来我国政治、经济、社会全方位的发展均得益于合作逻辑的展开。

合作作为我国政治发展的基本逻辑，反映在人大预算监督方面则是合作式监督。所谓合作式监督，是指人大与行政在党的领导之下，通过实现信息共享、畅通沟通等参与途径围绕公共资源有效利用而形成的一种监督方式。合作式监督与制衡式监督的最大区别在于其目的不是为了取得权力的主导，也不是要"唱对台戏"③，而是为了避免公益受损，实现公共资源价值最大化。在监督过程中，立法机关与行政机关不是处于西方的对抗关系（如美国政府关门事件中的国会与行政机关的关系）之中，恰恰相反，二者通过信息共享、沟通与结果修正等处于一种合作式的监督网络之中。在政治实践中，合作式监督逻辑展开的机理是人大通过积极寻求行政机构的配合实现预算监督职能的有效履行。多项研究证实人大预算监督职能的有效履行需遵循合作式监督逻辑，如信息共享④、财政部门配合⑤等。我国人大预算监督过程中遵循的是合作式监督逻辑，以制衡式监督逻辑衍生的

---

① 鄢一龙：《六权分工：中国政治体制概括新探》，《清华大学学报》（哲学社会科学版）2017年第2期。
② 《邓小平文选（第3卷）》，人民出版社，2009。
③ 彭真：《论新时期的社会主义民主与法制建设》，中央文献出版社，1989。
④ 周振超、李英：《人大预算监督权的困境与出路——基于预算信息传输的视角》，《探索》2016年第3期。
⑤ 马骏、林慕华：《中国城市"钱袋子"权力：来自38个城市的问卷调查》，《政治学研究》2012年第4期。

理论范式来观察我国人大预算监督难以观察到人大预算监督职能的真正履行情况，也难以找寻到该职能有效履行的路径。探索与合作式监督逻辑相应的理论范式，方可发现我国人大预算监督职有效履行的立足点，进而有效把握改革开放以来的实际发展情况。

二 人大预算草案初审：合作式监督下的回应型治理

合作式监督作为我国人大预算监督的逻辑遵循，其展开的内在机理在于人大与行政机关间的合作，探寻其背后的理论机制也应回到合作本身。在政治学的诸多理论中，治理理论置身于民主背景之下，侧重于合作关系的探索。与传统统治不同的是，治理的实质是建立在市场原则、公共利益和认同之上的合作，其运作机制主要依赖合作网络的权威而非政府权威[①]。正因合作网络的重要性，治理过程中的多方参与得到了强调，参与式治理因而走入理论视野。参与式治理效用发挥的前置条件之一是公众有参与的意愿与能力[②]。因此，扩大公众参与是参与式治理的关键所在。然而，实际的参与式治理效果却不如理论预设那么美好，其治理过程内含两个悖论：一是公民参与的治理并没有限制政府权力，反而使其扩张；二是公民参与力量并未如预期的那样实现强化[③]。换言之，参与式治理在理论设定中未凸显政府作用，而治理实践则表现为政府作用的强化。面对理论与现实的不相符，元治理理论凸显了行政主体的自主性[④]。既然政府依然是现代治理网络中最重要的主体，忽视政府而谈其他主体的参与，难免有失偏颇。立足治理实践，结合元治理理论，本节提出回应型治理概念。

作为一种实践概念，回应型治理更多强调政府对社会力量关于治理诉求（包括治理方式与利益需求）的回应与责任；回应与责任的实现有赖于政府构建的合作网络。合作与回应是合作治理的基本特征。回应型治理的提出是对治理作为工具的延伸。作为工具，治理对政府与社会具有不同的

[①] 俞可平：《论国家治理现代化》，社会科学文献出版社，2015。
[②] 张紧跟：《参与式治理：地方政府治理体系创新的趋向》，《中国人民大学学报》2014年第6期。
[③] Georgina Blakeley, "Governing Ourselves: Citizen Participation and Governance in Barcelona and Manchester", International Journal of Urban and Regional Research 34 (2010): 130-145.
[④] 斯蒂芬·奥斯本：《新公共治理：公共治理理论和实践方面的新观点》，包国宪、赵晓军等译，科学出版社，2016。

使用逻辑，政府希望通过治理获得社会对政策认同；社会则希望通过治理使其诉求在政策上得到反映。两种逻辑的交汇最终促使政府做出回应。因此，对参与式治理而言，回应型治理更加彰显政府的责任，这种责任既包括满足社会利益诉求的回应，也包括扩大参与诉求的回应。作为一种产生于新时代的分析概念，回应型治理是对人民群众对美好生活向往的回应。新时代的治理要求政府回应并满足人民群众对美好生活的需求以及解决现实的这些矛盾，正如党的十九大报告所指出的，"我们要在继续推动发展的基础上，着力解决好发展不平衡不充分问题，大力提升发展质量和效益，更好满足人民在经济、政治、文化、社会、生态等方面日益增长的需要"。回应型治理就是要在合作网络中强化政府回应各方（包括不同国家机关）诉求的责任；因契合我国合作式监督内在的合作逻辑，它能够为研究人大预算监督提供一个较适合的分析框架。

依据回应型治理的分析进路，合作式监督逻辑中的人大与行政机关之间内含三种依次衔接的关系：一是人大与行政机关就预算监督形成合作；二是人大能够吸纳公众对预算监督的参与；三是行政机关回应人大监督中存在的问题，预算草案得到修正。在这个完整的监督链中，缺少任何一个环节，人大的预算监督职能均不能得到有效履行。

依据相关法律，人大预算监督包含预算草案审批、预算执行监督、预算调整审批、决算审批等环节。在诸多环节中，预算草案审批为人大监督过程的核心环节，因为一个不能反映公共意志的预算草案即使得到有效执行，也无法实现公共资源价值最大化。在我国人大预算监督制度设计中，预算草案审批包括两个依次衔接的环节：预算草案初审和大会审批。相较于后者，学界对前者的关注明显薄弱，且缺乏对其背后理论逻辑的探讨[1]。

人民代表大会审批实行的是整体审批制，要么完全通过，要么完全否决。完全否决行政机关提交的预算草案不符合我国政治运行的合作逻辑。那么，这是否意味着我国人大预算监督在现有制度框架内就没有成长的空间呢？答案是否定的，它的成长制度空间相对充足。合作式监督的逻辑决定了人大在预算监督过程中不会使用导致冲突的否定性审批权，然而在大

---

[1] 刘元贺、孟威：《省级人大预算草案初审权的制度供给与创新路径——基于30部省级预算法规的考察》，《四川理工学院学报》（社会科学版）2016年第2期。

会审批之前，人大却有足够的制度空间去实现合作式监督，从而与行政机关形成一种回应型治理的监督进程。就制度设计而言，在人民代表大会审批预算草案之前，行政机关要将预算草案初步方案提交人大常委会或者专门委员会进行初审。相较于大会审批而言，人大预算草案初审具有相对充足的时间，2014年《预算法》第四十四条明确规定了初审提交的时间。在预算草案初审中，地方人大与行政机关在预算编制信息共享上大体实现了制度性合作。在预算草案初审过程中，预算草案信息是人大进行预算草案初审的前置性条件，也是人大与行政机关进行合作的基础。因此，2014年《预算法》实施以来，地方人大加强了预算信息方面的制度供给。2017年3月1日起实施的《重庆市预算审查监督条例》第十四条明确规定"市、区县（自治县）政府财政部门应当在布置预算编制工作之前，将预算草案编制的原则、依据、标准、重大政策调整等情况报告本级人大财经委、人大常委会预工委"，同时也规定"市、区县（自治县）人大财经委、人大常委会预工委应当组织本级人大代表对本级预算编制情况进行调研，广泛听取选民和社会各界对编制预算的意见建议，并向本级政府财政部门提出意见。市、区县（自治县）政府财政部门应当认真研究，并将采纳情况反馈本级人大财经委、人大常委会预工委"。通过提前介入预算编制，地方人大参加财政部门举办的预算编制工作会，获取信息，了解情况；在部门编制预算时人大组织调研听取意见和建议，将人大代表和部门提出的意见建议汇总转交财政部门研究采纳。在这个合作式监督过程中，人大实现了从被动参与者向积极治理者的转向：一方面，它通过调研，吸纳与反映民意，使得预算编制具备了回应民意的信息基础；另一方面，对于人大所提出的意见，行政机关负有回应义务，通过回应，预算草案一定程度上可以得到修复。预算编制信息的互动，作为人大预算草案初审的前置，无疑使人大在合作中获得了相关的预算信息，从而为初审打下良好的基础。关于初审，《重庆市预算审查监督条例》对预算草案信息做了更为详细的规定，并要求提供相关说明材料，对于人大初审意见，它也规定了行政机关的反馈义务。此外，《重庆市预算审查监督条例》也规定人大可以在初审过程中行使询问这一监督工具。不仅是《重庆市预算审查监督条例》，其他地方新修订的预算监督法规也如此。种种进展表明，人大预算草案初审在合作式监督逻辑下具备了回应型治理的制度空间。

作为一种合作式监督下的回应型治理监督方式，人大预算草案初审更加契合新时代党政机构改革的要求。党的十九大报告要求"在省市县对职能相近的党政机关探索合并设立或合署办公"。党政机关合并或合署办公，必将加强党的领导，实现集中力量办大事，符合新时代要求。相应地，也对人大监督提出了更高的要求，要能够监督"集中力量办大事"过程中的预算行为，确保党和国家的财经纪律得到有效执行。提升人大预算监督能力，人大自身建设是关键。完善人大预算监督制度，需要制度创新，但更应充分利用现有制度资源。在现有制度框架内，人大预算草案初审可以成为有效的监督工具，如前所述，它已具备了较为充足的制度资源。更为主要的是，人大预算草案初审基于合作式监督逻辑而形成的回应型治理进路，符合行政机关的治理逻辑：一是在全面从严治党以及全面依法治国的背景下，行政机关也具有强化内部监督以及规范部门预算行为的要求；二是回应公众诉求，成为行政机关的重要议事日程，人大在预算草案初审过程中通过公众参与、调研、专家论证等方式整合的关于预算草案的公众信息为行政机关回应公众诉求提供了不可或缺的信息资源；三是人大预算草案初审不是为了否决预算草案，而是为了使预算草案更具科学性，有效回应社会诉求，在这点上二者的目的一致。因此，预算草案初审，是地方人大在新时代积极履行其预算监督职能的新路径，是合作式监督逻辑在新时代下的一种治理性回应。

三　走向实质监督的地方人大预算初审

人大预算草案初审应成为人大预算监督功能履行的新路径。不过，应然的逻辑分析未必就能经得起实然的检验。关于人大预算草案初审权的分析，最终还需回归实践，以此检验它是否能够回应现代社会治理对其职能履行的要求。下文将分析近五年主流网站公开报道的案例，进而透视人大预算草案初审的实践。

（一）合作的形成

人大预算草案初审权的真正落实，首要选项应当是与行政机关建立一种有效的合作机制。近年来，随着党对完善人大制度工作的不断强化以及人大预算监督制度供给水平的提升，地方人大利用已有制度空间，回应社会关于加强预算监督的要求,积极寻求与行政机关的合作,在合作中实现预算草案初审的实质化。截至目前,地方人大已经探索形成了以提前介入预算编制为主的合作方式。虽然各地提前介入的方式各具特色,但它们至少包含两个共同环节:一是主动与财政部门沟通,了解预算编制的政策依据、基本原则和重点内容等预算信息,并向财政部门反映预算编制的要求,如重庆市人大财经委、预工委积极参加全市财政工作会议和市级部门预算编制工作会议等财政专题会议,听取财政部门关于预算编制原则、依据、口径和总体安排的工作汇报;二是积极开展调研,通过专题座谈会、代表视察等方式,多方听取预算意见、分析经济形势、提高预算初审的针对性和有效性,如河北省人大财经委为做好2018年的预算草案初审工作,选取上年度预算执行中问题较为突出的地区进行视察调研,并利用多种途径了解经济发展走势,研判该年度的预算安排结构。

通过提前介入预算编制,地方人大不仅能够分享行政机关的预算编制信息,实现监督关口前移;还能将依据自身优势而整合的民意反馈给行政机关,增强预算草案对社会关切点的回应性。天津市东丽区人大在2013年预算草案编制过程中,通过调研了解居民对旧楼区改造的要求,随后,该区人大常委会将居民要求反映给区政府,启动了旧楼区改造工程。在介入过程中,人大与行政机关具有不同的职能定位,人大主要扮演民意代表与监督的角色;行政部门主要扮演预算编制与执行的角色。通过提前介入预算编制,人大非但没有引起行政机关的排斥,反而得到了行政部门的主动配合,在公开报道中不乏地方财政部门就预算编制工作主动征求地方人大意见建议的案例。总体上来讲,相较于人大预算监督的其他环节,在预算草案初审过程中,地方人大与行政机关已基本上形成了良好的互动关系。

(二)参与的吸纳

无论何种治理理论,都不会否认来自社会的多方参与,尽管各参与主体在不同治理理论中存在不同程度的位差。回应型治理凸显了政府面对社会各方参与主体诉求的回应责任,包括畅通参与渠道、构建合作网络、吸纳与整合利益诉求等。随着我国进入新时代,公众参与作用得到普遍认可,党的十九大报告指出,"加强社会治理制度建设,完善党委领导、政府负责、社会协同、公众参与、法治保障的社会治理体制"。吸纳公众参与国家治理也成为党的十九大报告的必然要求,"扩大人民有序政治参与"是党向人民做出的庄严承诺。

由于预算与公众利益的相关性更为直接,让公众参与预算过程,更能在国家治理中有效吸纳公众。在预算草案初审中,人大利用其制度优势,一是密切人大代表与选民的联系,如地方实践的"人大代表联络点""接待选民日"等,在此基础上,各地人大积极吸纳人大代表参与预算草案初审工作,扩大人大代表的参与面,云南省探索建立了"建立预算审查前广泛听取人大代表和社会各界意见的机制",2018 年河北省在预算草案初审中组织了 21 名省级人大代表参与初审工作。二是普遍建立了专家参与预算草案初审论证的机制,一定程度弥补了人大预算草案初审专业能力不足的问题,2018 年河北省在预算草案初审中组织了 6 位专家顾问参与初审,2017 年云南省通过专家座谈会的形式吸纳 18 名预算审查专家参与初审。三是人大积极探索公众直接参与预算初审的工作机制,如上海闵行区的预算初审听证会、浙江温岭预算民主恳谈会等。不可否认,与前两类公众间接参与方式相比,公众直接参与预算尚处于探索阶段,对目前的探索,既不能夸大公众参与预算草案初审的现实意义,也不能忽视探索的进展以及作为试点可能带来的扩散效应。

(三) 回应的落实

评判地方人大预算草案初审工作是否走向实质性监督的重要标准在于地方人大在预算草案初审中能否发现问题以及行政机构是否认真回应这些问题。通过合作与吸纳参与,地方人大在预算草案初审过程中形成了审查预算草案编制的必要能力,包括发现问题以及要求整改的能力。2018 年的河北省预算草案初审中,初审人员发现预算草案编制存在 138 条问题,主要涉及财政资金投向、政府债务、转移支付资金安排、人员经费标准、"三公"经费安排等多个领域,据此提出了 71 条意见和建议;根据发现的问题,人大财经委和省财政厅沟通之后,以省人大财经委名义向省财政厅发文,要求省政府相关部门在规定时间内对预算草案进行修改。

由于合作关系,行政机关一般将来自人大的预算草案初审意见视为纠偏方案,进而积极回应人大预算草案的初审意见。在 2017 年云南省预算草案初审工作中,云南省财政厅针对人大初审提出的"在草案中增加 2016 年全省和省本级政府债务限额、余额和使用情况表"的意见,在预算草案中新增 10 张表,反映全省及省本级债务限额和余额情况。2018 年初,浙江省乐清市财政部门根据市人大的预算草案初审意见,修改了 80 个非重点审查部门的预算草案,5 个部门共新增 7 个预算项目,涉及资金 796.27 万元;16 个部门共删减预算项目 30 个,减少资金 2012.48 万元;优化项目 92 个,涉及 12 个部门共计 2041.57 万元。虽然这些案例并不能代表全部,但基本反映一个事实,对于地方人大的预算草案初审意见,相关预算编制部门能够接受并进行整改,积极回应地方人大。这个事实同样也反映了地方人大预算草案初审正在走向实质性监督。

四 小结

分析我国地方人大预算草案初审制度,须回归中国场景,认清中国人大预算监督的内在逻辑。基于中国特色社会主义道路的内在机理,合作式监督逻辑成为我国人大预算监督的基本遵循。该逻辑的铺展,合作是关键,呼应了治理理论。治理实践虽然凸显了公众参与的重要性,然而政府依然为核心主体。因此,治理的实现主要依赖政府的回应,回应型治理契合了治理的实践特征。在人大预算监督的制度构成中,预算草案初审契合了回应型治理的内在机理。从合作、参与以及回应三个维度分析了近几年部分地方人大预算草案初审的案例。这些案例表明,在预算草案初审方面,地方人大与地方行政机关建立了良好的合作关系,扩大了社会参与,强化了地方人大与行政机关的双边回应责任;因此,在人大预算草案初审中,地方人大逐渐走向实质性监督。该事实进一步表明,人大预算草案初审不仅具有理论自洽,也契合新时代国家治理的实践。因此,回到中国特色社会主义预算监督的逻辑上,地方人大预算监督职能有效履行的新路径在于健全人大预算草案初审制度。结合当前实践,地方人大的重点突破应放在扩大公民参与、强化人大对公民的回应性等方面。

第四章　加强地方人大对预算调整的审查监督[①]

预算执行是预算过程的核心环节。在应然层面，预算执行中，预算调整是无可厚非的，但应谨慎规范。由于预算对环境的高度开放性和信息收集的不完整性与滞后性，受外部环境、管理需求、政策制定等的影响，执行中的调整是不可避免的，很大可能存在非常规预算调整。但是，预算一经人大审议批准，就拥有法律效力，具有严肃性、规范性和约束性。面对执行刚性与调整弹性的二元对峙，规范化的预算调整是关键。那么究竟什么样的预算调整才是规范的呢？首先，要具有正当性，调整的原因是重要的甚至是非常重要的，是突然出现的而不是提前计划、可预见或历史累积的，是急需解决、不得有所延误的，是具体的、暂时的而不可持续的。其次，要具有可控性，调整的次数、调整的程序要受到限制。最后，应是适度的，调整的幅度和规模要与政策目标、政策过程相适应，与预算年度的财政收支相适应，与发展规划、具体实际相适应。

实然的预算调整是一个更为复杂的问题。现实中，中国地方政府预算调整经常发生，一个突出的现象是，一些地方政府在执行人大通过的预算时过于随意，在预算调整上常"先斩后奏"，将已经执行完的汇总预算调整方案提交人大常委会审批。另外，以财政超收超支、地方政府债务等现象为诱因的预算调整现象普遍存在。

本章力图解释的问题是，地方人大为什么难以实质性监督同级政府的预算调整，以及如何加强地方人大对预算调整的审查监督，维护预算的严肃性。

[①] 本章内容由李英执笔。

第一节　地方政府预算调整的历史与现实

预算调整的一个现实是，多年来财政高额超收与超支并驾齐驱，预决算间偏差不断增大。历年《中国统计年鉴》显示，1994 年中国的财政超收额还不足 500 亿元，到 2000 年已经达 1000 亿元，2011 年突破 10000 亿元，达 14154 亿元，财政超收规模逐年膨胀。比如，2012 年的预算支出，31 个省的决算数均低于预算数，其中 3 个省（区、市）的节支幅度超过 20%，14 个省（区、市）的节支幅度超过 10%，农业、教育、科技等项目的超支幅度达 5%以上。[①] 2014 年 7 月，广州市人大常委会审批通过了政府的预算调整方案，包括广州教育城建专项支出 20 亿元，3 个月后，因为其中 18.7 亿元受用地报批及基本农田调整方案影响花不出去，财政部门对预算进行了再次调整。[②]

为何会出现这样的现象？如何理解这一现象？本节用预决算收支数据的偏离来反映预算调整[③]，集中梳理 31 个省（区、市）在《预算法》第一次修订前的 2005~2014 年的预算调整历史状况，梳理 2015 年新《预算法》实施后预算调整的现状与趋势，为中国地方政府预算调整的历史与现实做一个素描，为推进规范化预算调整提供现实参考。

一　规模与程度

预算调整的规模即调整额度的大小，用决算收支与预算收支的差值来表示。预算调整的程度即调整幅度的大小，用预算调整额度占当年预算收入的比例来衡量。此处用预决算收支偏离额与预决算收支偏离度来衡量预算调整规模与程度。

[①] 中华人民共和国财政部主管、中国财政杂志社主编《中国财政年鉴 2013》，中国财政杂志社，2014。
[②] 《广州预算调整三月后 19 亿花不出去，代表称不严肃》，人民网，2014 年 10 月 30 日。
[③] 按照 1994 年《预算法》第五十三条规定，预算调整包括影响预算收支平衡的调整和债务增加的调整。第一种情形，在执行过程中增加支出或者减少收入的情况很少，因为政府基本上都是按照量入为出的原则安排财政。第二种情形，地方政府债务大范围存在，是预算调整的典型情形，但其带来的变化并不会影响年度收支平衡，政府债务收入增加，支出相应就会增加以追平收入变化。加之预算调整信息的相对隐蔽性，综合考虑，预算与决算之间在收支数据上的偏离基本能反映预算调整的现实情况。

（一）预决算收入偏离

从表 4-1 的数据来看，2005~2014 年，预决算收入最大偏离额达 653.92 亿元，最大偏离度为 48.17%，预算调整幅度较大。2009 年，天津计划财政收入 7566 亿元，最后决算收入达 8219.92 亿元，超收近 700 亿元，预决算偏离规模最大。西藏在 2005~2012 年连续 8 年维持预决算收入零偏离后，在 2013 年，计划财政收入 64.13 亿元，最后实际收入 95.02 亿元，超收 30.89 亿元。

具体到不同年份，比较各地方的预决算收入数据，更能发现其预算调整规模之大。2005 年预决算收入最大偏离额是上海的 158.09 亿元，最大偏离度是黑龙江的 27.81%；2006 年预决算收入最大偏离额是山西的 173.88 亿元，偏离度达 42.46%；2007 年预决算收入最大偏离额是浙江的 196.05 亿元，最大偏离度是四川的 26.82%；2008 年预决算收入最大偏离额是黑龙江的 138.73 亿元，偏离度达 31.56%；2009 年预决算收入最大偏离额是天津的 653.92 亿元，最大偏离度是内蒙古是 21.42%；2010 年预决算收入最大偏离额是浙江的 338.47 亿元，最大偏离度是重庆的 24.69%；2011 年预决算收入最大偏离额是陕西 357.65 亿元，偏离度达 31.30%；2012 年预决算收入最大偏离额是陕西的 174.38 亿元，偏离度达 12.23%；2013 年预决算收入最大偏离额是广东的 425.07 亿元，最大偏离度是西藏的 48.17%；2014 年预决算收入最大偏离额是广东的 282.08 亿元，最大偏离度是重庆的 10%。

上述数据较明显地反映了历年来财政超收的现象，大多数地方每年的实际收入都高于年初的计划收入以及经过调整后的年度预算收入。比如，河北 2014 年预算调整方案显示，税收收入短收 31.4 亿元，非税收入短收 12.7 亿元，计划调减总收入，但到年终决算时，财政总收入为 440.2 亿元，依然超过调整后的计划收入的 434.9 亿元，超出 5.3 亿元。当然，也有部分地方出现年终短收的情况，实际收入没有达到计划收入规模。比如，上海 2006 年短收 5.16 亿元，湖北 2009 年短收 5.36 亿元，新疆 2009 年短收 9.16 亿元，河北 2013 年短收 40.1 亿元，辽宁 2013 年短收 64.82 亿元，黑龙江 2013 年短收 36.61 亿元。2014 年短收情况比较明显，其中山西短收 22.6 亿元，辽宁短收 280.02 亿元，黑龙江短收 90.7 亿元，贵州短收 19.92 亿元，云南短收 105.94 亿元，新疆短收 26.66 亿元。

表 4-1　2005~2014 年 31 个省、自治区、直辖市财政收支预算决算总量表

单位：亿元

	2005年 财政收入			2005年 财政支出			2006年 财政收入			2006年 财政支出			2007年 财政收入			2007年 财政支出			2008年 财政收入			2008年 财政支出			2009年 财政收入			2009年 财政支出			2010年 财政收入			2010年 财政支出			2011年 财政收入			2011年 财政支出			2012年 财政收入			2012年 财政支出			2013年 财政收入			2013年 财政支出			2014年 财政收入			2014年 财政支出	
	预算	决算		预算	决算		预算	决算		预算	决算		预算	决算		预算	决算		预算	决算		预算	决算		预算	决算		预算	决算		预算	决算		预算	决算		预算	决算		预算	决算		预算	决算		预算	决算		预算	决算		预算	决算		预算	决算		预算	决算		预算	决算
北京	842	919	1123	1058	1054	1117	1297	1361	1493	1650	1740	1837	1959	2054	2027	2459	2319	2354	2896	2717	3006	3245	3299	3315	4199	3685	3630	3661	4648	4174	4000	4027	4912	4525
天津	283	332	500	442	388	417	543	624	492	540	674	676	868	994	1998	7566	1124	920	1069	2243	1229	1455	1377	1673	2299	2143	1971	2079	2549	2328	2390	3018	2885
河北	512	516	1077	979	616	621	1313	1180	769	789	1507	1649	931	948	1882	2038	8220	2348	2957	1241	1738	1658	3741	2084	4388	2336	4716	4410	2447	5093	4677
山西	306	368	737	669	410	583	1048	916	503	598	1248	1050	748	686	1315	1557	791	1067	1562	1332	1213	1093	2763	1379	3225	1516	1664	1702	3419	3030	1843	1821	3479	3085
内蒙古	225	277	776	682	307	343	937	812	400	492	1293	1082	651	552	1651	1455	806	701	1926	1927	853	893	1931	2291	1357	1167	2364	2989	3315	1721	1598	4013	3687	1805	1844	4232	3880
辽宁	580	675	1380	1204	744	818	1580	1423	944	1083	1966	1764	1239	1356	2392	2153	1527	851	2149	2950	2682	1591	1829	2542	2643	2274	3196	2387	3500	4430	3906	3105	5268	3789	1529	3426	4559	3344	5736	5197	3473	3193	5547	5080
吉林	180	207	731	631	232	245	815	718	269	321	1033	884	423	378	1335	1180	487	486	1665	1479	560	602	1787	1930	699	850	2349	2202	986	1041	3063	2725	2471	1152	1157	2963	3409	2745	1198	1203	3121	2913
黑龙江	249	318	934	788	319	387	1135	969	360	440	1388	1187	578	1764	1542	487	530	2177	1878	642	712	2253	2528	846	998	3199	2794	1157	1163	3643	3172	1314	1277	3922	3369	1392	1301	4103	3434
上海	1259	1417	1646	1664	1581	1576	1809	1796	1722	2074	2322	2339	2359	2622	2594	2540	2538	2990	3086	2743	2874	3303	3341	3103	3430	3915	4013	3744	3738	4246	4184	4025	4110	4616	4529	4465	4586	4992	4923
江苏	1256	1323	1849	1673	1577	1657	2221	2013	2095	2238	2862	2731	2644	3617	3247	3078	3229	4489	4017	3815	4080	5513	4952	4914	5149	6900	6222	5861	5865	7732	7028	6496	6568	8466	7798	7131	7233	9123	8472
浙江	1012	1067	1590	1266	1195	1298	1878	1472	1453	1650	2321	1807	1850	1933	2821	2209	2042	2143	3398	2653	2608	2270	3994	3208	2842	3151	4771	3843	3420	3441	5265	4162	3718	3797	5472	4730	4100	4122	5838	5160
安徽	291	334	808	713	372	428	1052	940	497	544	1333	1244	612	725	1738	1647	774	864	2226	2142	938	1149	2661	2588	1293	1464	3394	3303	1631	1793	4070	3961	1937	2075	4442	4350	2161	2218	4754	4664
福建	423	433	697	593	522	541	856	729	666	699	1081	911	816	833	1345	1138	910	932	1671	1412	1085	1151	2020	1695	1421	1502	2640	2198	1720	1776	3159	2608	1992	2119	3535	3069	2294	2362	3859	3307
江西	231	253	758	564	285	306	924	696	354	390	1182	905	460	489	1521	1210	547	581	1943	1562	686	778	2365	1923	962	1053	3094	2535	1260	1372	3665	3019	1621	1532	4143	3470	1834	1882	4468	3883
山东	993	1073	1652	1466	1306	1356	2079	1833	1602	1675	2545	2262	1945	1957	3051	2705	2155	2199	3725	3268	2561	2749	4559	4145	3220	3456	5600	5002	3987	4059	6571	5905	4429	4560	7222	6689	4976	5027	7604	7177
河南	441	538	1177	1116	590	679	1504	1440	769	862	1950	1871	975	1009	2371	2282	1080	1126	3033	2906	1244	1381	3548	3416	1529	1722	4432	4249	1946	2040	5142	5006	2260	2415	5722	5582	2648	2739	6230	6029

续表

	2005年		2006年		2007年		2008年		2009年		2010年		2011年		2012年		2013年		2014年	
	预算 财政收入	决算 财政支出	预算 财政收入	决算 财政支出	预算 财政收入	决算 财政支出	预算 财政收入	决算 财政支出	预算 财政收入	决算 财政支出	预算 财政收入	决算 财政支出	预算 财政收入	决算 财政支出	预算 财政收入	决算 财政支出	预算 财政收入	决算 财政支出	预算 财政收入	决算 财政支出
湖北	376	866	476	1047	590	1485	711	1919	820	2458	988	2941	1394	3938	1783	4714	2174	5407	2550	6026
湖南	361	395	452	1065	573	1598	723	1765	806	2585	1014	3122	1291	4083	1823	4749	2191	4372	2567	4934
广东	1756	994	478	1233	607	1357	699	2059	848	2210	1082	2702	1517	3521	1684	4119	2031	5212	2223	5481
广西	1807	2289	2086	2553	2786	3873	3310	4702	3650	5502	4517	6787	5303	8236	6229	9241	4691	5407	2263	5017
海南	259	2705	2179	3105	2603	3160	3179	3779	3622	4334	4272	5422	5515	2777	6712	7388	6656	8411	7783	10886
重庆	283	701	343	869	419	1138	481	1297	621	1622	772	2229	881	2544	1098	2985	1258	9968	8065	9153
四川	66	611	313	730	373	986	518	1480	583	1860	698	2008	948	2777	1166	3218	1258	3427	1404	3730
贵州	225	177	80	175	99	245	135	358	167	486	271	645	340	851	408	957	481	3209	1422	3480
云南	416	151	82	594	108	286	145	400	178	527	246	581	332	779	409	912	1051	1011	553	1170
西藏	172	257	282	318	443	965	578	1016	585	1277	764	1709	1223	3134	1703	3536	1664	3062	1747	3649
陕西	302	587	528	734	368	1973	948	2949	1051	1292	952	2189	1488	2570	1644	3046	1693	3468	1922	3304
甘肃	12	480	608	1474	671	1759	1042	3236	1175	3591	1562	4811	2045	5375	2421	6146	2688	6854	3061	7331
青海	231	1185	213	1347	851	1759	948	1129	1054	4118	1303	4258	1764	2433	2307	5451	2784	6221	1367	3707
宁夏	111	183	535	635	264	846	326	1054	395	1489	488	1754	694	2249	956	2910	1197	3239	1804	4751
新疆	30	313	227	611	285	795	348	1470	416	1372	534	1631	773	2930	1014	2756	1206	4309	1698	4438

注：表中各省、自治区、直辖市财政收支均为地方本级收支。
资料来源：2005~2014年《中国财政年鉴》中的财经统计资料"某年各省、自治区、直辖市财政收入完成预算情况"和"某年各省、自治区、直辖市财政支出完成预算情况"。

随机选取部分地方为样本，统计这十年的数据，可以看出它们的预决算收入偏离规模和程度（见图4-1、图4-2）。

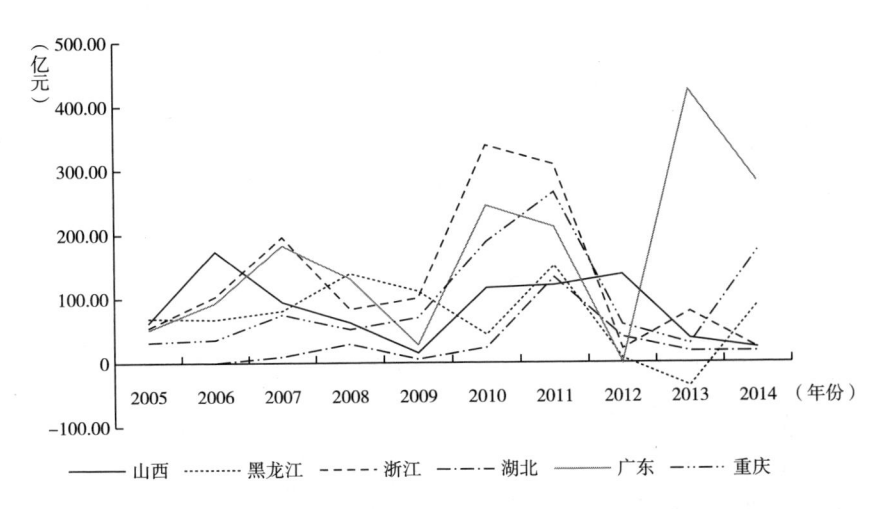

图4~1　2005~2014年部分地方预决算收入偏离额

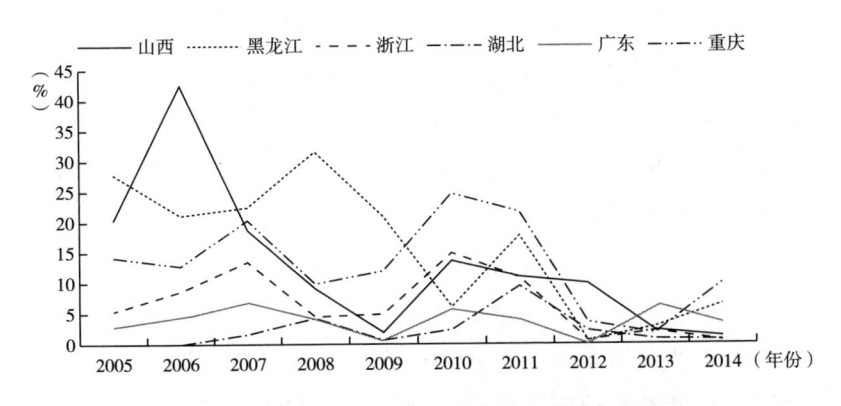

图4~2　2005~2014年部分地方预决算收入偏离度

（二）预决算支出偏离

在实践中，更能反映和考量各地预算调整现状的指标是"预算支出调整偏离度"，也就是决算支出与预算支出之间的偏差程度。这是因为，相比财政收入，财政支出更能反映政府的公共政策意图和公共活动范围。同时，相比财政收入，政府部门和行政首长享有对财政支出资金更大的自由裁量权，财政支出结构和预算调整内容更集中体现了地方政府的现实运作过程。

伴随着预决算收入偏离，受收入影响的支出也会出现预决算偏离的现象。2005~2014年各地方的支出偏离数据也确实证实了这一点。拿预决算支出偏离程度来说，2005年最大预决算支出偏离度是江西的25.59%，偏离额达193.93亿元，2006~2009年最大预决算支出偏离度是宁夏，分别为24.74%、28.14%、24.35%、24.93%，2010年最大预决算支出偏离度是重庆的21.91%，2013年最大预决算支出偏离度是湖北的19.15%，2014年最大预决算支出偏离度是湖北的18.11%。

在所有预决算支出偏离中，支出最大偏离额为广东的1853.26亿元，最大偏离度为江西的25.59%。2012年，广东预算支出9241.12亿元，决算支出7387.86亿元，实际支出比计划支出缩减近2000亿元。2005年，江西预算支出757.88亿元，决算支出563.95亿元，比预算减少193.93亿元，偏离预算支出约25.59%。

需要说明的是，以上支出偏离规模和程度是通过比较预决算支出偏离数额的绝对值得来的。实际上，在大多数地方的大多数年份，决算的实际支出不是超过计划支出额，而是低于计划支出额。

综合比较预决算收支数据可以发现，支出偏离规模远远大于收入偏离规模，不过支出偏离程度要小于收入偏离程度。这可以解释为，省级政府追求超收的动力及现实可能性都较高，而且在省级政府预算编制计划收入时可能偏向保守，这使得财政超收成为一种常态。而对于财政支出来说，实际支出规模小于计划支出规模或预算调整后的支出规模，没有支出的资金成为该省本年多余的财力。当然，并没有直接数据反映这部分未支出的多余财力就是超出预算的收入资金，也就是说，预决算支出部分的偏离额可能是未安排支出的超收收入资金，也可能是原有支出项目的支出金额缩减资金或执行缓慢的滞留资金。无论哪种情况，都可以看出政府支出控制中支出调整的情况。

二　频率与内容

预算调整的规模与程度是反映预算调整现状的一个方面，侧重"量"的考察，频率与内容是另一个方面，主要考察"质"。预算调整的频率就是在一个预算年度内调整预算的次数，内容就是预算调整的收入来源与支出走向。

（一）调整频率

统计2005~2014年的预决算收支数据可以发现，31个省级政府的预决算收支几乎都存在偏差且偏差较大。唯一特殊的是西藏，2005~2012年，西藏的预决算收入不存在偏差。这种统计结果可以从某种程度上反映出省级政府预算调整的频率，即每个省级政府每一年几乎都会发生预算调整。在部分地方，当年的预算调整情况甚至不止一次。

以2014年为例，据不完全统计，安徽、福建、甘肃、广东、贵州、天津、黑龙江、湖南、江西、内蒙古、宁夏、青海、四川、新疆等22个地方均有法定公开的预算调整。其中，湖北、江苏、重庆三地有两次预算调整情况，均是在年中5月调整之后，在年底11月再次调整。湖北在2014年5月29日召开的省第十二届人大常委会第九次会议上审批通过了预算调整方案，预算收入调整154.00亿元，支出调整154.12亿元；6个月后，在11月29日第十二次会议上，再次审批通过了预算调整方案，一般公共预算收支调整337.8亿元，国有资本经营收支预算调整21.5亿元（见表4-2）。

表4-2 2014年部分地方预算调整数据

单位：亿元

省份	时间	调整额度	调整前	调整后	调整明细
北京	5月	105.0亿元	收2692.8亿元	收2797.8亿元	财政部代理发行地方政府债券
			支2692.8亿元	支2797.8亿元	保障性安居工程项目1亿元；中央投资配套项目6亿元；社会事业项目4亿元；交通基础设施项目39亿元；资源环境项目55亿元
河北	11月	44.1亿元	收479亿元	收434.9亿元	税收短收31.4亿元；非税收入短收12.7亿元
			支608.4亿元	支564.3亿元	已完成项目的结余资金；年初预算安排的一般性支出；未出台改革政策的年初预留资金；非税收入的专项支出

续表

省份	时间	调整额度	调整前	调整后	调整明细
湖北	5月	154.00亿元	收2132.64亿元	收2286.64亿元	发行地方政府债券
		154.12亿元	支2132.27亿元	支2286.39亿元	省本级支出调增21.12亿元；转移性支出调增133亿元
	11月	337.8亿元	收2286.6亿元	收2624.4亿元	一般公共预算：债务收入调增2亿元，转移性收入调增335.8亿元
			支2286.4亿元	支2624.2亿元	一般公共预算：省本级支出调增145.8亿元；转移性支出调增192亿元
		21.5亿元	收26.4亿元	收4.9亿元	国有资本经营预算：原公共预算资金安排的其他国有资本经营收入调减
			支26.4亿元	支4.9亿元	国有资本经营预算：原公共预算资金安排的社会保障和就业支出调减1亿元，交通运输支出调减20.5亿元
上海	7月	126亿元	收1716亿元	收1842亿元	地方政府债务收入
			支1716亿元	支1842亿元	转贷区县政府支出

资料来源：各地方政府官方网站以及当地报纸。

（二）资金来源与资金流向

一是地方政府的财政超收。从1994年至今，财政几乎每年都存在不同程度的超收现象，且超收额度较大，尤其是1998年后，历年财政收入超收幅度均高于国内生产总值增幅2%~4%。地方政府也不同程度的存在超收现象。在超收收入中，税收收入超收比重较大，非税收入的预决算收入偏离度更高。受财政超收影响，财政超支问题也比较明显。

二是中央政府的财力补助。财政部门编制汇总预算的时间一般是当年年底或者下一年1月，此时上一年的决算工作还未开始，中央对地方的财政补助、省政府对市县政府的转移支付等财政规模没法准确估计，这给地方预算增加了很大的不确定性。实际上，在编制预算方案的收入与支出时，上级指标、上年结转、上级补助和下级补助等指标的规模并未包含在内。在年中预算执行过程中，才会事实上将上年结转和上级补助转为本级财力，形成当年财政收支。等到下半年甚至年底时，省级政府才会将大额的财力补助下达，这样一年年循环，形成了预算执行过程中的大幅资金变动。引发省级政府预算收入增加的因素之一，就是这种事先不确定的大额度中央财力补助，即中央对地方的转移支付。

三是地方政府债务。从2009年起，财政部开始代理发行地方政府债券。在中央代理地方发行债券之外，各地方还自主通过其他各种渠道举借债务，如融资平台等。据全国人大常委会预工委的调研数据，2015年中国地方政府债务率约为86%，个别省份、100多个市本级、400多个县级地方政府债务率超过100%，总债务达16万亿元。2014年，省级政府负债2.1万亿元。这种地方政府债务纳入预算管理范围，构成实际上的政府财政收入，相应地在预算科目支出安排上也必须进行调整，地方政府债务就成为省级政府预算调整的一个关键原因。

从以上情况看来，地方政府超收超支、中央的财力补助以及地方政府债务，在预算执行过程中对政府收支规模和收支结构产生了很大影响，而且这种变动数额庞大。一方面，调整不止涉及一般公共预算，超收超支、转移支付及地方债务主要形成一般公共预算的调整，但因具体情况的不同，也有可能影响到国有资本经营预算、政府性基金和社保预算。另一方面，实际预算调整的资金来源和支出走向不止上述三种可能，还可能有预算科目间的资金调剂、预算项目间的资金调剂等。

三 策略与程序

预算调整的策略与程序主要考察"过程"。在地方政府预算调整过程中，不同预算调整情形有不同的触发背景，支出部门和财政部门调整预算的运作机制也会有所区别，报批人大常委会审查批准的程序也有不同。

（一）触发背景与运作策略

一般来说，政府预算调整的原因可能有法律制度、政治行政、经济增长与统计技术、机构和官员，以及历史遗留和传统习惯等，这是一种静态角度的分析。从动态角度来分析，预算调整可能在预算执行前发生，也可能在预算执行中发生。

第一，对人代会通过的预算方案的调整。按照规定，中央或地方提请本级人大常委会撤销下级人代会批准的预算有两种情况：一是上级政府认为有不适当之处；二是上级政府认为需要提请。现实中撤销预算方案的情况鲜有发生，但由上级政府批准调整预算案的情况却真实存在。早在1999年，全国人大常委会办公厅研究室通过调研指出，在人代会审批程序方面存在的问题是，上级政府对下级政府预算调整有很大的自由裁量权，并指出了对预算方案进行调整的情况。具体来说，这种情况表现为以下两种：一是在省人代会批准省级政府预算后，在全国人代会召开前，若中央认为省级政府的预算安排存在部分不当之处，但这种不当又没有达到需要提请撤销的程度，中央政府会直接要求省级政府对预算进行调整；二是在全国人代会审批预算之后，若发现省级政府预算存在某种未达到需要提请撤销程度的不当之处，中央政府会根据中央预算案要求省级政府对省级预算进行调整。

第二，预算编制时对预算数据的调整。1994年《预算法》第二十八条规定，各级政府编制预算的原则是收支平衡、量入为出，要求不列赤字。基于这一规定，地方政府在年初编制预算时，若算出来的收支不平衡，也会在数据上列出平衡，然后在预算执行中想办法增收。

当然，在很多情况下，预算正式执行前，无论是对预算数据还是对预算方案的调整都不属于预算调整的范围。但作为现实中的预算调整的触发背景和运作策略，我们必须考虑以上两种情况。在预算编制时，预算案本身就是充分中和了财政部门、政府、党委、人大的综合意见的结果，在这个过程中一次次地对数据进行修改补充完善，这是编制科学性的体现。但上文提到的两种情况，编制时的平衡要求和调整人代会通过的预算案都会对预算实际执行产生影响。

此外，支出部门在编制预算计划时，还会运用一些策略使部门预算在执行时获得更多的资金或者使资金安排更符合偏好。比如，运用超收预算收入策略，既足够支出法定项目，又可预留超收空间；运用"硬缺口"策略，既保证优先项目的支出，又能很好地争取上级资金；运用预留策略，提前预留部分资金以应对不确定性因素的变化；等等。

在预算执行过程中发生的预算调整则更为复杂，有环境、政策、党政负责人意志引起的对资金规模和结构的调整，有因中央转移支付、地方政府债务等引起的资金收支调整等。

（二）调整程序

1994年《预算法》第五十四条规定的调整程序是"县级以上地方各级政府预算的调整方案必须提请本级人大常委会审查和批准"，"未经批准，不得调整预算"。

公开的资料显示，预算调整确实遵循了法定的调整程序。首先由财政部门编制预算调整方案草案，然后交由政府审核，最后提交本级人大常委会审查批准。在省级人大常委会内部，首先由人大财经委或者人大常委会预工委对预算调整方案进行初审，并形成初审报告提交人大常委会会议。在人大常委会会议上，由财政部门负责人做预算调整方案报告和说明，人大财经委或人大常委会预工委的主任委员或副主任委员做预算调整方案的初审报告和审议意见说明，提请人大常委会做最后审议决议。

但在法定公开的预算调整程序之外，还有三个有趣的问题实实在在影响着预算调整的程序性效果。一是预算调整方案所涉及的调整资金确实是在调整方案通过之后才开始动用的吗？二是各政府部门的预算支出调整是如何决策的，是"有的由行政领导'一支笔'审批，有的由诸位领导'多支笔'审批"吗？三是省级人大财经委或省级人大常委会会议在审议预算调整方案时，确有提出不同意见吗？有不同意见的话，最后是如何处理的，对政府预算调整有没有影响？

实际上，在 31 个省级地方，不同地方的预算调整程序的规范化存在一定的差异。在《国务院关于加强地方政府性债务管理的意见》出台和新《预算法》实施前，确实有很多实际操作不规范的预算调整情况存在。比如，实际预算调整程序很多是简化的，只经历"部门申报—财政审核—政府审批"程序便开始执行，然后采取汇总报批的方式报送人大常委会调整，形成先执行再审批或是边执行边审批的现象。再如，地方党政"一把手"可以通过政策制定在不同程度上影响预算资金分配，各党政分管领导在其分管领域内也有着很大的预算支配权，他们可以通过"打招呼""批条子"的方式影响预算执行。

四　进展与特点

2014 年《预算法》修订后，2018 年《预算法》进行了第二次修订，对预算的执行、预算调整的程序和内容进行了更加清晰的规定，确立了"预算执行做调整是例外、不调整是常态"的现代财政预算管理理念。对预算调整的规范管理随着 2018 年《预算法》的出台在逐步探索尝试。

本部分梳理了 2015 年以来部分地方的预算调整案例，发现以地方政府债务为主要动因的预算调整仍存在,且在部分地方调整较频繁。具体来说,具有如下4个特点。

第一,公开的预算调整仍大范围存在。据不完全统计,2015年安徽、广东、辽宁、上海、四川进行了3次预算调整,北京、甘肃、广西、湖北、湖南、吉林、江西、青海、山西、浙江等地进行了2次预算调整。2016年,安徽、甘肃、湖北、江苏、宁夏进行了2次预算调整,北京、福建、广东等地也进行了预算调整。2017年,广东、山西、江苏、山东、河北、重庆等地进行了预算调整。2021年,四川等地进行了2次预算调整。

第二,预算调整的主要动因在于政府债务和转移支付。2015年,按照《国务院关于加强地方政府性债务管理的意见》和2014年《预算法》的规定,地方政府可以并仅可以依法适度通过政府债券方式举债。2015年,财政部核定的全国第一批新增地方政府债券达4000亿元,其中一般债券额度为3500亿元、专项债券额度为500亿元,地方政府债券置换存量债务10000亿元。2015年第二批新增地方政府债券额度为2000亿元,其中一般债券1500亿元、专项债券500亿元。新增地方政府债务成为省级预算调整的主要动因,且数额庞大。2015年,安徽5月一般债务增收120亿元、9月再次增收103亿元,北京5月一般债务增收92亿元、9月再次增收50亿元。转移支付,包括中央下达各省转移支付补助、省级下达市县转移支付补助等带来的预算调整的情况也是预算调整的一个经常性原因。

第三,预算调整涉及的范围更广,项目更多。按规定,专项债券纳入政府性基金预算管理,一般债券收支纳入一般公共预算管理,对应地,在省级预算中,政府性基金预算和一般公共预算就需要做出相应的支出调整。在近几年的预算调整方案中,几乎所有调整都涉及一般公共预算,专项债务引起的政府性基金预算调整也比较频繁。在部分地方的预算调整中,全口径的"四本预算"都有涉及。

第四,存在预算结构调整的情况。在安徽,2015年6月通过的预算调整方案显示,结构性的预算支出调整了20亿元,其中"省对市县税收返还及转移支付"调减5亿元,其他支出科目调减11亿元;另外,整合了4亿元省经信委、省科技厅的相关资金,共挪出20亿元用于省战略性新兴产业集聚发展基地建设。在广东,2017年5月的预算调整方案显示,一般公共预算从其他预算体系调入资金14.68亿元,其中从国有资本经营预算调入2

亿元、从政府性基金预算调入 7.46 亿元、动用预算稳定调节基金 5.22 亿元。当然，这种情况也可以一定程度上说明结构调整的透明度增加了。

实际上，近几年预算调整似乎稍显频繁，从另一个侧面反映了预算调整管理的规范化和程序化。首先，作者在检索数据时发现，很多地方 2014 年以前的预算调整数据很难查询，即使有公开信息，也只涉及调整说明和调整审议决议，并无完整的调整方案报告和详细数据，而近几年很多地方的数据都可以在财政部门或者人大常委会的网站上查询，信息更加完整详细。这是预算调整信息更加公开透明的一个表现。其次，适应 2014 年《预算法》的规定，地方政府债务、预算稳定调节基金纳入预算管理，而这部分资金在以前并没有完全纳入法定的预算管理，这也是预算调整规范化的一个表现。

与预算调整的规范化同时进行的还有 2014 年《预算法》实施后的地方预算监督法规的立法修订工作。甘肃出台的是预算审批监督条例，广西出台的是预算监督条例，大多数地方出台的是预算审查监督条例。云南、河北、甘肃、广西、安徽 5 个地方从 2016 年开始施行新的预算监督法规，重庆、浙江、北京等地从 2017 年开始施行，这些法规都规定了预算调整的审查批准程序、审查重点以及特殊预算调整情形的调整要求。地方政府近几年预算调整的进展也与此有紧密关联。

五　小结

财政是政府活动的基础，预算是约束政府行为的工具，无论是严格的预算执行还是必要的预算调整，都是为了有效使用公共资金，履行公共职能，实现公共利益。中国政府过程中的预算调整并不都是权力或资金的乱用滥用，而是在特定预算管理体制下的预算执行现实，具有一定的历史规定性和现实规定性。但是，过于随意和频繁甚至大幅度偏离预算轨道的调整必须引起重视，推进预算调整的规范化管理是必然要求。当然，我们也必须看到，随着顶层设计的完善和管理改革的推进，预算调整的规范化、民主化、公开化正逐步推进。

第二节　地方人大监督同级政府预算调整的
应然规定与实践道路

面对《预算法》修订前后较为频繁的预算调整现实，地方人大及其常委会根据法律文本的规定进行了大量积极主动的监督探索。对比文本规定的"应然状态"和现实运作的"实然状态",弄清地方人大在同级政府预算调整过程中应该做什么、能够做什么、实际做了什么,才能找到现实操作的差距与不足。这也正是本节研究的目标。

一 地方人大在预算调整中的角色定位:权力与样态

"预算的实质是基本计划加上法律文件,再加上控制手段。"[①] 人大审议通过的预算具有法定效力,其自然的约束力和执行力是预算执行的保障,各部门需要严格执行预算案的财政收支,非经法定程序不得改变。但是,这种天然的法定的约束力与执行力并不必然是自觉的,需要有内部和外部的监督,以保障这种法律效力。

(一)地方政府预算执行的监督力量:以省级政府为例

第一,国务院或中央部委对省级政府或部门预算执行的监督,集中在以下三种情形:一是国务院财政部门对地方政府债务的监督;二是中央对地方政策执行配套资金的监督;三是中央对给地方的转移支付的监督。在中国"统一领导、分级管理"的管理体制下,地方政府官员层层对上负责,并最终对中央政府负责。在这种体制下,服从上级领导、贯彻中央意图成为地方政府的一个主要行为约束和目标追求,因此中央对省级政府预算执行的监督是确实有力的。

第二,省级财政部门对收支部门预算执行的监督。省级财政部门在省级政府的预算编制、预算批复、预算执行与年终决算等环节发挥监督作用,旨在监督各个政府部门的财政资金运作情况、贯彻落实国家法律法规和财经政策的情况以及预算执行情况。在预算执行环节,预算部门的监督主要是为了防止支出部门滥用预算资金,包括监督部门预算调整,采取的监督形式是向支出部门派驻会计专员或财政监察等。

第三,省级审计部门对政府预算执行的监督。审计是一种独立监察会计账目的经济监督活动,审计部门监督的是预算执行的效益性、合法性和真实性。在中国,审计机关的审计监督模式是行政型审计模式,地方审计机关在法定权限内独立行使审计权,对收支部门进行审计并编制审计报告。

---

① 高培勇:《关注预决算偏离度》,《涉外税务》2008 年第 1 期。

财政部门和审计部门的预算监督是预算监督体系的重要组成部分,在监督政府预算方面发挥着重要作用。但是,这两个监督主体终究只是政府的一个组成部门,其独立性受到较大的限制,因为它们需要对政府和行政领导负责。政府内部的预算控制虽是人大监督和社会监督的基础,但内部"似乎与民众对政府的监督相距较远",[①] 没有人大监督和社会监督,内部监督较难实现责任政府的目标。

第四,社会公众对政府预算执行的监督。社会公众是预算契约关系中的初始委托人,对政府预算享有最全面的监督权力。社会公众的监督主要有两种形式:一是直接监督;二是选举代理人监督。在地方层面,民主恳谈和参与式预算开始出现并发挥一定的作用,推动了预算改革的进程。但是,社会公众对政府预算的监督存在"所有者虚位"问题。从理论上和原则上讲,社会公众作为委托人和纳税人,自然会关心政府收了多少钱、花了多少钱以及如何花的,但在实际操作过程中,社会公众和政府之间存在很明显的信息不对称,个人获取信息和表达意见的成本都较高,而且个人参与对最后结果的影响微乎其微。同时,对政府预算进行监督的收益最后转化为公共产品和公共利益,参与监督的公民个人付出的却是自己的私人利益,权衡对比之下,只有少数人积极参与政府预算监督,大多数人缺乏对政府预算深入调查监督的动机和积极性,会出现大量的"搭便车"行为。即使对部分少数愿意参与监督的社会公民来说,政府预算监督对其个人的专业知识水平、政治参与能力以及政府过程提供的意愿表达机制都提出了很高的要求,分散的个人很难真正有效监督政府的"钱袋子"。

五是省级人大对政府预算执行的监督。相比政府部门和社会公众,人大是有权力也有能力对政府预算进行监督的。人大作为地方权力机构,享有法定权力对政府预算进行全面监督。在政府预算过程中,人大可以约束政府的收入行为和支出行为,可以问责不严格执行预算的官员和部门,可以修正政府的预算要求,可以要求政府提供详细的预算信息,可以通过询问和调研获取必要的预算信息,可以督促政府认真执行预算,等等。这是法律和制度赋予人大的权力。人大常委会作为常设的专业机构,具有一定的能力对政府预算进行监督。人大的预算监督权主要依靠其常设机构人大

---

① 马骏:《实现政治问责的三条道路》,《中国社会科学》2010年第5期。

常委会来履行，人大专门委员会财政经济委员会负责预算监督的具体工作，同时人大常委会还会在内部设置预算工作委员会或预算审查监督处等专门办事机构，这部分工作人员具有财政方面的专业知识，且职业化负责预算审查等相关工作，他们有能力也有时间去解决预算信息不对称的问题，去加强对政府预算的全过程监督。

总体而言，在所有监督力量中，人大应该占主导地位，人大对政府预算的监督是最可行也最可能有效的监督。中国的预算改革推进到现在，预算管理的内部控制已经有了一定进展，作为预算外部控制的人大监督的重要性逐渐凸显，在预算执行中发挥的作用日益被重视。

（二）地方人大预算调整监督的制度设计

在中国的制度框架中，人大是预算监督的主体力量。现有法律文本明确规定了人大代表的质询权，专委会的初审权，常委会的监督权、审批权和撤销权，以及人大的监督权、审批权和变更撤销权。

具体到预算过程中的预算调整环节，《中华人民共和国宪法》《中华人民共和国预算法》《中华人民共和国监督法》《中华人民共和国地方各级人民代表大会和地方各级人民政府组织法》等法律文本，都对预算调整的界定、范围、程序、监督进行了比较完整的框架设计。2015年开始施行的新《预算法》第十三条规定，经人民代表大会批准的预算，非经法定程序，不得调整。第六十九条规定，各级地方预算调整方案应提请本级人大或人大常委会审批，未经批准，不得调整预算。从所有法律文本、制度设计规则来看，政府能进行预算调整必须满足两个前提：一是内容前提，即调整是确有必要的，符合法律规定；二是程序前提，调整必须有政府编制的调整方案，并报人大审批通过。

在新《预算法》实施后，省级地方陆续启动地方预算监督法规的立法修订工作，以条例形式出台了地方性法规。比较分析这些地方的预算监督条例对预算调整的相关规定，可以发现，这些法规都规定了预算调整的审查批准程序、审查重点以及特殊预算调整情形的调整要求。

第一，各省都对人大常委会审查批准政府预算调整案有了更明确细致的规定。安徽、广西、北京、云南、重庆等地的条例不仅规定调整案必须提交初审和人大常委会会议审议，更通过时间限制及工作程序规定了人大专门委员会初审、意见反馈财政部门、财政部门处理意见并报告人大专门委员会、初审意见及处理情况报送人大常委会等具体细节。

第二，部分地方规定了预算调整案的审查重点。安徽规定了预算调整方案审查的四大重点内容，甘肃省规定了人大常委会审查预算调整的三个重点，广西规定了预算调整审查的五个重点，云南规定了预算调整的四个审查重点，浙江规定了预算调整审查的五点重点，重庆规定了四个审查重点。这些重点内容大概包括调整预算的理由与依据、调整的合法性与合理性、调整项目及数额、收支平衡情况等。

第三，北京、甘肃规定了初审的重点及审查报告的内容呈现。北京规定，初审要严格审查其调整依据、项目及数额、合规性与合理性、平衡情况。甘肃规定初审尤其要审查调整是否合法、理由是否充分、项目资金是否合理。

第四，各地还有一些特殊规定。比如，安徽规定了政策出台前后向人大常委会报告备案的机制，北京规定了增加举借债务必须说明的六个问题，甘肃规定了调剂预算科目资金的程序，河北规定了预算调整的八种具体情形，甘肃、河北、重庆三地还规定人大常委会对预算调整方案的修正权，云南和浙江规定了预算调整的最后时限。重庆、浙江、云南、河北等地的法规中还明确规定了不严格执行预算和不按程序调整预算的法律责任追究问题（见表4-3）。

表 4-3　部分地方预算监督条例的规定

条例	调整案内容	调整案的审查与批准	调整案的审查重点	调整案初审	其他特殊规定
《安徽省预算审查监督条例》	调整预算的原因、项目、数额、措施及有关说明	1. 会议30日前，财政部门将方案送交财经委、预工委或预算工作机构初审 2. 15日内，提出初步审查意见，并反馈财政部门 3. 7日内，将采纳意见的情况向人大财经委或预工委及预算工作机构通报 4. 会议7日前，将方案的正式文本送达人大常委会	1. 理由和依据 2. 项目和数额 3. 收支结构调整的合法性和合理性 4. 收支平衡情况	无	1. 政策：重大财政政策出台前，政府应向本级人大常委会报告；出台后，应及时报送本级人大常委会备案。财政部门的财政收支政策文件应在出台后15日内抄送本级人大常委会预算工作机构 2. 超收：一般公共预算中有超收收入的，用于化解政府债务或者补充预算稳定调节基金 3. 调剂：不同科目之间的资金需要调整的，政府应当提请常委审查和批准

续表

条例	调整案内容	调整案的审查与批准	调整案的审查重点	调整案初审	其他特殊规定
《北京市预算审查监督条例》	预算调整的理由、项目和数额	1. 会议30日前，财政部门将方案送交财经委初审。初审时，政府部门相关负责人到会，说明、听取审议意见并回答询问 2. 初步审查意见交财政部门研究处理 3. 10日内，将研究处理情况书面反馈财经委 4. 人大常委会将初审意见和财政部门的反馈处理情况报告印发人大代表 5. 市人大常委会会议时，财经委报告审查结果，政府及其财政等部门的相关负责人列席会议，听取审议意见，作说明并回答询问	无	1. 依据 2. 项目和数额及其必要性与可行性 3. 收支结构调整的合规性和合理性 4. 收支平衡情况	1. 调整情形：同《预算法》规定 2. 举债：预算调整报告中说明国务院或者财政等部门下达的有关文件；债券计划发行的规模、类型及结构等情况；债券计划发行的方式、途径、预计成本等情况；债务安排的具体项目、数额及预期绩效目标；债务的还款来源；其他需要说明的问题
《甘肃省预算审批监督条例》	调整的理由、项目和数额	1. 会议30日前，财政部门将方案送交财经委初审 2. 财经委初审后，向本级人大常委会提出审查报告，对本级人大常委会批准预算调整方案提出建议；对本级政府执行预算调整方案提出意见建议	1. 调整的理由和依据 2. 调整的范围和内容 3. 收支平衡的情况	1. 是否符合法律法规 2. 理由是否充分 3. 项目和资金是否合理	1. 修正或撤销：未经法定程序做出的预算调整决定，本级人大常委会或者上级政府应当责令其改变或者撤销 2. 调剂：各部门、各单位的预算支出应当按照预算科目执行，严格控制不同预算科目、预算级次或者项目间的预算资金调剂

续表

条例	调整案内容	调整案的审查与批准	调整案的审查重点	调整案初审	其他特殊规定
《广西壮族自治区预算监督条例》	调整的理由、项目、数额和政策依据	1. 会议 30 日前，财政部门将方案送交财经委初审，或送交人民代表大会常务委员会有关工作机构征求意见 2. 会议 15 日前，提出初步审查意见或者研究意见，交由财政部门处理 3. 会议 10 日前，财政部门向人大常委会书面报告处理情况 4. 会议时，印发初步审查意见、研究意见及其处理情况报告给常务委员会组成人员	1. 是否符合法律法规规定 2. 是否符合本地区经济社会发展的实际需要 3. 增加举债的理由是否合法合理，是否有可行的偿还计划和稳定的偿还资金来源 4. 实施预算调整方案的措施是否具体、可行 5. 与预算调整有关的重要事项的说明是否清晰	无	1. 举债：政府在国务院下达的政府债务限额内，提出全区政府债务安排建议，编制预算调整方案，报自治区人大常委会批准；财政部门应每半年向本级人大财经委书面报告政府债券发行和兑付等政府债务管理情况 2. 调剂：严格控制不同预算科目、预算级次或者项目间的预算资金的调剂使用；涉及不同预算类别间、不同预算级次间、不同预算科目间较大调剂的，各级政府财政部门应当在本级政府批准后向本级人民代表大会财政经济委员会或者常务委员会有关工作机构报告相关情况
《河北省预算审查监督条例》	原因、项目、数额以及有关说明	1. 会议 30 日前，财经委或有关工作机构依法进行初审 2. 初审意见报人民代表大会常务委员会主任会议，由主任会议决定是否提请人民代表大会常务委员会会议审议	无	无	1. 调整情形：因财政体制、政策调整需要增减本级预算总支出的；因上级增加一般性转移支付需要增加本级预算总支出的；本级一般公共预算、政府性基金预算、国有资本经营预算出现短收，分别需要减少本级预算总支出的；需要调入预算稳定调节基金，用于弥补赤字或安排一般公共预算支出的；因发生自然灾害等突发事件，预备费不足支出时，本级政府先行安排支出属于预算调整的；人代会批准的预算决议中规定确保的重点支出需要调减支出的；需要增加举借债务数额的；其他按照法律法规的规定应当进行预算调整的

续表

条例	调整案内容	调整案的审查与批准	调整案的审查重点	调整案初审	其他特殊规定
					2. 其他情形：由行政区划、行政事业单位隶属关系变动，增加不需要提供配套资金的专项资金、预算资金调剂等的预算变更，政府在季度末向人大常委会汇总报告 3. 修正：常委会会议期间，省和设区的市人大常委会组成人员 5 人以上联名，可向本级人大常委会提出修正预算调整方案的议案，由主任会议决定是否提请人大常委会会议审议
《云南省预算审查监督条例》	调整的原因、数额、资金来源、资金用途、政策依据和绩效目标	1. 会议 30 日前，财政部门送交财经委初审，或送交人大常委会有关工作机构征求意见 2. 会议 15 日前，提出初步审查意见或者研究意见，反馈本级财政部门 3. 会议 5 日前，财政部门书面反馈办理情况 4. 会议 5 日前，政府提交预算案正式文本 5. 会议时，初步审查研究意见及其办理情况的报告，印发人大常委会组成人员	1. 是否符合《预算法》规定，是否符合经济社会发展实际 2. 是否完整、细化、可行，增加支出是否有资金来源 3. 提出增加举借债务的理由是否合法、合理，是否有切实可行的偿还计划和稳定的偿还资金来源 4. 与预算调整有关重要事项的说明是否清楚	无	1. 时间：在预算执行中，需要调整预算的，各级人民政府应当在当年 10 月底前编制预算调整方案，报本级人大常委会、乡（镇）人民代表大会审查和批准 2. 内容：预算调整方案应当列示预算调整资金安排的具体项目和金额，按其功能分类编列到项，本级一般公共预算的基本支出，按其经济性质分类编列到款。对下一般性转移支付分地区编制，专项转移支付分地区、分项目编制

续表

条例	调整案内容	调整案的审查与批准	调整案的审查重点	调整案初审	其他特殊规定
《浙江省预算审查监督条例》	调整预算的理由、项目、数额及措施	1. 会议30日前，财政部门将方案送交财经委或有关工作机构初审或征求意见 2. 财经委向人大常委会提出初审报告	1. 是否符合《预算法》的规定 2. 是否符合经济社会发展实际，调整理由依据是否充分 3. 预算调整的资金安排是否合理，需要增加的支出是否有财政资金来源 4. 提出增加举借债务的，是否有切实可行的偿还计划和稳定的偿还资金来源 5. 应重点审查的其他内容	无	1. 时间：本年度10月底前将预算调整方案提请本级人民代表大会常务委员会或者乡（镇）人民代表大会审查和批准 2. 不同预算级次间的预算资金调剂、部门的预算资金与本部门以外预算资金间调剂的有关情况，根据国家有关规定财政部门需要向本级人民政府报告的，应当同时报送本级人民代表大会财政经济委员会或者常务委员会预算工作机构
《重庆市预算审查监督条例》	按照预算编制的要求予以细化，列明调整预算的理由、依据、项目、数额、管理措施及有关说明	1. 会议30日前，调整案提交财经委 2. 15日内，财经委进行初步审查，提出初步审查意见，交本级政府财政部门处理 3. 7日内，财政部门将初步审查意见的处理情况反馈本级人大财经委 4. 财经委应当向本级人大常委会提出关于预算调整方案的审查结果报告	1. 调整的理由和依据 2. 调整的项目、数额 3. 收支结构调整情况 4. 收支平衡情况	无	修正：常委会会议期间，按收支平衡的原则，人大常委会主任会议可向本级人大常委会提出预算调整方案修正案，由常委会会议审议；各专门委员会可以向本级人大常委会提出预算调整方案修正案，由主任会议决定提请常委会会议审议；人大常委会组成人员依法联名，可向本级人大常委会提出预算调整方案修正案，由主任会议决定是否提请常委会会议审议。提请审议的修正案，在交付表决前，提案人要求撤回的，经本级人大常委会主任会议

续表

条例	调整案内容	调整案的审查与批准	调整案的审查重点	调整案初审	其他特殊规定
		5. 会议7日前，政府将预算调整方案的正式文本提交本级人大常委会			同意，会议对该修正案的审议即行终止。预算调整方案表决前，应当先对修正案草案进行表决。修正案草案通过后，本级政府应当按照修正案修改本级预算调整方案，会议再对修改后的预算调整方案进行表决

二 介于程序性监督和实质性监督之间：实际角色

"人大预算监督的基本制度已经建立起来，一些地方人大已经开始从原来的程序性监督迈向实质性监督，但是地方人大的预算监督仍然面临诸多挑战。"[1] 具体到预算调整，地方人大在积极探索和丰富实践过程中，运用一些行动策略，从权力保障、能力建设和约束机制这三个维度取得了对同级政府预算调整监督的进展，但也存在一些不足和困境，处于从程序性监督向实质性监督的转变过程中。

（一）人大预算调整监督的行动策略

第一，先立法后监督。在监督预算调整的过程中，许多地方人大及其常委会通过制定地方性法规来设计正式规则，从立法层面上先努力再落实具体的监督行为。重庆、广西、河北、云南等十余个地方在其关于预算审查监督的地方性法规中丰富了对预算调整的具体规定。这些法规明确界定了预算调整的范围和情形，大多数省级人大常委会还通过量化和列举的方式直接界定了预算调整监督的权限。在部分地方，如陕西、山东等地，为了避免政府财政部门规避监督，地方人大将预算执行中超收安排、预备费动用、预算周转金、返还和补助、预算划转等内容界定为"预算变更"，与

---

[1] 林慕华、马骏：《中国地方人民代表大会预算监督研究》，《中国社会科学》2012年第6期。

法定"预算调整"相区别,并进行重点监督。

第二,先监督后立法。许多地方人大及其常委会在监督政府预算调整的具体实践中,会先通过实际工作中非正式的协调与沟通,不断争取影响预算调整实际行为,然后再在合适的时候将这种非正式努力固化为正式制度。1998 年,福建省人大常委会和省政府沟通协调,在预算超收收入使用方面达成两个共识:一是要合法用于当年开支;二是必须经过省人大常委会批准。[①] 2002 年,福建省人大常委会出台《关于加强预算审查监督工作的决定》,明确将预算超收收入追加支出报批人大常委会这一做法固定为正式规则。

第三,先政策后限制。越来越多的地方人大及其常委会开始重视监督和约束各种预算执行过程中的增支政策,从而减少预算收支变动。现实中的预算收支调整很大部分原因在于政策变化带来的必要支出,因此监督预算调整也需要从预算调整的动因上着手。

第四,会议监督辅助询问与调研。围绕人代会、常委会、专委会工作会议等的召开,地方人大集中行使对政府预算的监督权,这是各级地方主要的监督形式。此外,部分省市还丰富了预算监督方式,探索发挥专题询问和视察调研在预算监督中的作用。闭会期间,财经委或预工委组织相关工作人员和人大代表对某部门的预算或某项目的预算进行视察调研、专题询问,或组成特定问题调查委员会到预算所涉某一项目的一线去调查研究预算使用的进展与绩效,或召集预算工作专题会对有关部门的预算进行审查和询问。

(二) 人大监督政府预算的能力提升

首先,地方人大及其常委会内部组织制度建设带来了工作能力提升。人大的预算监督权主要依靠其常设机构人大常委会来履行,还有人大的财政经济专门委员会来开展具体工作。在 1998 年全国人大常委会成立预算工作委员会之后,绝大多数省市地方相继在人大常委会内部设立了专门办事机构,即预算工作委员会或预算审查监督处(如宁夏)。随着法规的逐渐健全,财经委和预工委逐渐拥有了相对区别的权限,预工委负责协助财经委

[①] 李卫民:《预算超收追加支出实践与思考》,《人大研究》2008 年第 3 期。

完成预算方案、预算调整方案、决算方案的初审及预算执行的监督,而财经委除了负责预算初审及预算监督的工作,还对其他涉及财政经济问题的计划、规划等进行初审与监督。财经委的存在、预工委的协助大大提高了人大获取、分析进而处理预算信息的能力,部分省市还在预工委内部设置了预算处、调研处、经济处等职能部门,这在很大程度上提高了地方人大监督预算调整的能力。

其次,地方人大常委会人员队伍建设带来了工作能力提升。人大代表及其常委会组成人员的履职素质高低,是影响预算监督权力发挥水平的关键。政府预算调整初步方案提交给专门委员会或工作机构后由其进行处理,再提供给常委会、人民代表大会和人大代表,因此作为向常委会和人大代表提供预算分析信息、接收政府第一手预算信息以及核心预算监督的机构,预算工作委员会与财政经济委员会要做到以下三点:一是能使复杂信息简单化,使之容易为人大代表理解;二是能为常委会和人代会提供更快、更积极的预算信息及处理建议;三是能自主独立分析处理预算数据,行使初审权力。预算调整的复杂性及监督的难度对专业素质和工作能力提出了更高的要求。经过多年的人事改革和队伍建设,专业化的人员结构已基本形成,相当一部分从事预算监督工作的常委会组成人员具有一定的财经工作经历,人大预算监督的能力大大提高。

最后,互联网发展带来了人大工作能力提升。互联网提供了逐渐多元化的监督渠道,搭建了人大与政府部门间的互动平台,增加了预算监督的效能和力度。2004年广东省财经委与财政厅联网,使用国库集中支付系统,此后各地纷纷采用这一系统。另外,还有部分省市构建了实时在线监督系统等网络平台,逐渐构建起一个人大与政府、与部门间的信息共享与虚拟互动平台。2015年,湖北省人大常委会尝试建立了人大常委会预算监督网络中心,开始运行预算在线监测系统,该系统和省财政厅国库集中支付系统对接,人大常委会在监督网络中心登陆此系统便可以实时掌握省直机关、省属高校等的每一笔支出信息,信息细化到部门资金的支付金额、支付时间、收款人账号、收款人名称等。同时,人大常委会预工委还建立了预算执行在线监测预警系统,对政府部门的支出行为进行实时监控预警,系统一旦出现预警提示,预工委便在线上核查取证后将有关问题向对应单位反馈并要求该单位自查,最后针对执行中的预算调整情况做出必要说明。

（三）人大预算调整监督的权力突破

近年来，各地方人大在预算调整监督权力方面发生了某些突破。这种突破主要表现为，政府过程中人大与党委、政府之间的权力格局在程序上或在实质上的某种变化，具体来说，包括审批程序的规范化和报告内容的细化。当然，这种突破不是权力的扩张或变革，而是在固有的制度框架下的权力实现。

一是审批程序的规范化。预算执行过程中的预算调整，政府要编制预算调整方案并报本级人大常委会审批，这已逐渐成为一种正式程序，日益被政府及财政部门接受。人大常委会的审查批准也日益程序化、规范化。广东省规范化的预算调整审批程序如下：首先，人民政府要编制包含调整动因、数额、项目、措施及必要说明的预算调整方案；然后，在人大常委会会议 30 日前，财经部门需向财经委提交预算调整方案、有关详细材料及说明，财政委对本次预算调整进行初审；最后，在人大常委会会议上，政府做预算调整方案报告，财经委做预算调整方案审查报告，常委会组成人员听取报告并进行审议决议。

二是报告内容的细化。预算调整方案的细化是人大常委会实质性监督预算调整的前提条件。各地方人大及其常委会尤其重视对预算调整的具体内容、具体范围的细化，也就要求细化政府的预算调整报告。第一，明确要求重点项目及法定支出的调减必须由人大及常委会审批，这是监督重点。第二，规定预算超收收入要在规定范围内使用，要编制方案，要及时向人大预算审查监督机构通报情况，或报人大常委会备案，或经过地方人大审查批准。第三，调剂不同预算科目之间的资金需报人大常委会审批。

（四）人大监督政府预算调整的实际约束力增强

行动策略是地方人大采取的实际行动，权力突破和能力提升是地方人大在监督政府预算调整方面的制度设计和组织建设，是一种主观努力。在有了主观努力和实际行动之后，还要看人大预算调整监督的实际成效。人大监督的效力最关键的指标便是看人大的审查监督行为是否对行政官员和政府部门的预算行为产生实质性的影响。

考察近年来省级人大及其常委会监督同级政府预算执行的过程，可以发现,省级人大确实开始发挥实实在在的影响,对预算调整进行实际的约束。

一方面,政府预算的公开化和透明度提升,这是约束力增强的直观反映。预算公开步伐逐渐加快,实现了从不公开到公开、从被动公开到主动公开、从特例式公开到常态化公开、从粗线条公开到相对细致公开的逐步转变,信息公开的方式、质量、深度和广度每年都有所改进。政府向人大公开的预算信息在信息内容、信息质量、信息通道方面都有很大进展,可以说,这是人大监督实效的显著标志。

另一方面,政府主动接受与配合人大的监督,也反映了人大对预算行为约束力的强化,这是约束力增强最潜移默化的作用。与被动对话相比,主动对话更能反映人大在预算监督中的主体性地位,与被迫地接受监督相比,自觉接受监督更能说明政府对人大监督的承认与尊重[①]。随着预算改革的逐步推进和人大监督的积极探索,人大越来越积极地审查监督同级政府的预算,政府和财政部门也越来越主动地配合监督,以适应改革进程、应对社会舆论。在预算调整过程中,政府部门逐渐接受并主动向人大常委会报批预算调整方案,并在预算调整执行过程中主动接受人大常委会通过质询、询问、调研等方式展开的监督,能在被询问时主动说明解释问题,能在调研时主动配合资料收集和调查,这都反映了人大预算调整监督的约束力在某种程度上的强化。

(五)人大预算调整监督的现实困境与未来挑战

在看到监督进展的同时,我们还要注意到,省级人大对预算调整还没有全过程、全方位实现实质性监督,省人大及其常委会对政府预算调整安排缺乏实质性约束,在执行环节没有真正介入,仍处于一个从程序性向实质性逐步转变的过程中。而且,随着预算改革和预算监督的推进,人大监督的困难将逐步增强,日益复杂。目前的困难主要存在于程序、信息和监督主体层面。

在监督程序方面,实践中的预算调整程序很多是简化的,政府很多时候采取的是汇总报批的方式,报送人大常委会已经执行的预算调整,人大

---

① 林慕华、马骏:《中国地方人民代表大会预算监督研究》,《中国社会科学》2012年第6期。

在这过程中处于事后知晓的状态。而且,由于预算调整类型的差异,不同预算调整在程序上有所区别,这直接或间接导致了预算调整监督程序的不规范和不完整。

在由上级政策引起的预算调整中,一般程序是上级政策出台并要求进行必要支出,政府部门或财政部门进行相应安排,向人大常委会通报报告情况,经人大常委会审批。在上级政策必须执行的行政压力与上级政府只提供部分或不提供配套资金的财政压力下,地方政府的预算调整是必然发生的,而地方人大常委会对这种预算调整的监督几乎是无力的。

在中央代理发行地方政府债券引起的预算调整中,一般程序是中央政府做出发行债券的决策,并基于各地的地方实际和现实需要划定债务限额,然后要求地方政府按照程序编制方案报同级人大常委会审批,最后再实际发行债券。在此过程中,财政部只是控制债务规模,"地方政府最终安排哪些项目、实际发行多少债券,还需要按规定在同级人大审批后确定"[①]。实际操作中,部分省市政府确实会按照程序要求先编制方案,再提交人大常委会审批,并公开预算调整方案,如在网络上公开的《关于提请审议江苏省 2009 年地方政府债券收支安排及省级预算调整方案(草案)的议案的说明》和《关于北京市 2009 年地方政府债券收支安排专项预算调整方案(草案)的报告》。但也有部分地方政府,在只有政府的发债情况说明和人大常委会的批复文件的情况下就发行债券了。

在预算信息方面,人大与政府之间的预算信息传输,主要是通过正式会议、半正式会议的视察与询问以及网络平台获取信息,其中正式会议和半正式会议是主要传输渠道。而且,在执行预算时,是行政首长或者拥有"盘子"内资金的分管领导或部门首长真正掌握资金流向。所以,人大对预算调整的信息一般处于事后知晓的状态,且知晓的信息量与信息详细程度有限。另外,现实中的预算调整较为频繁,这为人大常委会带来了更大的工作量,也影响了人大常委会对具体预算调整信息的了解程度。人大代表只有在人代会期间才能看到预算草案和预算报告。

就预算调整方案或报告的信息本身而言,也存在不足。对比《预算法》

[①] 《财政部就代理发行 2009 年地方政府债券答记者问》,新华网,2009 年 3 月 17 日,http://news.xinhuanet.com/fortune/2009-03/17/content_ 11027418.htm。

的规定，仍有部分实践中确实存在但未纳入预算调整管理监督的资金，这是预算调整信息的一种重要缺失。比如，每年人代会审议批准预算草案和预算执行情况时，预算草案不包括当年超收资金的收入计划，预算执行报告不包括上年的预算超收资金的支出情况。另外，有些政府提供的预算调整方案的内容非常粗略，对调整项目资金分配不细化，相关文字说明少，或者避重就轻，使人大常委会组成人员对调整项目了解不全。

在主体建设方面，人大预算监督的组织机构建设和人员队伍建设较以前有了很大的进步，但是要更好承担起繁重的预算监督任务，当前的组织机构和人员现状仍不能完全满足。

对承担核心预算监督职能的财经委来说，除了审议政府预算草案和预算执行报告、预算调整方案草案和决算草案，还需要审议国民经济和社会发展相关计划和报告、审议审计报告、经济立法等，任务繁重。虽然有预工委协助财经委开展预算监督的相关工作，但在很多地方，财经委的组成人员和预工委的构成人员是重合的，即财经委工作人员同时担任预工委的人员，"一个机构两块牌子""两块牌子一套班子"，监督机构的分化程度比较低。此外，工作人员数量相对有限，人员结构相对不合理，履职能力有限。主要反映在人员数量较少、编制有限，人员专业化水平有限，人员年龄偏高，以及部分委员兼职、工作重心分散等，导致实际承担日常监督工作的人员极少。

第三节　加强地方人大审查监督预算调整的改革思路

一　地方人大难以发挥实质性作用的解释框架

承载预算的是财政资金，其背后是法律和政治；省级人大的预算监督实质化既是法律问题，也是政治和民主问题。研究省级人大难以实质性监督同级政府预算调整的原因，求解实质性监督的出路，需从中国政府治理模式和政治过程入手。

（一）政府预算调整行为的复杂性是人大难以监督的首要原因

引发预算调整的"不确定性"可能来自预算过程，也有可能来自预算环境。预算编制可能由于主观或技术因素而不够科学,预算审批可能由于会期或议程问题而不够全面,预算执行可能由于法治意识或官员作用而不够严谨,这是预算过程内部可能引发预算调整的原因。同时,预算在执行过程中也会受外部环境、管理需求、政策制定等的影响。但是,预算究竟是受何种因素影响、如何受影响、受影响后如何调整,这些问题却是极为复杂的。

中央政府是全国公共政策的决策中心,地方政府很多时候是在代理中央政府执行各项政策。如果在各级人大审议通过政府预算案之后,中央政府调整政策导向和政策安排,便会引起各级地方政策和预算的相应变化。从这个意义上说,地方预算并不是完全的"地方"预算,很多时候,它都必须围绕中央政策和部委计划来"转"。但是,中央政府在政策的实际执行过程中,并不会承包政策执行的经费,而是提供部分支持资金,其余部分由省级政府自行承担,或者直接由省级政府承担全部支出费用,这就成为省级政府新增的强制性支出。

在此过程中,地方政府需要承担来自上级、本级以及社会公民多方面的压力。一是增收压力,需要想方设法增加地方收入;二是预算压力,需要在已有预算收支规划上调整预算,协调追加收支;三是行政压力,需要很好地执行上级新政策;四是舆论压力,需要面对社会舆论对预算调整、预算绩效的监督和质疑。

但是,基于中央转移支付和代发地方债务形成的预算调整同时又是各个地方政府极力争取的利益。转移支付是中央政府无偿转移给地方政府的财政资金,所以对地方来说,转移支付越多越好。地方债务是地方政府增加了收入但需承担偿还义务的财政资金,倘若地方政府真的无力还本付息,中央代发的债券由中央代办还本付息,最后由中央兜底。转移支付和地方债务都会增加地方财政收入,补充地方财力,因此各个地方都会争取这种增收。

由此来看,作为最常见的预算调整,受上级政府影响的预算调整同时存在着压力与利益。各地方政府承担着来自各方面的压力,但又有内在的动力去竞争这种财政利益。加之这种预算调整有助于加强中央对地方的控制及上级对下级的领导,有助于平衡地区间的差异,所以此种预算调整将在不短的时期内持续存在。

而这种预算调整，人大是程序层面的监督。地方政府的这部分预算调整直接与中央或直属上级有关，在"下级服从上级"的行政体制中，上级政府控制着这部分追加的预算资金，下级政府部门通过各种方式对预算的规模和结构进行调整以符合上级要求。人大对这种调整要么"支持"，要么"无奈"。地方政府的压力与利益并存，被动调整与主动变更同时存在，预算调整背后涉及未知的环境变化、复杂的政策执行和深层次的政治过程，这是人大难以实质性推进监督的重要原因。

（二）预算调整决策权的配置现状是人大监督的政治压力

除了制度设计带来的预算调整监督疏漏，现实政治中的权力关系也深刻影响了预算调整过程。

第一，党委的作用。"党委领导下的政府"是实质上的财政资源审批者或配置者。从某种程度上来说，中国地方政府预算过程可以称为"行政预算"模式，是一种"党领导下的行政预算"。人大审议的预算调整方案是经省委常委会讨论通过的，而人大在宏观上要坚持党的核心领导，在微观上要坚持常委会党组的领导，所以不会不通过方案。

第二，政府的作用。在预算过程中，省委领导影响预算过程的主要方式是通过规范程序出台政策、政令并推动实施，包括讨论政府重大事项，以引导预算过程，一般不会直接过于详细地调整预算。除党政首长，政府内部对预算调整发挥作用的还有财政部门和预算支出部门。在政府部门内部，主要负责人对预算支出享有最大的支配权，他们对预算的支配结果与地方党委和部门党组织的作用密切相关。

第三，人大的作用。作为地方权力机构，按照规范设计，政府预算草案和预算调整方案必须经人大或常委会审批才可以执行，且一经批准就具有法律效力，不得随意更改，同时人大对政府的预算和预算执行进行监督，以确保政府收支严格按照预算法案进行。

在现实运作过程中，人大和党委、政府之间有着千丝万缕的权力关系，人大难以独立且实质性地行使预算监督权。在这一过程中，地方人大面临多重难题：第一，既很难通过法律来改变既定规则，又难以在预算过程中掌握真正足以"制衡"的权力；第二，既要积极履职监督政府预算和预算调整，又要兼顾政府效率和政策效果；第三，既要看好政府"钱袋子"，又要在"钱袋子"中支出。这些难题使地方人大在现实预算决策过程中难以发挥实质性监督作用。

(三) 地方人大"碎片化"的履职努力带来的路径偏离

各级人大在主动回应实际运行中的权力关系失衡时，进行了较多主动履职的探索。一方面，随着法治体系的建设，各级人大制定了各种含有经费条款的地方性法规。这部分法规会强调某一领域或项目的重要性，然后明确具体经费支出，这部分经费就成为法定支出。过去"部门立法"主导地方立法时，地方人大对这种立法行为的约束很小，几乎只是程序上的审查。当前地方人大主导立法过程，还有部分事项是通过立法来保障经费支出。实际上，这种立法行为反而体现了人大自身不受预算约束和立法不受预算约束，这种法定支出肢解了年初预算，影响了预算执行过程。另一方面，在人代会上或在预算执行过程中，个别人大代表会就具体事项提出个人议案或意见，影响政府的某项财政决策。政府一般会出于对人大代表的尊重，或者对地方人大权力的顾及，接受部分意见，安排相应资金。但人大代表议案这种履职努力也是"不恰当"和"碎片化"的，因为一些人大代表的议案带有很强的主观性，部分意见也不是绝大多数人大代表的意见。而且，政府对部分人大代表资金安排建议的尊重实质上是对预算的不尊重，在预算执行过程中主观增加了预算调整。

二　重塑地方人大在预算调整中的角色与权力

预算能力的有效发挥，不只是预算法治的实现，更在于预算的有效执行。我国的预算体制正处于转型之中，不够规范的预算调整不可避免，但我们要尽力避免随意和频繁出现的预算调整。这就需要通过一定的制度和规范程序来约束预算行为，控制预算调整行为中的主客观驱动力。

(一) 地方人大审查监督同级政府预算全过程

预算过程环环相扣，监督政府预算调整需要在监督政府预算的每个阶段都有所作为，以实现政府预算权的程序化和人大预算监督的规范化。

第一，人大要提前介入预算编制。在预算编制环节，各级政府部门存在"官僚自由裁量的预算最大化"问题，收入征管部门有"留有余地"的倾向，支出预算申请部门有"留有缺口"的倾向。这些主观因素影响了预算编制的科学性。地方人大在预算编制环节可以通过反馈上年决算和预算绩效意见、提前介入预算过程、增加对部门预算编制的调研、增加预算编制时间等方式提高预算编制的科学性。

第二，人大要严格审批预算草案。在各级政府内部，政策过程与预算过程也是分离的，编制预算的财政部门无法控制政策，不能从预算角度去审查政策的合理性和政策成本，而一旦有新政策或政策调整，就需要在预算盘子里安排专属资金。地方人大在预算审批环节发挥作用，包括提前将预算草案提交人大常委会和人大代表，增加现场审查的程序和时间，增加预算信息透明度，为预算草案附上必要的辅助材料，等等。

第三，人大要严格监督预算执行和预算调整过程。人大要明确预算执行环节的监督重点，改变"政府报告什么，人大就审查什么"的状态。对预算调整，人大要审查预算调整是否必要、程序是否合理。要细化预算调整的范围和程序，如调整变动幅度超过计划值一定百分比的预算调整必须提交人大常委会批准；发生紧急事件，可以授权政府应急处理，进行部分的、暂时的且受监管的支出，政府要向人大常委会补充提交预算调整报告。

第四，人大要严格审查监督决算，评估预算绩效。预算年度结束后，预算编制是否科学、预算执行是否合理、预算调整是否规范有效等都需要评估，科学有力的评估才能让人大对预算情况有一个全面的把握，也才能对下一预算年度的预算产生实际影响力。

（二）提升地方人大预算监督能力

地方人大预算监督能力高低是地方人大能否成功履职的关键，提升地方人大预算监督能力也是地方人大最切实的努力方向。

第一，加强人大队伍建设。一是完善组织结构建设，在专门委员会和工作机构之间确定更加明确的权力与责任，既有分工也有互通合作，规范预算监督办事流程。要充实工作队伍的专业力量，从编制和规模上配备足够的专职工作人员，尤其要充实专门委员会和工作机构的中青年专职工作人员，注意继续调整人大预算监督工作队伍的专业结构，配备更多专业力量，实现专业化的监督。二是通过组织培训、加强工作人员交流等方式提升工作效率与工作能力。组织专业能力培训是提升工作能力的一个重要方式，人大财经委等专门委员会或预算工作机构要探索长效化的培训机制，包括预算规划、会计财务、审计、公共决策等领域的专项培训，以提升人大的自身素质。另外，还可以针对当前部门沟通交流不足、预算调整沟通协调不足等情况，加强工作人员的流动，比如让人大、财政部门、审计部门或其他重要支出部门之间的工作人员定期轮岗，组织定期的座谈交流会，或者派人参加政府经济工作会议等方式，增进互相了解和信息互通。

第二，建立地方人大预算监督的辅助力量。地方预算监督可以借助专业"外脑"，聘请具有高级审计师、高级会计师等职称的专家学者组成人大财经委专家顾问组，提升人大审查质量。部分地方已有了这样的尝试。河北省人大常委会成立了顾问专家组，还借助挂靠财经委的市场经济法学会的力量，共同监督预算。上海市实行专家咨询顾问聘用制度，安排专项活动经费，同时还配备了专家型的领导。安徽省聘请长期从事审计工作、经验丰富的专家和同志，成立了预算审查监督顾问组。当前，最新的几部地方性法规也对此有明确规定，安徽规定常务委员会预算工作机构可以聘请预算审查监督顾问或者邀请相关专家协助工作，北京规定市人大常委会可以聘请预算监督顾问。作为一种专业意见的参与方式，聘请专家顾问组将逐渐成为一种重要的提升监督能力的工作方式。

（三）规范完善党、政、人大之间的关系

只有设计合理并不断完善的权力和责任结构，才可以明确规范不同预算参与主体的角色定位和相互关系，也才能实现预算改革的最终目标。规范权力关系的改革要做到精细化，在处理党、政、人大之间的权力关系时，大的方向不会变，但我们可以通过精细化的工作方式来协调处理三者关系。

首先，党委在预算编制前明确政策重点。《预算法》并没有明文规定党委在预算过程中具体发挥何种正式作用、何时发挥作用。作为地方领导核心，党委发挥的作用应该是制订战略计划、确定政策重点，以引导年度预算安排，这一步骤应该是在地方预算编制之前完成。所以，结合预算过程和政策过程，首先应该是省委制定宏观的政策方针，确定年度政策重点，然后是政府按照党委确定的政策方针编制预算方案，最后再由人大审核预算案的科学性以及与政策的契合度。这种关系处理也是在省级地方的权力结构上协调处理预算与计划和政策的关系。

其次，调整预算编制程序，更好吸纳人大意见。在以往的预算调整中，由于政府的预算调整方案在提交人大常委会审查批准之前已经获得了省委常委会的批准，因此，人大的审查批准没有太大的空间。对于"省委常委会'定盘子'—省财政厅编制预算草案—省政府常务会议审核—省委常委会研究讨论—省人大审查通过"这一预算编制程序，可以在微观层面上进行程序调整，在送省政府常务会议研究讨论之后，便可送人大常委会初审，政府采纳初审意见完善预算草案后再送省委常委会讨论，最后再将经党委常委会讨论通过的预算案正式文本送人大审查批准。这种工作方式可以使提交省委和省人大的预算草案更加完善，对政府、党委、人大的意见吸纳协调地更加彻底，在一定程度上更好地发挥了人大的监督作用。

最后，需要畅通人大党组和地方党委之间的沟通渠道，让人大常委会党组在规范党、政、人大关系上发挥中间作用。在省级政治生态中，省级人大常委会中的党组是连接省级政府和省委的坚实桥梁。人大坚持党的领导的方式之一就是人大工作要坚持常委会党组的领导。作为人大的领导力量，常委会党组的建设将会对人大工作有推动作用。在当前预算调整监督程序中，畅通人大常委会党组和地方党委之间的沟通渠道，能及时了解党委政策制定的意图并反馈预算调整的情况，从某种程度上弥补预算信息不对称的情况，提升人大监督的力量。

三 小结

建立预算国家、加强预算监督还有很长的路要走，面临很多挑战。王绍光、马骏[①]曾指出，从根本上看，预算监督虽然有所加强，但现阶段预算改革的重点不是加强预算监督，进一步加强预算监督涉及政治体制改革和权力结构调整，难度较大。他们认为，加强预算监督，需要修改《预算法》、加强预算的全面性、细化重大资金的预算编制和提升人大自身的能力。近几年，他们提到的问题大部分已得到改善，预算监督得到加强。但改革越是往前，改革面临的难题和挑战就越是复杂和艰难。相比预算编制环节的监督，预算执行、预算调整环节的监督，更深层次涉及正式或非正

[①] 王绍光、马骏：《走向"预算国家"——财政转型与国家建设》，《公共行政评论》2008年第1期。

式的权力结构关系，因此在人大预算调整监督改革的过程中，加强监督意味着深层次触及权力关系、社会综合发展与政府治理能力提升的关系，这是加强监督面临的政治考验。

一场复杂的改革应该有策略、有侧重，要控制改革的力度、幅度和节奏。人大预算监督触及政治中的权力关系、行政中的公共事务及相关社会经济问题，加强人大预算监督不可能一蹴而就。未来的改革应继续坚持渐进和稳健原则，在相当长时间内将改革的重点继续放在比较容易的技术层面，提高预算的全面性、透明性、规范性，提升人大的监督能力。长期来看，单纯依靠技术性改革来提高人大预算监督效力是不够的，深层次的制度性改革势在必行。

当然，我们强调人大的监督也主张行政行为必须有一定的自由裁量权，如果人大监督得过于详细，约束得过于严格，反而不利于预算执行，也不利于实现预算绩效。我们为地方人大预算调整监督所提的建议仍是一种理想状态，这并不能抵消当前一些制度和实践的积极作用，有些措施和制度可能仍会在相当长的时期内继续有效。

第五章　省级政府接受同级人大预算监督的自评估研究[①]

本章从自评估角度入手，较为系统地梳理了31个省级政府在2005~2014年的预算报告文本，按照监督内容、运行程序、监督效果三个维度描述省级政府接受同级人大预算监督的现状，然后进行历时性考察，分析演变轨迹、取得成效和存在不足。试图回答这样几个问题：省级政府怎样接受同级人大预算监督，效果如何？如何提升人大预算监督能力，强化监督实效？

第一节　省级政府接受同级人大预算监督的三个纬度

"现实中的任何制度，都首先在文本之中，其次在实践之中，从而形成了文本制度与实践制度之间的差异。这种差异的根由在于制度背后的行动者。行动者的观念、价值取向、利益结构以及权力关系，都将直接影响制度的实际运行效度。"[②] 省级政府自身的预算行为直接影响其接受人大预算监督的效果。本节主要基于法律法规与预算报告两类文本，客观描述省级政府接受本级人大预算监督的具体内容、运行程序和监督效果。

一　监督内容

（一）法律规定

1.《预算法》的规定

研究样本是31个省级政府2005~2014年的预算报告，2014年修订的

[①] 本章内容由陆杨洁执笔。
[②] 林尚立：《行动者与制度效度：以文本结构为中介的分析——以全国人大预算审查为研究对象》，《经济社会体制比较》2006年第5期。

《预算法》于 2015 年 1 月 1 日开始施行，所以本章所称《预算法》若无特殊注明，皆为 1994 年制定的《预算法》。该法第十三条第一款规定："县级以上地方各级人民代表大会审查本级总预算草案及本级总预算执行情况的报告；批准本级预算和本级预算执行情况的报告；改变或者撤销本级人民代表大会常务委员会关于预算、决算的不适当的决议；撤销本级政府关于预算、决算的不适当的决定和命令。"本节基于省级政府向人大汇报的上一年度预算执行情况和下一年度预算草案的报告文本，着重对该款规定中本级总预算草案及本级总预算执行情况的报告由人大审查、批准、监督的情况进行研究。《预算法》对省级政府编制报告的格式与内容、预算收入与支出的类别、省级政府配合人大监督应负的义务等相关内容均有规定。《预算法》第五条、第十九条、第二十八条要求省级政府汇报上解金额、对下级补助或返还资金、预算收支政策、预备金、周转金、结余等多项内容，除法律和国务院另有规定，地方政府不得发行地方政府债券。预算执行情况要符合本级人民代表大会预算决议的要求，预算安排符合《预算法》的规定，贯彻国民经济和社会发展的方针政策，这些要求也包含在内。

2. 地方性法规

随着我国预算改革的推进，各省在接受人大预算监督的实践过程中，基于《预算法》规定的监督内容，进一步细化监督内容，有的省份还颁布了地方性法规，因地制宜进行了一些创新探索。我们根据 31 个省级政府的地方性法规、地方性政府规章和地方性规范文件整理制作了表 5-1。根据表 5-1，1990 年以来，大部分省份都颁布了关于政府接受人大预算监督的地方性法规，北京、陕西、黑龙江、吉林、安徽、湖北在 1998 年预算改革之前就制定了本省份的预算监督地方性法规，其余省份皆在预算改革启动之后对本省政府接受人大预算监督的内容、程序、要求做出了相应规定。

表 5-1 我国 31 个省级政府关于接受政府人大预算监督的地方性法规

省份	地方性法规名称及制定、修订时间	地方性法规对《预算法》规定的监督内容的细化与创新（部分）
北京	《北京市预算监督条例》（1996 年制定；2003 年修订；2007 年修订）	部门预算制度建立和执行情况

续表

省份	地方性法规名称及制定、修订时间	地方性法规对《预算法》规定的监督内容的细化与创新（部分）
天津	《天津市人民代表大会常务委员会预算审查监督条例》（2001年制定；2006年修订）	建设性支出、基金支出类别表和重大项目表
上海	《上海市市级预算审查监督规定》（2001年制定）	实行政府采购和国库集中收付的情况
重庆	《重庆市市级预算监督条例》（2004年制定）	国库按规定收纳、划分、留解、拨付预算资金以及退库的情况
山西	《山西省预算监督条例》（1999年制定）	国家和本级为保障人民群众生活所规定的由财政承担的支出是否做了恰当安排；专项管理的预算资金收支情况
陕西	《陕西省财政预算管理条例》（1990年制定，已修订）；《陕西省人大常委会关于修改部分地方性法规的决定》（2010年修订）	各级预算根据收支规模和财力可能，建立必要的预算稳定调节基金，专门用于弥补短收年份预算执行收支缺口，以及应对不可预见的重要公共支出需求
山东	《山东省人民代表大会常务委员会关于财政预算审批监督的若干规定》（1990年制定，废止失效）；《山东省省级预算审查监督条例》（2000年制定）	建设性支出、基金支出类别表和预算在1000万元以上的重大建设项目表；预算外资金收支表；预算支出是否保证了政府公共支出合理需要，农业、教育、科技支出是否达到了法定增长比例，社会保障支出是否落实
河南	《河南省预算监督条例》（2002年制定）	国库按规定收纳、划分、留解、拨付预算资金以及退库的情况；按照批准的年度预算和用款计划及时、足额拨付预算资金情况；人大常委会应当加强对预算超收收入使用的审查监督
黑龙江	《黑龙江省预算管理条例》（1991年制定，废止失效）；《黑龙江省人民代表大会常务委员会预算监督条例》（1998年制定）	按照国家有关规定实行专项管理的预算内、外资金收支情况；收入的增长幅度是否与国内生产总值增长率相适应；支出结构是否合理，农业、科技、教育等重点支出是否达到法定增长幅度；国家和本省为保障人民群众生活所规定的由财政承担的支出是否做了适当安排
湖南	《湖南省预算外资金管理条例》（1994年制定，2004年废止）《湖南省非税收入管理条例》（2004年制定）	非税收入是财政收入的组成部分。各级人民政府应当将非税收入纳入财政统筹安排，实行综合预算管理
辽宁	《辽宁省预算审批监督条例》（1999年制定）	预算支出是否保证了政府公共支出合理需要，农业、教育和科技支出是否达到了法定增长比例，社会保障支出是否落实，专项资金安排是否合理
吉林	《吉林省预算审批监督条例》（1996年制定）；《吉林省预算审查监督条例》（2001年制定）	重点支出项目资金拨付情况

第五章　省级政府接受同级人大预算监督的自评估研究 | 147

续表

省份	地方性法规名称及制定、修订时间	地方性法规对《预算法》规定的监督内容的细化与创新（部分）
江苏	《江苏省人民代表大会常务委员会关于加强省级预算审查监督的决定》（2000年制定）	省级各预算单位收支表，建设性支出、基金支出的类别表和若干重大的项目表；严格控制不同预算科目之间的资金调剂
浙江	《浙江省人民代表大会常务委员会关于加强省级预算审查监督的决定》（2000年制定，2007年废止失效）；《浙江省省级预算审查监督条例》（2007年制定）	政府非税收入管理情况；预算支出结构的合理性，保证农业、教育、科技、文化、卫生、社会保障等重点支出的情况；部门预算的编制情况
安徽	《安徽省预算管理暂行规定》（1988年制定，1995年废止失效）；《安徽省预算管理规定》（1995年制定，2003年废止失效）；《安徽省预算审查监督条例》（2002年制定，2007年修订，2015年修订）	预算绩效目标的编制、完成情况；编制程序的合法性、合理性
江西	《江西省预算审查监督条例》（2006年制定）	对被确定部门的部门预算草案进行重点审查所需的材料；预算收入增长是否与国民经济与社会发展相协调；已列入政府采购目录的项目是否编制了政府采购预算
贵州	《贵州省省级预算审查监督条例》（2002年制定）	预算支出结构、进度及其真实性、合法性；部门预算草案应当按照人民政府的要求及省人民政府财政部门的部署，根据本部门的定员定额标准、工作职责、年度预算工作安排和本年度收支变化情况等进行编制
云南	《云南省预算监督审查条例》（2000年制定）	省级各部门、各单位应当依法编制部门预算和单位预算，预算安排应逐步细到项；人民代表议案中涉及预算收支的落实情况；省委、省人民政府重大决策所需资金安排情况
湖北	《湖北省实施〈中华人民共和国预算法〉办法》（1996年制定）	经国务院批准设立的专用基金应当逐步纳入预算管理
辽宁	《辽宁省预算审批监督条例》（1999年制定）	预算支出是否保证了政府公共支出合理需要，农业、教育和科技支出是否达到了法定增长比例，社会保障支出是否落实，专项资金安排是否合理
吉林	《吉林省预算审批监督条例》（1996制定）；《吉林省预算审查监督条例》（2001年制定）	重点支出项目资金拨付情况

续表

省份	地方性法规名称及制定、修订时间	地方性法规对《预算法》规定的监督内容的细化与创新（部分）
广东	《广东省预算审批监督条例》（2001年制定）	各部门预算表；建设性支出、基金支出的类别表和若干重大的项目表；群众关心的涉及预算收支的重大问题是否做了恰当安排；本级人民代表大会常务委员会指定的项目表。各项材料均应当附有关说明
海南	《海南省各级人民代表大会及其常务委员会审查监督预算条例》（2001年制定，2007年修正）	编制程序的合法性；财政部门有无预算、超预算拨款的情况，政府及其财政部门是否存在违反规定对外提供财政担保、举借债务的情况
广西	《广西壮族自治区预算监督条例》（2000年制定，2010年修订）	本级各预算单位使用预算资金情况以及资金使用效益；预算收入超收部分的安排情况
宁夏	《宁夏回族自治区人民代表大会常委会预算监督条例》（2002年制定）	农业、教育、科技支出是否达到了法定增长比例，社会保障支出是否落实
甘肃	《甘肃省预算审批监督条例》（2002年制定，2007年修订，2015年修订）	一般债务收支应当纳入一般公共预算，专项债务收支应当纳入政府性基金预算；政府与社会资本合作项目中的财政补贴等支出应当按性质纳入相应政府预算
青海	《青海省预算管理条例》（1996年制定）	各级人民政府预算应当按照本级预算支出总额的1%~3%比例设置预备费，并按规定设置预算周转金。省、自治州（含所属县）、自治县、民族乡可在经常性预算支出总额中设置5%以内的少数民族地区机动金
福建	《福建省预算外资金管理办法》（1999年制定）；《福建省地方预算执行情况审计监督试行办法》（1995年制定）	
四川	《四川省预算外资金管理条例》（1999年制定，2015年废止失效）；《四川省省级财政预算管理办法》（1997年制定）	
西藏	《西藏自治区预算执行情况审计监督暂行办法》（2000年制定）；《西藏自治区人民政府办公厅关于转发财政厅西藏自治区本级部门预算管理办法的通知》（2013年制定）	
新疆	《新疆维吾尔自治区预算外资金管理办法》（1999年制定）	

注：本表由笔者根据31个省级政府的地方性法规、地方性政府规章和行政规范性文件整理自制。

表 5-1 显示，各省地方性法规关于省级政府向人大汇报预算报告侧重点的规定存在差异。第一，有的省级政府对如何更好地接受人大预算监督做出了更多规定。北京、浙江、江西、贵州、云南、广东对部门预算制度的建立比较关注。河南、海南、青海和内蒙古在预算执行监督内容中将预算资金的批复与拨款这一问题细化为是否足额、及时。第二，有的省级政府对重大支出项目特别关心。对于建设性支出、基金支出类别表和重大建设项目表，有些省份将其单独列出，如天津、山东、江苏、广东，其中山东还将重大建设项目明确为投资 1000 万元以上。第三，多数省份对社会民生保障十分重视，浙江、山西、山东、黑龙江、辽宁、宁夏、广东等省份的地方性法规中均出现了"国家和本级为保障人民群众生活所规定的由财政承担的支出是否做了恰当安排""群众关心的涉及预算收支的重大问题是否做了恰当安排""农业、教育、科技支出是否达到了法定增长比例，社会保障支出是否落实"等类似表述。第四，有的省份重视社会热点问题。云南将省委省政府重大决策所需资金安排情况设为重点监督内容；广东规定政府提供本级人民代表大会常务委员会指定的项目表及群众关心的项目材料，且各项材料都需附详细说明；贵州对于预算真实性单独提出要求；关于政府落实人大预算修正案的内容，河北省的相关规定比较详细；陕西规定建立《预算法》不做强制性要求的预算稳定调节基金。第五，有的省级政府更关注违法情况。上海、重庆、河南重点关注了本省预算进行国库集中收付的情况；山东、黑龙江、江西三省比较重视预算外资金、超收收入等不符合预算合理化趋势的现状；海南则对财政部门编制预算草案、拨款、举债等环节的违法行为十分警惕。简言之，相较于《预算法》更具原则性的规定，各省级地方性法规的文本更具操作性。

（二）省级政府预算报告内容

"预算公开的制度依据主要是中华人民共和国政府信息公开条例和财政部下发的一系列通知，立法的位阶和层次较低，尚未上升到法律的高度，直接影响了预算公开制度的权威性、普适性、规范性和稳定性。"[①]《预算法》对预算公开哪些内容，尤其是预算收支编制的分类标准，给省级政府

[①] 勒卫敏：《河南省实施全面规范的预算公开制度研究》，《财政研究》2014 年第 5 期。

编制预算报告提供了指导意见。参考《预算法》法律条文、各省地方性法规和省级政府预算报告内容，基于预算收支的分类标准，考察预算报告内容完整性，主要考察四类预算分类情况（一般公共预算、政府性基金预算、国有资本经营预算和社会保险基金预算）、一般公共预算收入分类情况、一般公共预算支出分类情况等。阅读31个省级政府预算报告可知，大部分省份预算编制比较完整，涉及预算支出与收入的各项分类。第一，东部地区。四类预算分类情况，所有省份均进行了分类，其中河北、上海、江苏、浙江、福建、山东、海南分类完整，其余省份分类不太完整；一般公共预算收入分类情况，所有省份均进行了分类，其中北京、浙江、福建、山东分类完整，其余省份分类较不完整，一般只列举税收收入和转移性收入；一般公共预算支出按功能分类情况良好，所有省份均按科教文卫等进行分类并且单独列出，但财政支出按照其经济性质分类情况，只有北京按照经济性质进行了分类，其他省份均未进行分类。第二，中部地区。四类预算分类情况，除山西，所有省份对四类预算进行分类，其中内蒙古、黑龙江、江西、湖南、安徽、河南、广西分类完整，其余省份进行了分类但不完整；一般公共预算收入分类情况，所有省份均进行了分类，江西、湖南、安徽、广西分类完整，其余省份进行了分类但不完整，只列举税收收入和转移性收入；一般公共预算支出按功能分类情况，所有省份均按科教文卫等进行分类，除河南、吉林，都对各项功能单独列出，但所有省份均未按经济性质进行分类。第三，西部地区。四类预算分类情况，所有省份对四类预算进行分类并且内容完整；一般公共预算收入分类情况较好，所有省份均进行了分类，除了宁夏、甘肃、云南只列举税收收入和转移性收入，其余省份分类情况十分完整；一般公共预算支出按功能分类情况，除云南，其他所有省份均对财政支出按功能分类并且各项单独列出，但均未按经济性质进行分类。

二　运行程序

（一）起草的流程

《预算法实施条例》第二十四条至第二十九条规定了政府起草报告的流程，以省级政府为例，每年11月10日前，国务院提出编制原则与要求，财政部制定编制预算的具体事项，省级政府接到指示后，根据国务院和财政部的要求，因地制宜制定本区域内预算草案编制要求。县级以上政府的财政部门负责本级政府部门预算的审核与纠正，纠正不符合预算草案编制要求的内容，各级地方政府除了汇总本级政府各部门预算，还要纠正下级政府上交的预算草案，将本级政府部门和下级政府的预算汇编为本级政府总预算，然后向上级政府汇报。省级政府在下一年度 1 月 10 日前将本级总预算提交财政部，由其汇编为中央与地方预算草案，交由全国人大审批，省级预算草案则交由省级人大审批。市、州一级政府将本级政府总预算上报省财政部门的时间为 12 月 15 日前，省财政部门 12 月底前向省级政府提交省级预算草案，省级政府在人大会议通过预算草案后 10 日内将其报财政部备案。《预算法实施条例》主要规定了预算报告在行政机关内部的起草过程，在现实中，省级政府起草预算报告的程序也涉及政府外部因素，同级人大扮演了十分重要的角色。

地方人大预算监督权的"悬空"是一个重要现实问题，出于加强人大预算监督实效的目的，地方性法规多要求本级政府财政部门在预算编制过程中及时向同级人大财经委和预算工作委员会通报情况、听取意见，天津、上海、重庆、河北、吉林、江苏、贵州、甘肃和内蒙古在地方性法规中明文规定了政府应当承担这一义务，其中重庆、江苏还详细列举出政府应该通报的内容，包括预算编制的指导思想、收支初步安排、预算编制中的重大项目变化、结算办法的变化、预算定额标准变化以及可用财力等。地方人大提前介入预算编制，除了政府需要及时向同级人大汇报工作重点与进程，人大自身也要主动参与政府预算编制的过程。重庆、贵州明确规定了人大财经委员会、预算工作委员会应当对预算草案编制情况、重点收支项目进行调查，对部门预算的编制情况进行抽查。

（二）报告与审查

省级政府向同级人大报告上一年度预算执行情况和总预算草案，《预算法》第二十一、二十二、二十三、四十四、四十七条规定了相关内容：在省级人民代表大会举行 30 日前，省级政府应当将预算报告的初步方案提交本级人大专门委员会，一般由财政与经济委员会（简称"财经委"）初步审查；财经委将初步审查意见交给省财政部门，财政部门据此处理本省预算报告，并将结果反馈给财经委，财经委的初步审查意见和省财政部门的处理结果印发给本级人大代表；省级人大常委会根据各代表团的意见向主席团提出预算报告的审查结果报告；最后，省级政府向大会做关于上一年度预算执行情况和总预算草案的报告，由人大会议审批该项预算报告。《预算法》还明文规定了人大及其常委会对相关问题提出质询、询问和对预算中的重大事项、特定问题进行调查的权力，要求省级政府必须如实反映、及时回复、提供资料。各省级政府接受同级人大监督，向人大汇报预算报告交由人大审查的程序大致如此。另外，省级人大财经委完成初审的时间，省财政部门据财经委初审意见处理的时间，省级政府最终向人大提交预算报告的时间等几个时限，《预算法》还未有明文规定，各省规定也不统一。除了此期限，各省对省级政府向同级人大报告预算报告的过程和本级人大审批预算报告的过程也制定了一些具有省域特色的规定。

省级政府向同级人大财经委提交预算报告的时间，《预算法》规定为大会召开前一个月，各省规定更加具体，22个省份（上海、河北、山东、河南、黑龙江、吉林、江苏、浙江、安徽、江西、湖南、湖北、福建、四川、贵州、海南、广西、宁夏、甘肃、青海、内蒙古、陕西）规定为30日或一个月前，云南、广东、重庆、北京4个省份则规定须提前45天或一个半月提交报告，其他5个省份无明确规定。人大财经委初审的期限、政府向人大财经委反馈初审意见的时间、政府向同级人大提交预算报告的日期，《预算法》目前对这三项流程并无相应法条，各省地方性法规的规定不太一致，且对此做出明确限期的省份相对较少：第一，只有10个省份规定了财经委初审的期限，山西、广西规定为本级人大会议举行前一个月，天津、吉林为大会前15日，河北、河南、安徽、云南为财经委收到预算报告后15日内，广东为收到前20日，贵州为收到前10日；第二，13个省份对政府向人大财经委反馈初审意见的处理情况时间做出了限制，北京、吉林、江西、云南、广西、青海规定财经委初审后15日内政府须反馈，上海、河北、山东、贵州、广东要求政府收到财经委初审意见10日内回复，重庆和安徽的规定比较特别，重庆市政府须在人大会议召开前15日向财经委提交处理情况的报告，安徽省政府则必须在财经委初审后7日内向财经委反映情况，时间最短，其他18个省份无相关规定；第三，省级政府向同级人大提交预算报告的时间，除去23个未有规定的省份，剩下8个省级政府中，安徽规定时间较短，要求安徽省政府在人大会议举行7日之前将预算报告交给人大，河南、吉林、湖南、云南、广东、海南和青海规定为大会前 10 日。

省级政府向同级人大报告预算报告的过程中，河北、河南、安徽、青海还要求省财政部门按月报送预算收支表，河北规定省政府"每季度将结转资金、预备费、上级转移支付资金的使用、项目调剂、下达转移支付、适用权责发生制事项等情况以及本级人民代表大会常务委员会要求的内容，以文字或者报表形式报送本级人民代表大会常务委员会"。广西、安徽也有类似规定，但无适用权责发生制事项这一规定。省级政府在本级人大财经委初步审查时是否负有列席的义务，不同省份规定也不相同，河南的规定为"可以通知本级人民政府财政部门和有关部门的负责人列席会议"，但更多省份明文规定省级政府在本级人大财经委初步审查时担有列席的义务，宁夏、甘肃、广东、广西、江苏、辽宁、山东等地方性法规均有类似"省财政部门主要负责人及其他有关部门负责人应当到会"的条文规定。

在省级人大审批预算报告的程序中，一方面，预算修正权受到学界的广泛关注，河北、湖北、云南、广东和海南在本省地方性法规中就预算修正案也做了相关规定，修正案由大会主席团决定是否提交大会表决。修正案先于预算报告表决，若修正案通过，省级政府应该先调整预算，然后再将调整后的预算报告提交本次大会进行表决。另一方面，在大会表决机制上，一揽子表决也饱受批评，河北与海南率先突破了整体表决的模式。河北省人大对预算报告既可以采取整体表决的形式，也可以视情况对四类预算分别表决；海南省人大若选择批准预算报告，则有批准、原则批准两种决定，若表决结果为原则批准，省政府必须在一个月内就预算报告修改内容报本级人大常委会审查决定。

三 监督效果

（一）符合法律法规的程度

省级政府接受同级人大监督的法律依据主要是《预算法》《预算法实施条例》和地方性法规、地方性政府规章、行政规范性文件，我们以《预算法》规定的人大审查预算报告的内容和各省地方性法规的特别规定为基准，衡量省级政府预算报告内容符合法律法规的程度，评估省级政府接受同级人大监督的效果。

查阅省级政府预算报告可知，其内容符合法律法规的程度，各地差异较大，但总体而言，近十年间呈现上升趋势。第一，东部地区。涉及有关人大决议、《预算法》规定、国民经济和社会发展的方针政策情况较好，浙江、河北、辽宁、福建全部涉及，山东、海南部分涉及，其余省份未涉及。单独列出重点支出和重大投资项目情况，除北京、江苏、福建等省份，其余省份均未列出。除福建省，均未涉及向下级转移性支付。除山东、福建，均未涉及预备费、周转金和与预算稳定基金。涉及地方性法规的情况，除北京、浙江、福建等省份，其余省份均未涉及地方性法规。第二，中部地区。涉及有关人大决议、《预算法》规定、国民经济和社会发展的方针政策情况一般，安徽全部涉及，吉林、黑龙江、山西未涉及，其余省份都部分涉及。单独列出重点支出和重大投资项目情况，除内蒙古、安徽、河南等省份，其余省份均未列出。涉及向下级转移性支付的情况，山西、湖南、湖北等省份列出。除吉林、湖南，均未涉及预备费、周转金和预算稳定基金。涉及地方性法规的情况一般，除吉林省能够较好地涉及地方性法规，其余省份均未涉及地方性法规。第三，西部地区。涉及有关人大决议、预算法规定、国民经济和社会发展的方针政策情况较好，只有四川、西藏未涉及，其余省份都有涉及，并且云南、青海全部涉及。单独列出重点支出和重大投资项目情况，所有省份都单独列出了重点支出和重大投资项目。除四川、西藏、陕西，均未涉及向下级转移性支付。所有省份均未涉及预备费、周转金和预算稳定基金情况。涉及地方性法规的情况，除四川、青海等省份，其余省份都有涉及地方性法规，且贵州、宁夏相关内容很详尽。

（二）落实人大预算决议的情况

关于省级政府预算报告中是否落实人大决议，笔者梳理各省预算报告是否使用一定篇幅向人大汇报这部分内容的情况，发现河南、吉林、江西、贵州、海南、宁夏、甘肃、青海等12个省级政府的预算报告未专门安排该部分内容，重视程度有待加强。陕西、辽宁、安徽、湖南、云南等11个省级政府的预算报告在部分年份报告了落实人大决议的情况，一定程度上说明新《预算法》的颁布对省级政府落实人大预算决议提出了更严格的要求，省级政府受到更多刚性约束。湖北、北京、上海、河北、山东、黑龙江、广东和广西8个省级政府在多个年份的预算报告中均安排了一定篇幅书写落实人大决议情况,这些省份在财税体制改革、财政政策和改善民生方面做得较好。笔者对上述8个省级政府预算报告进行了详细分析。

湖北省在2010~2013年着重关注财税体制改革和财政收支管理。2010年提出加强对财政性资金监督,2011年提出完善分税制财政体制的政策和规范财政项目资金,2012年提出要提高财税工作质量。

北京市在2010~2014年着重关注财政政策、民生和预算。在财政政策上,2010年提出推进财政精细化管理,2011年提出建立绩效管理框架,2012年提出完善资金分配方式,2013年提出发挥财政导向作用,2014年提出发挥市场机制作用;在改善民生上,2011年提出加大惠民补贴,加大社会建设投入,2012年提出提高公共服务水平,2014年提出加强环境建设力度;在预算上,连续五年都强调推进依法理财,科学理财,2011年提出完善预算绩效管理,2012年提出深化预算管理,2013年提出推进政府全口径预算管理,2014年提出建立预算监督体系。

上海市在2010~2014年着重关注财税体制改革、财政政策、民生和预算。在财税体制改革上,连续五年强调要科学管理财税,2010年提出区域间基本公共服务差异有待进一步缩小,2011年提出完善转移支付办法,2012年启动实施启运港退税政策试点,2013年提出建立与经济转型相适应的财税环境;在财政政策上,强调支持中小微企业发展,2010年提出开展现代服务业税制研究,2011年重点支持服务业,2012年实施"营改增"改革试点,2013年更改财政绩效评价内容,2014年实施新驱动发展战略;在改善民生方面,突出支持科、教、文、卫、体事业的发展,2010年将着眼点放在保障公共安全上,2011年重点支持"四位一体"住房保障体系建设,2012年完善小额担保贷款对自主创业的扶持办法,2013年重点支持就业和社会保障体系建设,2014年推动"城居保和新农保"建设;在预算方面,完善政府预算体系,2010年加强政府非税收入管理,2011年强调完善部门预算管理制度,2012年提出建立健全本市政府购买公共服务制度,2013年提出做好国资和社保的"两本预算",2014年进行深化中期预算改革试点。

河北省在2013年、2014年着重关注财政政策和民生。在财政政策上,强调要促进稳增长、调结构,2013年提出健全财政运行机制,提高财政管理水平,2014年制订改革实施方案;在民生上,强调要提升基本公共服务水平,2013年落实了保障政策,2014年进一步提升城乡社会保障水平。

山东省在2007~2014年着重关注财税体制改革、财政政策、民生和财政收支管理。在财税体制改革上，实施结构性减税，推动小微企业发展，2007年建立了"财、银、企"联动投入机制，2008年抑制"两高一资"行业和低水平重复建设，2009年实施山东半岛蓝色经济区、黄河三角洲高效生态经济区等重点发展战略，2010年落实高新技术企业税收优惠政策，2012年集中扶持百镇建设示范行动，2013年出台省直行政单位部分通用资产配置标准，2014年重点扶持265个关键共性技术研发和产业化示范项目；在财政政策上，建立了保障性、激励性转移支付制度，2007年建立财政供养人员信息库、部门预算基础信息库和项目库，2008年采取经费包干、节编奖励、节能降耗奖励，2009年实施省直管县财政体制改革试点，2010年全面开展"小金库"专项治理，2011年形成更加科学合理的民生支出分担机制，2013年形成比较完整的协同发展财政扶持政策体系；在民生上，全面落实各项涉农补贴政策，2007年启动农业政策性保险试点，2009年村级公益事业建设一事一议财政奖补试点顺利启动，2010年开展农产品现代流通综合试点，2013年开展乡村连片治理和"美丽乡村"建设试点；在财政收支管理上，不断完善征管机制、创新征管手段，在2008年加大社会综合治税和科技强税工作力度，2009年全面推行国有资源（资产）有偿使用制度，2010年推进科学化精细化管理，2011年大力开展专项监督检查，2013年开展税式支出管理试点。

黑龙江省在2007~2014年重点关注财政政策、民生和财政收支管理。在财政政策上，促进经济结构调整，落实稳增长政策措施，促进全省经济转型升级。2007年启动开征省级国有企业国有资本经营收益试点，2009年增收节支工作成效显著，2010年集中支持36个战略性新兴产业项目和传统产业优化升级项目，2011年扎实推进经济结构调整，2012年支持143个重点大项目建设，2013年落实村级公益事业建设一事一议财政奖补政策，2014年落实减免企业税费政策；在民生上，安居、农村、医卫教文等项目建设是民生重点，吸引社会投资效果显著，2007年推进矿产资源开发产品产量信息监控系统试点工作，2010年推动强农惠农实现新突破，2011年推进内需持续扩大，2012年全面落实强农惠农富农政策，2013年发展现代化大农业，2014年落实积极的就业政策；在财政收支管理上，不断创新财政管理方式，2007年开展了省直监狱财政支出绩效评价试点，2008年深入推进国库管理制度改革，2014 年严格财政财务管理，开展专项治理工作，加强国库资金和财政专户监管。

广东省在 2010~2014 年在财税体制改革、财政政策、改善民生、财政收支管理和预算上都有较大举措。在财税体制改革上，深化财税体制改革总体方案及其他配套改革方案，2010 年完善激励性财政机制，2012 年落实减免税费等扶持政策，2014 年大力培植财源税源；在财政政策上，坚持依法治税理财，狠抓增收节支，2010 年加强债务管理，2014 年加强对各市县债务风险的动态监控；在民生上，加大"三农"投入，提高新型农村合作医疗保障水平和公共卫生服务能力，加大教育投入，重点解决农民群众"老有所养"问题，2013 年修订基本公共服务均等化规划纲要；在财政收支管理上，加大欠发达地区转移支付力度，2012 年实施财力薄弱镇（乡）补助政策，2013 年开展清理结余结转资金工作；在预算上，推进部门预算改革，2013 年提出提高草案可读性和易读性。

广西壮族自治区在 2011~2014 年重点关注财税体制改革和预算。在财税体制改革上，2011 年完善自治区对下转移支付，加大扩权强县力度，完善县级基本财力保障机制，2013 年完善公共财政管理体系，提高财政收入质量和财政资金使用效益，2014 年推进税制改革，完善自治区和市县政府的关系；在财政政策上，2011 年推进财政精细化、科学化管理，提高财政资金绩效，2014 年推进依法理财；在民生上，2011 年保障重点支出，加大民生方面的投入力度，2014 年加大对下补助；在预算上，强化预算执行，2011 年细化国有资本经营预算，2013 年预算编列方式改革，提高科学性、完整性，2014 年加强政府性债务管理。

第二节　省级政府接受同级人大预算监督的历时性考察

一　演变轨迹

（一）预算报告完整性稳步提高

2005~2014 年，省级政府接受人大预算监督的情况，总体来说是向公开、透明、民主、高效的现代化预算制度的方向迈进的。就预算公开而言，2005 年有 6 份预算报告缺失，2006 年缺失 4 份，2007 年缺失 1 份，2008 年以后，31个省级政府的预算报告无一缺失，全部向社会公开。

就公开的预算报告完整性而言，各省预算报告内容虽各不相同，但大体呈现积极完善的过程，目前尚无规律性的东部、中部和西部之间的地域差异。笔者选取中部地区10个省级政府进一步分析，制作表5-2，评估省级政府预算报告向人大汇报内容的完整性及其变化趋势，"—"表示该份报告缺失，4个计分项目共计10分，计分标准如下：预算是否分为四类预算（一般公共预算、政府性基金预算、国有资本经营预算和社会保险基金预算），若只有一般公共预算不计分，其他三类预算每增加一类，该项得分加1分，满分3分；一般公共预算收入是否区分了税收、行政事业性收费、国有资源（资产）有偿使用和转移性收入，若只有税收收入不计分，其他三类预算每增加一类，该项得分加1分，满分3分；一般公共预算支出按照其功能分类，包括一般公共服务支出，外交、公共安全、国防支出，农业、环境保护支出，教育、科技、文化、卫生、体育支出，社会保障及就业支出和其他支出，若预算报告中叙述了支出的功能性分类，计1分，若无，计0分，若不仅有相关论述而且功能性支出各项单独成段、详细说明，则计2分；一般公共预算支出还可以按照其经济性质分类，涵盖工资福利支出、商品和服务支出和资本性支出，若无分类，计0分，若有部分内容，计1分，若经济性质分类涵盖内容全面，则计2分。

由表5-2可知，部分省级政府预算报告完整性在改善过程中有所波动，如吉林（2010年）、江西（2012年）分数较前一年分别下降了2分，但具体情况存在差异，吉林、江西的预算报告完整性的年平均得分分别为2.6分、6.2分，平均水平存在较大差距，波动结束后，两个省级政府预算报告完整性均有所上升，其中江西出现明显优化调整趋势，2005~2006年预算报告完整性得分均为5分，2007~2008年均为6分，2009~2011年均为7分，2012~2014年依次为5分、6分、8分，而吉林2014年得分也上升至6分，两省差距逐渐缩小。

表5-2 中部地区省级政府预算报告内容完整性得分统计

单位：分

	2005年	2006年	2007年	2008年	2009年	2010年	2011年	2012年	2013年	2014年
山西	0	0	0	0	0	1	1	1	3	5

续表

	2005年	2006年	2007年	2008年	2009年	2010年	2011年	2012年	2013年	2014年
河南	—	—	—	3	3	3	4	4	5	5
黑龙江	2	3	3	3	3	3	3	5	5	5
吉林	1	1	1	1	3	1	4	4	4	6
安徽	—	—	1	3	3	3	4	6	9	9
湖北	3	3	3	3	3	3	3	4	5	5
江西	5	5	6	6	7	7	7	5	6	8
广西	5	5	8	8	8	8	8	8	8	8
内蒙古	4	6	6	6	6	7	7	7	7	7
湖南	1	2	3	3	3	3	5	5	8	8

注：本表由笔者根据中部地区10个省级政府2005~2014年的预算报告相关内容整理自制。

（二）预算报告内容合规性曲折上升

总体而言，预算报告合规性趋势越来越高，但相较于预算编制完整性的平稳上升，预算内容合规性变化趋势更加曲折。第一，预算报告中涉及人大决议、《预算法》规定、国民经济和社会发展的方针政策的内容，全国差异较大，有的省级政府预算报告用较大篇幅介绍了这几项内容，有的则没有涉及相关内容。第二，预算报告中向下级转移性支付提及不多，即使有所涉及，多数介绍也不详尽。以2014年为例，只有福建、山西等少数省份详细描述了省级财政向下转移支付的情况，预备费、周转金等内容提及不多。第三，预算报告对地方性法规的重视程度不够，只有浙江、北京、福建等少数省份的预算报告涉及本省地方性法规规定的内容，多数省级政府预算报告并未涉及本省地方性法规的相关规定。

（三）现存问题的解决效率不高

笔者围绕31个省级政府预算报告中所提问题是否得到快速解决，以2005年预算报告或10年间第一个公开的预算报告中提出的待解决问题为基础问题，观察2006~2014年是否重复提及前述问题，然后依次以2006年、2007年、……、2013年为基础问题，观察后续年份预算报告是否重复提及基础问题，重复一次计1分，重复两次计2分，依次类推，具体分数表示之前年份问题在当年的重复次数,若有多个问题,则重复次数分数相加形成当年分数,"0"表示报告内容未提及基础问题,问题已经解决,使用"—"表示预算报告缺失,制作表 5-3。省级政府接受人大预算监督的自评估越有效,现存问题解决速度自然就越快,反之则慢。当然,体制改革进度不是一朝一夕能完成的,需要持续跟进,这里主要分析社会现实问题。社会现实问题的解决,既是政府履行其职责能力的体现,也是省级政府接受人大预算监督的自评估的绩效的重要参照物。以江苏为例,虽然得分较高,但主要是财政收支矛盾、政府资金使用效益低被重复提及 7 年,政府债务问题被提及 6 年,均为长期性问题。广西的情况较为复杂,政府财政资金使用效益低下连续 10 年被提及,政府债务问题为 7 年,县乡社会公共服务保障能力薄弱为 5 年,既有复杂长期性问题,又有现实社会性问题。总体而言,相较于容易达成的预算报告内容完整性与预算报告内容符合法律法规的程度这类偏程序性的要求,省级政府在解决预算财政问题时的效率相对偏低,一定程度上说明省级政府预算改革也是先易后难,先达成程序性要求,再完成提高预算监督效果的实质性任务,而且体制改革周期较长。

表 5-3 部分省级政府预算报告每年所提问题是否解决的统计

单位:分

	2005 年	2006 年	2007 年	2008 年	2009 年	2010 年	2011 年	2012 年	2013 年
北京	8	10	15	8	13	9	15	13	19
天津	3	4	6	7	11	16	15	24	20
上海	4	3	0	0	6	0	5	4	4
重庆	—	3	7	6	10	9	0	10	13
河北	0	4	11	4	15	18	23	13	16
山西	0	4	2	0	0	4	7	0	9
陕西	0	0	4	0	0	0	4	0	0
山东	3	7	12	17	15	12	0	21	24
河南	—	—	7	6	0	0	4	0	13
黑龙江	1	0	4	0	1	2	0	5	7
辽宁	0	0	0	0	0	0	0	0	0
吉林	1	2	5	11	8	14	14	16	14
江苏	0	3	7	13	0	14	20	9	20

续表

	2005年	2006年	2007年	2008年	2009年	2010年	2011年	2012年	2013年
浙江	2	1	4	7	5	4	9	13	0
安徽	—	0	0	2	6	10	10	8	17
湖北	4	6	4	6	5	5	6	12	1
江西	4	7	7	13	18	0	15	19	17
贵州	4	4	5	11	14	16	21	0	13
云南	0	0	5	0	0	0	2	1	4
广东	0	0	0	0	5	4	3	5	8
海南	6	3	4	0	7	10	0	0	0
广西	0	3	3	5	10	16	14	17	28
宁夏	2	2	2	0	1	0	0	0	0
甘肃	0	0	0	0	0	0	0	3	4
青海	5	10	9	9	5	6	6	10	8
内蒙古	0	3	10	9	14	20	21	19	27
湖南	3	0	4	2	0	4	2	6	2
福建	3	3	3	4	6	11	8	8	12
四川	—	4	2	3	4	8	6	5	9
西藏	1	2	4	3	6	7	9	9	11
新疆	0	0	5	5	7	11	0	13	15

注：本表由笔者根据部分省级政府2005~2014年的预算报告相关内容整理自制。

二 取得成效

（一）政府财政资金统筹管理逐步实现

省级政府通过不断完善资金使用管理和依法理财等措施，实现财政资金统筹，提高了政府财政精细化、科学化与规范化。北京、山东、广东在加强资金管理方面都取得了一定成效。北京市推进财政精细化管理，发挥财政和市场的导向作用，建立了绩效管理框架，完善了资金分配方式。山东省2007年建立了财政供养人员信息库、部门预算基础信息库和项目库，2008年采取经费包干、节编奖励、节能降耗奖励，2009年实施省直管县财政体制改革试点，2010~2014年，全面开展"小金库"专项治理，形成了更加科学合理的民生支出分担机制，比较完整的协同发展财政扶持政策体系。广东省实施财力薄弱镇（乡）补助政策，开展清理结余结转资金工作，加大欠发达地区转移支付力度。

（二）政府财政宏观调控能力得到更多发挥

基于当前经济社会形势，政府以积极的财政政策为有效支撑，以优化经济环境为出发点，不断推行重点项目建设、实现产业结构升级调整，发挥财政推进经济发展的杠杆作用。上海、黑龙江在充分发挥财政宏观调控能力方面都卓有成效。上海市将支持中小微企业作为一条主线，开展现代服务业税制研究，支持服务业，实施"营改增"改革试点，更改财政绩效评价内容，实施新驱动发展战略。黑龙江省启动开征省级国有企业国有资本经营收益试点，增收节支工作成效显著，集中支持36个战略性新兴产业项目和传统产业优化升级项目，扎实推进经济结构调整，支持143个重点大项目建设，落实村级公益事业建设一事一议财政奖补政策，落实减免企业税费政策，促进经济结构调整，落实稳增长政策措施，促进全省经济转型升级；黑龙江省还推进了矿产资源开发产品产量信息监控系统试点工作，推动强农惠农实现新突破，推进内需持续扩大，全面落实强农惠农富农政策，发展现代化大农业，落实积极的就业政策，重点扶持农村与基础公共服务提供工程，促进投资与消费；针对财政管理水平低下等问题，通过制订改革实施方案、实施全过程绩效预算管理、改变执行机制、扩宽预算投入方式等，深入推进现代公共财政体系完善。

（三）政府社会公共服务能力进一步加强

提供公共产品与服务，保护生态环境是政府的重要职能之一。针对社会现实问题，政府以经济发展为有力先决条件，以统筹城乡和区域为关键，以保护生态环境为出发点，积极落实民生保障政策，提升基本公共服务保障水平，深入推进科教文卫事业发展，不断完善社会公共服务体制，提高社会公共服务能力。上海、广东在加强提高社会公共产品和服务能力上都取得了一定的成效。上海市注重保障公共安全，支持"四位一体"住房保障体系建设，完善小额担保贷款对自主创业的扶持办法，支持就业和社会保障体系建设，推动"城居保和新农保"，积极支持科教文卫体事业的发展。广东省则研究修订基本公共服务均等化规划纲要，加大"三农"投入力度，提高新型农村合作医疗保障水平和公共卫生服务能力，加大教育投入力度，重点解决农民群众"老有所养"问题。

（四）政府债务管理和风险管控能力有所提升

针对地方政府债务问题，各地都积极进行了探索，通过对债务事项、债务规模进行科学化的分析整理，进一步实现了政府债务的规范化、科学化的管理，因地制宜地构建了风险防控机制，完善了政府债务管理和风险机制。例如，广东省加强对各市县债务风险的动态监控，坚持依法治税理财，狠抓增收节支。有些省份还对人大财经委与政府财政、税务、银行国库等部门或者单位实现联网，实时查询预算收支执行信息，建立季度预算执行的分析制度提出了建议，是未来发展前景较好的可行政策。

（五）政府财税体制改革获得一些进步

各省级政府针对政府财政出现的问题，因地制宜开展了政府财政改革。上海、山东、广东、黑龙江在财税体制改革中较为有效。上海市科学管理财税，缩小了区域间公共服务差异，完善了转移支付的办法，启动实施了启运港退税政策试点，到2013年建立起了与经济转型相适应的财税环境。山东省实施结构性减税，推动了小微企业的发展，从建立"财、银、企"联动投入机制，坚决抑制"两高一资"行业和低水平重复建设，实施山东半岛蓝色经济区、黄河三角洲高效生态经济区等重点发展战略，落实高新技术企业税收优惠政策，在全国率先实施海洋生态损害赔偿和损失补偿，集中扶持百镇建设示范行动，出台省直行政单位部分通用资产配置标准，重点扶持265个关键共性技术研发和产业化示范项目，最终取得了财税体制改革的良好成效。山东省启动农业政策性保险试点，启动了村级公益事业建设一事一议财政奖补试点，开展农产品现代流通综合试点，开展乡村连片治理和"美丽乡村"建设试点，全面落实各项涉农补贴政策，粮食直补和农资综合补贴；加大社会综合治税和科技强税工作力度，全面推行国有资源（资产）有偿使用制度，推进科学化精细化管理，大力开展专项监督检查，不断完善征管机制、创新征管手段。广东省积极深化财税体制改革总体方案及其他配套改革方案，2010~2014年，逐步完善激励性财政机制，落实减免税费等扶持政策，大力培植财源税源，最终成效显著。黑龙江省开展了2007年省直监狱财政支出绩效评价试点，国库管理制度改革深入推进，严格财政财务管理，开展专项治理工作，加强国库资金和财政专户监管，不断创新财政管理方式。

（六）政府预算能力的逐渐提高

政府预算能力是政府能力的重要组成部分。各省级政府结合地方实际，深入开展政府预算改革，各地通过深化预算管理，完善预算编制程序，加强预算执行，通过推进政府全口径预算制度等切实可行的方式提高预算编报完整性。针对预算资金使用效益低下的问题，各省级政府开展预算监督绩效管理，不仅完善了预算监督制度，还提高了政府预算能力。北京、上海、广东、广西在加强政府预算能力方面取得了巨大进步。北京市积极完善预算绩效管理，深化预算管理，推进政府全口径预算管理，建立预算监督体系，推进依法理财，科学理财。上海市加强政府非税收入管理，完善部门预算管理制度，建立健全本市政府购买公共服务制度，做好国资和社保的"两本预算"，深化中期预算改革试点，完善政府预算体系。广东省提高预算草案的可读性和易读性，推进部门预算改革。广西细化国有资本经营预算，预算编列方式改革，提高科学性、完整性，加强政府性债务管理，强化预算执行。

（七）地方性法规的细化与创新增多

在《预算法》的基础上，各省在地方性法规方面做了许多探索。第一，地方性法规更加完善。2005~2014年，浙江、江西等省份制定了地方性法规，北京、天津、陕西等省份修订了地方性法规，这些地方性法规既是对《预算法》的细化、更具操作性，也是各省级政府发挥省域特色在预算改革领域的制度创新，为深化财政体制改革做出了有益探索。第二，预算修正案优先权更加重要。河北、湖北、云南、广东和海南均在本省地方性法规中规定了预算修正案相关内容，河北省赋予人大代表在人代会期间"按照收支平衡的原则依法联名提出修正本级预算草案的议案"的权力，湖北省表述为人大代表可"依法"修改预算草案，云南省则规定修正案的表决顺序优先于预算草案，海南省明确要求10名以上人大代表联名且在主席团规定的限期内可以提出修正案，广东省表述与海南省略有不同，规定10名以上人大代表联名可以书面提出修正案。据地方性法规的规定，虽然《预算法》修正案的成立条件各省有差异，但一旦预算修正案进入省本级人民代表大会会议，其表决顺序绝对优先于预算草案，且经大会表决通过后，政府必须在限期内依据预算修正案完成修改，再次将预算草案提交人大表决。第三，表决方式非100%的通过形式。"因为代表只有整体通过或整体否决预算报告，一般来说代表会遵从人大财经委关于预算草案的审查报告的建议，选择整体通过预算草案，因此更多地会导致审议过程变得简单化，人大代表更大程度上是在配合政府的预算安排。"① 事实上，在省级政府接受人大监督的实践中，河北、海南率先突破了整体表决的模式，河北省人大对预算报告既可以采取整体表决的形式，也可以视情况对四类预算分别表决，海南省人大若选择批准预算报告，则有批准、原则批准两种决定，这些创新性实践有利于未来预算监督政策的改变。第四，提前介入预算编制、信息互享机制。人大如果没有提前介入预算编织的过程，在我国的政治生态里，人大的审批作用就较弱。多个地方性法规规定了省级政府在编制过程中要将相关内容提前通知人大财经委，有些省份还给予人大视察政府有关部门的权力，但地方性法规的这种规定多数没有配套政策支持，也没有强制惩罚措施来反向制约政府，其效果可能是有限的。

三 存在问题

"权力来自人民，并以人民的名义进行治理，对于运用权力的方式，他们要向人民负责。"② 省级政府反复提及的现实问题，很多时候就是民众最关心的问题，解决这些民生及社会热点问题，恰恰是构建服务型政府的必经之路。省级政府待解决的长期问题有如下几个。

（一）财政收支矛盾仍待解决

由于经济基础薄弱、财源基础不牢固等原因，政府财政收入增速放缓。促进社会经济发展、保障社会公共服务、改善民生等刚性支出，使政府财政支出加速，政府财政收支矛盾在各个省级政府预算体系实际运行中一直

---

① 张树剑：《中国省级人大预算监督制度研究》，复旦大学出版社，2011。
② 迪特尔·格林：《现代宪法的诞生、运作和前景》，刘刚译，法律出版社，2010。

存续，并且矛盾有加剧的可能性。一方面要求政府通过调节经济结构、升级传统产业、优化新兴产业、扶持重点项目等措施增加税源，另一方面也要求政府调整支出结构，提高资金使用效率，保障民生等重点支出。

（二）地方政府债务风险依旧存在

地方政府职责功能扩大和财政收支矛盾，导致地方政府债务长期存在。但地方政府的债务管理机制尚未建立，随即带来的是政府债务风险管控失效、政府财政风险加剧的问题。虽然有些省份对人大财经委与政府财政、税务、银行国库等部门或者单位实现联网，实时查询预算收支执行信息，建立季度预算执行的分析制度提出了建议，但目前并无强制性规定。

（三）政府财政资金使用效率不高

地方政府监督机制的缺乏，财政监督和人大监督对预算的收入、支出以及财政分配未实现有效监督，导致财政资金使用绩效不理想，进一步演化为政府资金使用绩效的评估机制不完善，比如较为弱化的省级人大约束能力。预算报告是省政府接受人大预算监督的自我评估，除了自身认识，评估的外在环境对评估结果也会造成很大的影响，政府行动是在内外力的共同作用下实施的，追溯十年的发展趋势看，省政府的自我约束是比较强的，但自我约束的力量有限，提高人大约束政府预算能力是关键举措。

（四）财政管理水平还需提高

目前财政管理主要表现为财政资金使用效益低下、税费结构不合理、财政收支结构不规范、部门预算改革进步缓慢、区域间财政水平不协调、省级以下财政体制长期不完善，公共财政体制不健全、事权与财权责任不相匹配等问题。要提升我国财政管理的科学化、精细化水平，仍有很大的改革空间。

（五）预算改革仍需加强

长期存在预算编制不完整、缺乏科学性，预算执行不及时、不均衡、不合格，预算监督缺位，预算监督机制不完善，预决算公开化和透明度程度不高，绩效预算管理体制不健全等问题。如政府预算报告编制完整性、内容合规化程度，这两项统计结果并未达到优秀，省级政府在汇报预算报告的内容时，没有按照《预算法》与地方性法规规定进行。

（六）人大审批流程较易形式化

按照我国预算报告交予本级人大审批前的政府内部流程而言，我国地方政府的决算报告先上交上级财政审批，然后再交给本级人大审批，这样本级人大的审批就流于形式。因为按照《预算法》的规定，如果上级政府对本级人大审批不满的话，可以通过上级人大撤销本级人大的决议。[①] 这就要求人大提前介入预算编制过程，同时对建设统计局、财政局、审计局等政府部门信息联网制度提出了更多期待，只有人大及人大代表能够及时了解、跟踪政府预算的执行情况，人大提前了解预算报告内容，甚至提前介入预算报告的起草程序，才能减少上级政府对本级政府预算安排的影响。

第三节 提高省级政府接受同级人大预算监督实效的建议

省级政府在 2005~2014 年的预算改革实践中取得了许多成绩，也存在一些待解决的问题，总体而言，资金管理和预算管理能力、财政宏观调控、债务风险管控、财税体制改革和地方性法规细化《预算法》规定的进度都得到了长足发展，但财政收支矛盾与债务风险依旧长期存在，资金使用效率与财政管理水平偏低，深化预算改革的形势比较严峻。针对省级政府取得的进展与不足之处，本节从完善预算编制标准、优化预算审查程序、充实预算审查机构、充分利用联网数据、丰富预算公开方式、探索公民监督机制、严格政府问责程序等几个方面，就如何提高省级政府接受同级人大预算监督的成效提出对策建议。

一 完善预算编制标准

预算完整性原则已经取得了一些成果。2011 年，我国中央与地方政府全面取消预算外资金，政府性收入全部纳入财政预算管理。2015 年开始实施的新《预算法》着重规定了全口径预算，要求除一般公共预算，

[①] 徐曙娜：《地方人大预算监督的制度环境分析》，《上海财经大学学报》2008 年第 6 期。

预算编制还应纳入社会保险基金预算、政府性基金预算和国有资本经营预算。但是，即使按照新《预算法》的规定，横向而言，政府预算也是不全面的，在预算执行中，地方各级政府因上级政府增加不需要本级政府提供配套资金的专项转移支付而引起的预算支出变化，不属于预算调整，这部分资金不列入预算调整报告。纵向而言，预算支出依照功能分为类、款、项，依照经济性质分为类、款，部门公开日渐深化，关键在于提高政府及其部门的执行力，做到有法必依，违法必究。因此，各省应细化预算的地方性法规，实践经验成熟后由中央政府设定标准，促进预算编制标准通用化、统一化，有利于预算审查机构监督；在预算这一实践性非常强的领域，在成熟的地方性法规基础上制定法律是一项有益的选择；若政府预算报告编制标准的价值取向指向易读性，公民参与预算监督的积极性也会相应提高。另外，建议进一步完善预算编制标准，除了新《预算法》规定的四类预算，转移支付也单独列出，尤其是不列入预算调整的专项转移支付。

二 优化预算审查程序

我国《宪法》和《预算法》并没有赋予人大预算修正权，预算草案进入表决程序，结果多数是整体通过。让人大的意见提前介入预算草案中，是对现行审查程序的补充。上海市已有成功的案例，作为预评估的主要参与者之一，人大财经工作委员会和人大代表的提前介入对政府预算草案的编制能产生一定的影响。比如，2008年预评估中40多个项目有几个就因为不符合相关的绩效和财经原则被砍掉和要求撤回。[1] 重庆市预算报告草案初审前，市人大财经委员会可以单独或者会同其他专门委员会组织市人大代表对重点收支项目进行视察或调查，也可以对市级预算初步方案提出意见和建议。在审批程序中，河北、湖北、云南、广东和海南在本省地方性法规中规定了预算修正案相关内容，虽然预算修正案的成立条件各省份存在差异，但是一旦预算修正案进入省本级人代会，其表决顺序优先于预算草案，且经大会表决通过后，政府必须在限期内依据预算修正案完成修改，

---

[1] 王逸帅：《地方人大预算监督改革的参与式治理路径及实现逻辑——基于上海M区案例的研究》，《理论与改革》2014年第4期。

再次将预算草案提交人大表决。此外，河北省与海南省率先突破了整体表决的模式，这些有益的尝试均可以考虑推广全国。

地方人大审议预算报告的会期过短，建议预算报告会前一个半月提交给与会代表，初审时间也相应提前并延长，给予人大代表充足时间以阅读预算报告，其间与会代表还可以通过微信群等网络平台交流意见，同时也建议人大财经委的专业人员对预算报告进行解读。全国人大常委会预算工作委员会主任廖晓君回顾2015年工作时指出，新《预算法》规定的对预算草案重点审查的8项内容细化拓展为60多个具体审查要点。[①] 这种细化预算报告审查内容的具体做法值得省级人大学习，只有将新《预算法》要求人大重点审查的八项内容具体化，才能进一步提升预算审查的深度，加快形式化审查转变为实质性审查的速度。

三 充实预算审查机构

第一，人大财经委作为初步审查预算草案的机构，在较短时间内对预算草案进行实质审查，需要对政府提交的财政数据进行二次加工，庞大的数据处理对财经委、预工委等专门机构的专业性提出挑战，承担这项工作而不是直接复制政府预算报告中的数据，预算初审机构需要更多的专业技术人才，更完备的工作设施，更科学的分析公式和更充足的经费。一方面，财经委和预工委两个机构的人员编制必须充足，尤其是财税专业的人才储备；另一方面，除了数据统计，初审机构对于预算报告中的重要问题进行问询、调研、听证等，设计科学合理的调查问题是关键，这就要求初审机构对财政学、政治学、社会学、法学等多个学科都有相应的知识储备。第二，如果不具备相应的财经专业素质，审批政府预算报告的工作任务就会成为一个难题。这就要求人大代表兼顾代表性与专业性，尤其是人大常委会成员，建议增加具备财经专业背景或相关工作经验的人员比例。第三，人大代表是人大的基础，除了作为大会表决的成员，有些人大代表在预算初步审查阶段就会因邀请而提前介入预算报告的审查，因此，人大代表能够读懂预算报告是一项基本素质，除了对人大代表进行相关技能培训外，

[①] 廖晓君：《预算审查监督工作取得新进展——全国人大常委会预算工作委员会2015年工作回眸》，《中国人大》2016年第3期。

财经委、预工委还可以开设讲座、电子课堂、绘制漫画等专门讲解本年度预算报告，这种针对性授课更有利于提高人大代表读懂读透预算报告的概率。

四 充分利用联网数据

人大实现预算监督权的前提无疑是政府做好预算工作，两者的良性互动是提高人大预算监督效度的关键因素，要"客观认识人大与政府在预算改革问题上的合作关系，重视预算公开在预算监督中的重要价值。"[①] 2015年，各省级政府都公开了《2014年度预算执行情况和2015年度预算草案的报告》，但决算、预算调整、"三公"经费、部门预算等预算类报告的公开情况就各不相同了，遗憾的是，作为监督政府预算报告的主体，人大自身的预算审查报告的公开情况不佳，预算公开是政府和人大都需改进的工作。电子政务是一条较好的思路，比如说，人大财经委与政府财政部门预算数据联网，在人大初审阶段，人大财经委的问询直接可以通过网络到达具体某个数据的负责人，人大财经委还可以运用不同的统计方式处理财政部门提供的原始数据，进行相互印证。2015年，湖北省人大联网监督工作受到全国人大的重视。在地方性法规中，河北、云南等省份也对人大与政府财政部门、审计部门的联网做了相关规定，各省人大充分利用联网数据是未来的发展趋势。

五 丰富预算公开方式

预算公开是推进省级政府预算改革的起点，"虽然近几年中国在预算公开方面取得了一定进展，但仍处在起步阶段，预算公开信息呈现典型的'碎片化'特征，缺乏制度性保障，与社会期望仍有较大的差距。因此，应以政府门户网站为主要公开渠道，提高中国政府预算公开信息的质量"[②]。以政府网站的预算公开为基础，借鉴香港等地的成功经验，设立专门服务于预算的网站，发布预算报告、预算案演说辞、预算案重点、网上广播、

---

① 任喜荣：《地方人大预算监督权力成长的制度分析——中国宪政制度发展的一个实例》，《吉林大学社会科学学报》2010年第4期。

② 魏陆：《基于政府门户网站视角的中美预算公开信息比较与评价》，《当代财经》2012年第1期。

咨询漫画、图片集等，还可以组织听证会、座谈会等对预算公开的内容、合法性进行研讨。

六 探索公民监督机制

建立公开透明的公共预算，除了政治体系的内部监督，社会监督也必不可少。公民个人、社会组织、新闻媒体等社会力量的成熟度关系到公民参与预算的效果，这些社会力量的发展壮大很大程度上与国民教育、公民参政能力、政府治理方式等相关。就预算公开而言，社会组织可以部分担任类似财政经济委员会的角色，提供专业性意见，还可以充当第三方评估方，设计预算公开的评估指标，对各地方政府预算公开的现状进行统计、评估。

公民个人监督的实质化，一方面是公民顺利获取预算信息，另一方面是公民反馈预算公开的意见建议获得政府的回应，这就需要建立完善的问题反馈机制，政府门户网站可以设计一个社区栏目专门放置预算公开的相关问题，财政部门及时回应公民反馈的建议和疑问。

七 严格政府问责程序

预算监督与政治问责、法律问责是密切相关的，"对于实现政治问责来说，首要条件是能够获得关于政府活动的信息，最能反映政府活动的信息就是财政信息"[①]。而对于预算监督而言，有效的政治问责是政府推进预算公开的内在推动力。在预算公开方面，政府信息公开与否最终还是取决于政府自身。人大和审计部门对政府预算的制约力量较弱，要求政府提高管理自身的绩效，一是职务晋升制度中增加官员任职期间预算改革的进度考核，二是针对人大和审计部门反馈的问题，政府必须提高重视、及时处理。

新《预算法》在法理上为预算公开确立了基础，但《预算法》法律条文关于如何追究当事人的法律责任缺少更明确的指向。预算监督的良好运行离不开有力的社会监督，除了媒体曝光，在预算改革方面，建议放宽公民行政诉讼的限制，增强预算监督的有效性。

总而言之，要提升省人大监督省级政府预算效能，必须考虑预算问题

---

① 马骏:《实现政治问责的三条道路》,《中国社会科学》2010 年第 5 期。

涉及的各个方面，人大、政府、审计、社会组织与公民这些都是政府预算监督的主体，只有这些监督主体相互配合形成合力，才能全方位提高省级人大预算监督的效果。人大预算监督也是对预算执行全过程的监督，加强省人大监督省级政府预算的能力，必须从预算执行各个环节出发。

八　小结

人大如何监督政府"钱袋子"是影响国家长治久安的基本制度安排。省级政府预算改革整体上取得了许多方面的实质性进展，省级政府的预算报告完整性和报告内容符合法律法规的程度在2005~2014年呈现上升趋势，省级政府资金管理、统筹管理逐步实现提升，发挥财政宏观调控能力更加充分，履行提供公共产品与服务的职能提高，政府债务管理与风险管控能力逐渐提高，针对各省级政府和地方政府债务问题，各地都积极进行了探索，各省财税体制改革取得巨大进步，地方性法规更加完善。省级政府接受人大预算监督取得成效的同时，也存在一些问题：政府解决现存问题的效率偏低，对落实人大决议的重视不足，财政收支矛盾、债务风险资金使用效率低、财政管理水平不高，深化预算改革的形势依旧严峻。

随着预算改革的深入，预算改革取得成效的同时出现一些问题也是正常的，而且这些问题会随着省级政府深化预算改革的步伐而逐步解决。关键在于落实修订后的《预算法》的各项规定，尤其是关于预算报告起草、审批程序，预算报告编制标准和汇报内容两方面的规定，从省级政府接受人大预算监督的程序与内容着手，提高省级政府接受人大预算监督自评估的效度，加强省级政府与本级人大在预算领域的良性互动，提升省级政府接受监督的主动性，增强人大的预算监督能力。

本章主要从静态角度对省级政府接受人大预算监督的情况做了描述性研究，相对于厘清省级政府如何接受人大预算监督、怎样提升人大的预算监督能力这一目标而言，本研究仍有一些局限。这主要体现为：涉及的省份多，资料跨越时间长，归纳总结的内容不够细致；没有真正从长时段、大跨度的动态角度分析省级政府接受人大预算监督的演变及可能的影响因素；等等。这些都需要进一步展开专门研究。

第六章　提升地方人大预算监督能力实证分析：以 A 县为例[①]

本章以县级人大对政府预算的监督为研究对象，力图从政治学的视角对中国公共预算变革与国家治理体系现代化建设的关系给出备选答案。具体回答如下问题：如何从县级层面提升人大的预算监督能力？

第一节　A 县人大预算监督过程描述

A 县是中西部一个中等发展程度的普通行政区域。我们在查阅 A 县地方志和人大志的基础上，重点搜集与预算密切相关的各种监督数据，并进行了访谈。本节的目的是通过把握 A 县人大监督历程的实证资料，对这些有限资料进行充分消化，试图从一个普通县级行政区人大的角度去探寻其制度成长过程中复杂因果变量之间的作用机制和转换过程，以及这种作用机制在改革开放过程中所表现出来的隐含内在机理。

一　分析框架

本节借助预算权力结构、法律规则、监督程序、组织机构、人员构成五个基本概念，力图在这五个基本概念的基础上提炼形成关于县级人大预算监督权力的"五维"分析框架（见图 6-1）。

1. 预算权力结构

预算权力结构从宏观上规定了人大预算监督中各权力主体的角色功能和行动空间。预算监督过程是参与者之间互动的过程，互动的主体主要有党委、人大、政府和财政部门。

[①] 本章内容由金灿灿执笔。

2. 法律规则

预算权力结构的运行需要制度化和法律化。法律规则规定了人大预算监督特定的轨迹、程序和方式。

3. 监督程序

监督程序由法律规则设定，体现预算权力主体之间共同遵循的时空关系。可按监督活动的先后次序将其分为预算审议监督、预算执行监督和决算审批监督三类监督程序。

4. 组织机构

法律规则的实施，需要相应的组织机构来完成。与县级人大预算监督工作有关的组织机构包括人代会、常委会和各工作委员会。

5. 人员构成

机构职能的履行只有落实到相应的人员身上，才具有现实意义。人大代表和人大工作人员的年龄、履历和专业素质等都是对人大监督能力具有影响的因素。

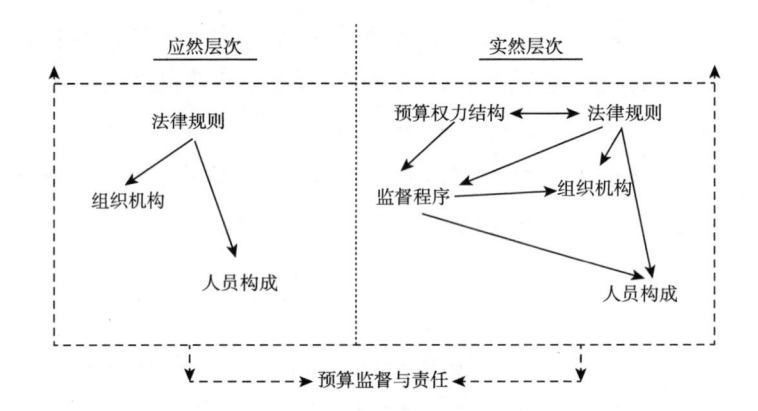

图 6-1　县级人大预算监督权力"五维"分析框架

二　预算监督主体

预算监督主体是预算权力结构中极其重要的一部分。A县人大是该县预算监督的主体，指的是A县预算监督主体是人民代表大会及其常委会。需要说明的是，狭义上的"人大"仅指全体会议，在广义上则包括全体会议、人民代表大会常务委员会。由于预算监督工作涉及多个人大组织,因此下文中若无特别说明,均使用广义的"人大"概念。当特指全体会议或常委会时,分别单独使用"人民代表大会"(简称"人代会")和"人民代表大会常务委员会"(简称"人大常委会")。

第一届全国人民代表大会第一次会议于 1954 年 9 月在北京召开,标志着全国范围内人民代表大会制度的正式确立。此后半个多世纪,人民代表大会制度先后经历了计划经济体制的考验和社会转型期的实践,在不同阶段都得到一定的巩固。A 县人大制度作为地方一级制度,也经历了类似的过程。根据 1954 年《宪法》的规定,A 县人大不设常设机关,A 县人民委员会作为 A 县人大的执行机关,承担 A 县人大常务机关的工作。从 1954 年 A 县人大制度正式确立到 1978 年党的十一届三中全会召开的这段时期,国家实行高度的计划经济体制,与之对应的是高度集权的政治体制,A 县人大制度也无法避免地走上"确立—巩固发展—遭受曲折和破坏"的道路,A 县人大的正常职权皆难开展,更不用说涉及经济领域的预算监督功能。

改革开放以来,人大制度获得了前所未有的关注,组织架构不断趋向完整,具体表现之一是县级以上地方各级人大常委会的设立。实践证明,地方各级人代会闭会期间,缺少常设机关不利于人大对行政工作的实时监督,尤其是对政府"钱袋子"进行监督,这类财政监督涉及工作量大,不是人代会上短短几小时可完成。县级以上权力机关增设常委会是人大制度的重大进步之一,改变了过去权力机关与行政机关之间的复杂工作形态。A 县人大及时设立常委会的举措,保证了县域内人大工作的正常运行,由此增强了对县级政府财政监督的主体力量。

党的十一届三中全会召开后,地方人大组织体系得以完善的另一具体表现是专门委员会的设立。根据 1954 年《宪法》的规定,各级人大中只有全国人大拥有设立包括预算委员会在内的 4 个专门委员会的资格,且这些委员会只在全国人代会会议期间工作。直至 1986 年国家修改《中华人民共和国地方各级人民代表大会和地方各级人民政府组织法》(简称《地方组织法》),才规定各省、区、市人大可根据行政区域内工作需求,依法设立民族、法制、教科文卫委员会等各类专门委员会。这些专门委员会属于各省、区、市人代会的常设机构,由各省、区、市人代会产生,并对其负责。根据《地方组织法》的规定,专门委员会一般由专家、学者、工作人员组成,于人代会闭会期间，在各省、区、市级人大常委会的领导下，开展调研、拟定议案及提出建议，以其专业性保障各省、区、市人大决策的科学性与权威性。2015年最新修订的《地方组织法》首次赋予县级人大设立专门委员会的资格，并规定各县级人大可根据实际工作需求自行设立各类专门委员会，部分不具备设立条件的县级人大的这部分工作仍由工作委员会代办。

1994年《预算法》颁布至今，A县人大组织体系逐步发展扩大，可将其分为人代会、人大常委会、工作委员会三个层次（见图6-2）。本节在分析A县人大组织体系二十余年间发展变化的基础上，展开对A县人大预算监督历程的考察。

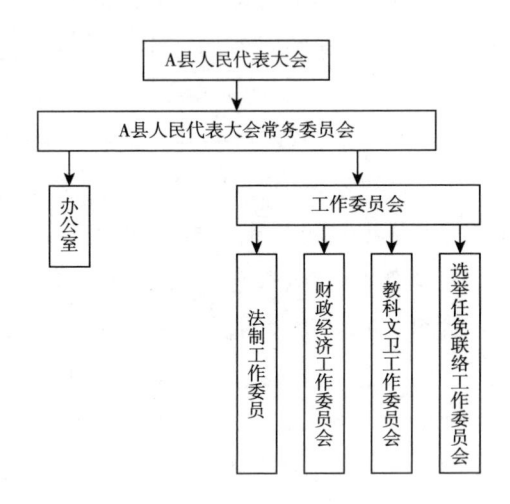

图6-2 A县人大组织结构

第一个层次是县级人代会。人民代表大会属于地方一级国家权力机关，由A县行政区域内的选民直接选举，1993年A县人代会任期由三年修改为五年。《中华人民共和国宪法》规定县级人代会会议至少每年举行一次，1994年1月至2016年12月底，A县共举行五届25次人代会会议，于每年人代会会议上听取并审议与A县财政紧密相关的各类工作报告。

第二个层次是县级人大常委会。人大常委会是人代会闭会期间行使国家权力的常设机关，经选举产生常委会主任1人、副主任1人及委员若干人，每届任期同为五年。1994年1月至2016年12月，A县人大常委会会议总共举行了157次，其中十一届、十二届、十三届、十四届、十五届人大分别召开常委会会议 38 次、36 次、18 次、32 次、33 次，其间审查、决议不少重大事项。就预算监督工作而言，涉及听取和审议预算执行报告总计 28 项、预算调整报告总计 26 项、预算案总计 22 项。十二届人大以前，A 县人大常委会通常将审议发言提出的意见写入会议纪要，并以行文方式印发有关机关和部门研究办理；2000 年 6 月以后，则将审议意见独立成文，以文件形式交由报告工作的机关或部门处理，并督促办理。

第三个层次是县级人大工作委员会。工作委员会作为常设机构的一部分，在人大常委会领导下开展专门性工作。A 县人大常委会为了更大程度发挥监督职能，与时俱进地更改各工作委员会的具体设置：1986 年 1 月，设立了法制科、财政经济科、科教文卫科、办公室四个科室机构；1987 年 12 月，前两个科室分别更名为政法办公室、财政经济办公室；1996 年 2 月，撤销前述两个科室，合并为法制财经办公室；2002 年 12 月，又将其撤销，重新分设为法制办公室、财经办公室；2016 年 2 月，后者正式更名为财政经济工作委员会（简称"财经工委"），目前 A 县具体的预算监督工作一般由该委室承担。该委室设有主任 1 名，此前在县卫生局任职，2015 年新调入人大机关工作。该委室的主要职能是研究、拟定、审议有关财经工作议案，对财经问题进行调研、提出建议，协助 A 县人大对涉及财政资金收支的部门开展监督。

按照 2015 年最新修订的《地方组织法》规定，理论上第三个层次属于县级人大各专门委员会。由于 A 县各方面条件还不够成熟，目前并不单独设立此机构，它的工作仍旧由工作委员会代办。

三 预算监督对象

在预算权力结构中，预算监督对象是指直接承受预算监督权引发的法律效果或政治效果的机关。在本节中具体指 A 县政府及其各部门，他们承担公共职能的同时，掌握了县域内绝大多数公共资源的分配权。需要注意的是，县政府工作人员并不直接作为监督对象，县政府须承担其工作人员行为的概括性责任。但由于国家行政体制按照首长负责原则运行，所以预算监督制度呈现为由政府首长或各部门负责人代表政府履行预算监督程序中的义务，如向人大做专题报告。

在具体分析行政机关为何成为预算监督对象之前，首先要对县域经济有大致的了解。A县地处J①省东南部，南北长达85千米，东西宽至29.75千米，总面积1532.84平方千米。行政区域内的地貌以平原丘陵为主，东北部丘陵山岗连绵，西南部群山相连，中部河港交错、沃野平畴。全县下辖六镇五乡七农场，由140个村（居）民委员会1401个村民小组和1186个自然村组成，总人口达355301人。A县居民中大部分是汉族，包括少数民族22个，总计900余人，除畲族居住较为集中，其余少数民族人口均散居。就是这样一个十分普通的中国中西部县级行政区，1994~2016年在经济上得到突飞猛进的发展。2016年A县财政收入达17.5亿元，同比增长10%，财政收入总量全省排名第42名，财政收入增幅排名第73名，公共财政预算收入总量排名第40位，增幅排名第10名。比较之下，2005年全县财政收入1.02亿元，而1994年A县全年财政收入仅846万元。A县人均生产总值由1994年的861元，增加到2005年的4210元，2016年的24300元，增长了27.2倍，年均增速16.4%。

以上数据直观展现了一个县级行政区经济壮大的过程，也是县政府预算内容的重要组成部分。自1999年部门预算改革以来，A县预算由各部门预算单位共同组成，其中预算收入包括四大类：税收、国有资产收益、专项收入、其他收入（不经常的、数额不大的各项收入）；预算支出包括六大类：各项补贴支出、政策性特殊支出、国家管理支出、经济建设支出（社会基础建设）、事业发展性支出、国防支出。"无预算不开支，有预算不超支"是监督预算支出要谨遵的原则。只有经过A县人代会批准的预算案才算正式预算，才体现政府及其部门对资源的分配过程。

随着A县政府及其部门掌握的公共资源增多，易产生权力寻租等行为，损害公共利益，因此县级人大在加强对监督对象县级政府及其部门的约束时，着重对其如何将资源分配权"融入"预算盘子的过程和产生的绩效加以监督。

四 预算监督依据

法律渊源是人大监督政府预算行为的法律规则借以存在和表现的形式。县级人大监督政府的这些法律渊源大体可以分为四个层次：第一层次是

---

① A县所在省份名称以字母J替代。

《中华人民共和国宪法》；第二层次是法律法规，具体由新《中华人民共和国预算法》、《中华人民共和国各级人民代表大会常务委员会监督法》、《中华人民共和国地方各级人民代表大会和地方各级人民政府组织法》和《中华人民共和国审计法》（简称《审计法》）构成；第三层次是地方性法规和规章，省、较大的市人大是第三层次法律依据的立法主体；第四层次是县级人大层面的规则、规定、办法，由县级人大常委会完成。这些法律规则使县级人大财政监督实践有了更丰富的法律制度基础，以下着重对影响 A 县人大预算监督权的部分法律依据进行四个层次的具体论述。

（一）第一层次：《中华人民共和国宪法》

《宪法》包括不少与财政预算监督有关的内容。其中，涉及县级人大地位、作用、财政监督等职权的原则规定，是县级人大预算监督职权的最高法源依据，其他一切有关人大监督的法律规定都来源于此，并且不得与此相抵触。

县级人大作为地方国家权力机关，地位源于《宪法》的直接规定。《宪法》第二条规定，一切权力属于人民，全国人代会和地方各级人代会是国家的权力机关。《宪法》第九十六条规定，地方国家权力机关是地方各级人代会，县级以上的地方各级人代会必须设立常务委员会。《宪法》这两条既规定了国家权力的性质、来源和行使主体，也说明了县级人大是县域行政范围内的国家权力机关。透析宪政视角，既然县级人大权力来源于县级行政区域内享有政治权利的公民的授权，那么县级人大监督政府预算的行为可以看作行政区域内公民对政府财政的监督。

具体到预算监督职权，《宪法》除了对人大的这部分职权做了原则性的指导，也相应做出不少直接、细化的规定。《宪法》第九十九条是一条涉及县级人代会拥有的预算监督职权的具体条款。《宪法》第一百零四条规定，各级人大常委会是讨论、决定各行政区域内诸方面工作中重大事务的主体。

（二）第二层次：法律法规

1. 《中华人民共和国预算法》

目前财政预算领域最具专业权威的法律之一，当属 2014 年修订的新《预算法》。新《预算法》中有关县级人大预算监督职权的细化规定有不少创新之处，这些法定规范成为其针对政府预算行为开展监督的重要法律依据。

首先，新《预算法》设定了中国预算体系的大致结构。按照新《预算法》第三条的规定，设立了包括中央、省、市、县、乡（镇）在内的五级预算。县级预算作为其中一部分，在整个预算体系中起承上启下的关键作用。

其次，新《预算法》涉及对县级人大具体拥有的预算监督权的规定。例如新《预算法》第二十一条延续了《宪法》第九十九条的内容，也是囊括县级人代会拥有的预算监督职权的具体条款之一；新《预算法》第八十三条还直接规定县级人大对本级、下级预算、决算的监督职权。

再次，新《预算法》从县级人大开展预算监督的程序着手做出规定。新《预算法》第二十二条中规定了初审环节，即县级人大常委会对本级政府提交的预算草案初步方案开展初步审查，并及时提出初审的意见，经县人大内设工作机构对本级预算调整的初步方案、本级决算的草案进行研究后提出意见。新《预算法》第八十四条、八十五条对预算监督过程中人大可采用的监督工具做出规定，即县级以上地方各级人大常委会有权对整个预算过程中出现的任何与财政资金有关的重大事项（或者特定问题）展开调查研究；本级人大常委会会议召开时，人大代表或常委会委员可依法律规定的程序对预算、决算中出现的问题提出询问或质询，被询问或被质询的有关政府部门或财政部门须及时给予答复。

最后，新《预算法》对部分监督时间作了相关划分，例如第八十六条规定，县级以上地方各级政府须于每年 6~9 月向本级人大常委会报告预算的执行情况。此部分未做详细规定，仍有待县级人大实践的进一步探索。

2.《中华人民共和国各级人民代表大会常务委员会监督法》

《监督法》是除了新《预算法》，对县级人大开展预算监督实践做出规定最多的法律，这些规定相对而言更易操作，不仅成为当下各地县级人大积极探索财政预算监督的主要依据，也是他们不断创新监督模式的主要领域。《监督法》全文共九章内容，其中第三章着重突出预算监督的范畴，内容上呈现出与《宪法》和有关法律之间的巧妙衔接。

《监督法》第十五条出现了"决算"概念，紧接着第十六条中运用了

"预算执行情况报告"的概念。实际上，《监督法》第三章第十五条提到的"决算"概念仅指上一年度的决算，而第十六条中出现的"预算执行情况报告"则是针对截止预算报告时具体的执行情况而言。可见，《监督法》中同时出现"预算执行情况报告"和"决算报告"两种不同提法是为了进一步强化各级人大对预算中期情况的监督。

《监督法》第十七条涉及调整预算的规范问题，第十八条罗列了具体的预算审查方向，县级人大常委会应重点审查的内容包括预算收支、重点支出、到位资金、超收收入、部门预算、向下级转移支付、预算执行、上级财政补助资金等几部分，第十九条还规定县级人大审查预算过程中听取审计报告的环节。

3.《中华人民共和国地方各级人民代表大会和地方各级人民政府组织法》

《地方组织法》中涉及县级人大预算监督职权的内容并不多，例如第八条、第四十四条分别对县级人代会审批预算报告、县级人大常委会变更预算内容的权力做出规范，与新《预算法》《监督法》的部分内容重合。最值得关注的是 2015 年最新修订的《地方组织法》中对县级人大组织架构进行调整的内容，将现行《地方组织法》对人大专门委员会的规定延伸至县级人大层面。

4.《中华人民共和国审计法》

审计机关的工作对于决算审查程序而言是极为重要的，因为决算需要审议的内容一般较预算而言更为广泛和专业，对专业力量的需求更加明显。《审计法》第四条规定县级政府作为向本级人大常委会提出审计工作报告（由审计机关做出）的主体，与中国现行行政审计制度相吻合。《审计法》第十六条提出各级审计机关开展监督的具体内容，包括对本级、下级政府各部门（含直属单位）预算执行情况、预算外资金使用、管理情况进行审计监督。

（三）第三层次：地方性法规、规章

《宪法》和相关法律分别对县级人大监督政府的职权进行了规定，但这些规定偏向原则化。在地方人大监督实践中，对于部分法律法规出现难操作、难执行的情况，有立法权的省、市级人大选择制定相应的地方性法规，并推动同级政府制定相应规章对本级以下人大监督政府的职权作详细、可操作性的规定，这些法规和规章也成为县级人大监督政府的法律渊源之一。

J 省第八届人大五次会议通过了执行《地方组织法》有关问题的暂行规定，第十届人大九次会议通过了《J 省预算审查监督条例》，第十一届人大八次会议通过了《J 省各级人大常委会监督条例》。这些地方性法规从上述两个层面的法律渊源入手，结合省内各级人大的探索实践，形成全省范围内易操作的监督模式。例如，《J 省各级人大常委会监督条例》中明确指出省以下人大常委会进行预算监督时应涵盖的监督范围和方式（包括 7 种），该监督条例第三章全部内容都涉及对审议意见的处理办法，并强制性设定常委会监督须公开的内容、方式和途径。以上内容进而成为 J 省行政区域内所有县级人大行使监督职权的易于操作的本地化规范。

（四）第四层次：A 县人大常委会的规定、规则和办法

《宪法》《预算法》《地方组织法》《监督法》《审计法》五法并行，诸多法律条款规定了地方人大拥有的预算监督权，基本使县级人大行使监督权做到了"有法可依"。当然，在各级地方人大中，只有省、较大的市人大拥有部分立法权，即有权在中央立法的许可下，制定本级行政区域内的地方性法规，为省、市级以下各级人大的预算监督行为模式立法。换言之，县级人大并不具备立法权。

对此，作为调研对象的 A 县人大采取了积极的回应方式。2014 年新《预算法》出台后，A 县人大财经工委的工作人员对新《预算法》修改在内部进行重点学习、研究后，归纳、整理 A 县已有的相关工作制度，与新《预算法》精神相符的制度经县人大审议后形成县级层面的规范性文件；对另一些不符合要求的工作制度，由县人大财经工委内部提出修改意见后交常委会会议审查，通过审议的工作制度方可上升为规范性文件，不沿用未通过审议的工作制度。这样的处理方式既兼顾本地经验、易被县人大工作人员接受，又与时俱进地呼应新《预算法》精神，使 A 县人大预算监督工作成效显著。

五 预算监督程序

现代预算制度的核心表现之一，在于政府的财政活动须在既定的政治程序约束下进行，体现了"五维"分析框架中"监督程序"的内在含义，

即财政活动按照法定的预算程序进行，政府预算过程中的预算编制、执行、调整、决算以及审计等各个节点都须接受以人大为核心的监督机制约束，并及时对社会公开，接受公众监督。县级人大理应对其区域内有关经济和社会发展的预算过程进行有效审查和监督，包括审议县域经济发展计划，审查批准下一财政年度总预算草案，听取上一财政年度有关预算中各类收支项目执行情况的报告，对政府主导的重大投资性项目进行专项审查，听取政府对预算调整草案的专项汇报，审议预算调整的范围是否符合规定，并作出适当的决议和决定。可以说，按照法定程序监督政府预算是县级人大作为代议机构替人民当家理财的一项越来越重要的职权。

将新《预算法》《监督法》以及A县所在省份出台的人大常委会议事规则的具体规定，与A县人大预算监督的探索实践相结合，作者梳理出A县人大开展预算监督工作的程序，以便更直观地了解财政监督工作是如何被展开的，具体见表6-1、表6-2、表6-3。

（一）A县人大开展预算审议的程序

表6-1 预算审议流程表

责任部门	日期	内容	备注
A县人大财经工委	常委会会议举行前一个月	预算草案预审	
		形成预算草案初审报告	反馈、修改
A县人大常委会	人代会举行的一个月前	预算草案初步审查	
		形成预算草案初审意见	
A县人民代表大会	人代会会议期间	主席团听取预算审查报告	
		审议预算草案、预算报告	
		形成决议批准预算	由全体代表过半数通过

（二）A县人大监督预算执行的程序

表6-2 预算执行与监督流程表

责任部门	日期	内容	备注
A县政府财政部门	人代会批准预算后的30日	批复各部门预算	
A县政府各部门	整个财政年度	各部门执行预算	

续表

责任部门	日期	内容	备注
A县政府财政部门	每年6~9月的常委会会议上	报告本年度上一阶段预算执行情况	期中执行情况
A县人大常委会		形成关于预算执行情况的审议意见	
A县政府	二、三、四季度	预算调整	
A县政府财政部门		常委会会议上报告调整方案	
A县人大常委会		审议和批准预算调整	以常委会全体组成人员过半数通过
A县审计部门	整个财政年度	审计监督	
A县人大财经工委		人大重点监督	

（三）A县人大进行决算审批的程序

表6-3　决算审议流程表

责任部门	日期	内容	备注
A县政府财政部门	每年6~9月的常委会会议上	向常委会报告决算情况	
A县审计部门		向常委会报告预算执行情况和其他财政收支的审计报告	
A县人大财经工委		向常委会做决算的初审意见	
A县人大常委会		审查决算报告和预算执行情况审计报告	
A县人大常委		审议和批准决算	以常委会全体组成人员过半数通过

六　预算监督实践

根据各种渠道搜集与A县人大组织机构、工作人员开展预算监督工作相关的数据材料，通过初步的比较与分析，可以对A县人大财政监督实践形成一个大致的感性认识。所有数据信息截至2016年12月31日。

监督预算作为县级人大常委会最重要的职权之一，最直观的数据首先体现在人大常委会的工作报告中。由于条件有限，为了使相关数据能直接体现适当的时间跨度，除了搜集 A 县人大常委会近一个任期的预算监督数据，还搜集了最近一届人大第一次会议报告里对上一届人大常委会 5 年工作回顾中涉及预算监督的部分内容，具体见表 6-4。通过对近 5 年工作报告的对比可以发现，最值得关注的是预算监督方式，A 县人大财政监督具体包括听取和审议与 A 县财政预算有关的各项工作报告。为促进 A 县政府预算编制的精细化程度，早在 2006 年 A 县人代会就单独听取、审议教育局的部门预算草案，这是首次将经审查修改后的单个部门预算草案提交人代会审查。部门预算必经人代会审定的规范制度确立，A 县人大正式启动了部门预算监督。

表 6-4 近 5 年工作报告中提到的预算监督方式和特点的次数及比率

	监督方式							监督特点		
	听取和审议专项工作报告	质询	询问	专题询问	预算调整	特定问题调查（调研）	测评和评议	多种方式综合	跟踪监督	公众参与
次数	16	0	1	2	16	7	4	13	2	1
比率	100%	0%	6.3%	12.5%	100%	43.8%	25.0%	81.3%	12.5%	6.3%

2007~2011 年，仅有一两个部门的预算需要提交人大审议，需提交人大审议预算的部门数量真正扩大是在近 5 年，如表 6-5 所示，A 县人大不仅要求政府提交的部门预算草案涵盖县域内所有实际预算单位，而且须在草案中列明专项资金的绩效目标。2015 年，A 县人大着重完善预算监督方式，对财政局、教育局、交通局三个与县域公众利益紧密相关的部门的预算案提前近 3 个月开展审查，要求三个部门的预算案在县人代会会议召开前，按照人大常委会给出的审查意见进行修改和完善，并在县人代会会议上首次对三个部门预算草案分别进行审议，这项新的监督方式成为 A 县人大预算监督能力提升的重要体现。

表 6-5 部门预算监督情况一览表

年份	审查部门
2012	县民政局、教育局、国土局
2013	县水利局、农业局、交通局、卫生局、环保局
2104	县社保局、交通局、卫生局、规划建设局、海洋与渔业局

续表

年份	审查部门
2015	县财政局、教育局、交通局、卫生局、农业局、社保局、水利局、民政局、规划建设局、环保局、海洋与渔业局
2016	县委办、县人大办、县府办、县政协办、县教育办、公安局、民政局、人力社保局、住建局、交通局、水利局、农业局、海洋与渔业局、文广新局、卫生局、环保局、林业局、国土局、体育局、行政审批服务中心

此外，质询、询问和专题询问是两种不同类型的监督方式，在程序上存在着明显的差别。前两者属于同一种类型，由代表委员通过联名方式启动，在《监督法》中有明确规定，后者则是人大常委会依职权所作预算监督的一种形式，因此分别统计。这两种类型的监督方式因其刚性特质，在A县人大监督过程中较少出现，反观预算调整和调研由于操作上更偏向柔性，易于被监督者接受，使用频次较高。

在以上监督方式中，有些是新《预算法》《监督法》专门提出的，如听取和审议政府专项工作报告、质询、询问、专题询问；有些虽然没有专门提出但在规范条款中有所涉及，如调研；有些则是没有涉及的，如测评和评议，是由A县根据J省出台的本省预算审查监督条例和常务委员会监督条例的规定，结合A县实际需要进行创新的成果。由于A县财政实力的壮大，县政府在预算中对专项经费的安排比例越来越高，时刻关注这笔资金的流向和收益也成为县人大代表的监督工作之一。A县人大以提高财政资金使用绩效和透明度为目标，以规范完善预算审查监督制度为切入点，启动部门预算审查监督，助推公共预算制度改革。

为了更高效率地监督专项资金的使用和收益，A县人大常委会从2012年开始，连续5年对与民生紧密相关的部分专项资金项目进行绩效考评。对专项资金进行绩效考评的具体流程是，各部门、单位主导自评活动，接着由财政局安排会计科室和第三方机构参与资金绩效初评估环节，再由A县政府向常委会报告本次初评估的具体情况，常委会讨论后形成最终处理意见。得益于连续几年的不懈摸索，A县人大对专项资金进行绩效监督的工作逐步制度化，相关监督管理机制也基本建立，探索出规范绩效考评须严格遵循的工作流程，涵盖前期、中期、后期三个阶段。前期主要是指准备阶段，具体工作内容包括选定考评对象，向考评对象发送考评通知，人大内部组建考评工作小组、制定考评方案等，A县人大常委会通常挑选额度较大的专项资金作为考评对象，并组织A县财经工委成员组成考评小组。中期主要是指考评实施阶段，涉及的工作主要是资料收集、资料审核和综合考评，A县人大常委会通过查找资料、实地访查、发放问卷等调研办法搜集具体研究数据，在运用比较分析法、询问查证法、数据统计法对调研结果作处理后，再采用"定量+定性"相结合的分析方式对专项资金进行客观公正的绩效考评，并找出A县政府在财政资金管理过程中出现的问题。撰写绩效评估报告阶段是绩效考评的最后阶段，A县人大以考评报告内容为依托，对下一预算年度相关部门的专项资金开展针对性审查，并推动A县政府出台有关考评具体流程的试行办法，将这类经常性监督工作上升至规范制度层面。

开展专项资金绩效评估是A县人大常委会探索增强财政预算监督能力的一项亮点工作，也逐渐成为A县人大预算监督中一项重点工作，如表6-6所示，各部门项目资金使用效益提高，财政资金的配置运行趋向高效、合理。

表6-6　A县人大开展专项资金绩效评估工作情况

年份	专项资金名称	涉及金额（万元）
2012	A县城区义务教育学校专项资金	3523
2013	A县保障性住房专项资金	5045
2014	A县农村电网改造建设专项资金	2068
2015	治理A县水库水质污染防治专项资金	1073
2016	A县循环经济基地建设专项资金	3015

表6-4中还有关于A县人大近一个任期预算监督工作特点的统计数据，可以看出预算监督工作多由A县人大采用多种方式综合监督，偶尔进行跟踪监督，较少出现公众参与的情况。究其原因，与A县预算信息公开程度不高有关。从程序的角度而言，信息公开本身就是一个运作良好的制度应当具备的特征之一。虽然没有在官方网站公开不意味着不能通过其他公开渠道获取，但考虑到信息化的发展，网站（尤其是官方网站）在信息公开中的作用越来越重要，因此对官方网站的考察与统计具有一定的代表性。由于A县人大并未设置官方网站，首先接受考察的是A县政府官方网站，在"信息公开"专栏找到了"财政信息"专栏内容。在"财政信息"一栏

下设"行政事业性收费""财政预决算""专项经费"三部分。截至2017年2月10日,"财政预决算"一栏的最新的信息是2016年9月20日更新的A县人大2015年部门决算报表公开信息。由表6-7可知,A县人大预算监督的工作专栏大致呈现两个特点:一是总体数量不多,月平均信息量仅0.47条,即平均每月不到一条相关信息;二是时间滞后,已进入2017年,上一年的预算信息仍未在官方网站公开,不利于公众参与监督。

表6-7 A县官方网站近5年预算专栏信息一览

主体	信息量（条）	持续时间（月）	月平均信息量（条）
A县"财政信息"专栏	28	60	0.47

资料来源:A县政府官方网站。

七 预算监督效果

通过初步分析前述与A县预算监督工作相关的数据材料,如表6-8所示,选择1994~2017年作为观察区间,以"主体完整性""客体完整性""监督依据完备性""监督程序完备性"为四个观察项目,考察A县人大历年来的预算监督历程。这四个项目完全按照A县人大1994~2017年的监督实践给分,其中若J省推行相关制度改革得到A县人大的积极探索,则得分升高,反之则下降。

表6-8 1994~2017年监督能力测评情况

年份	主体完整性 0 1 2 3 4 5	客体完整性 0 1 2 3 4 5	监督依据完备性 0 1 2 3 4 5	监督程序完备性 0 1 2 3 4 5
1994	√	√	√	√
1995	√	√	√	√
1996	√	√	√	√
1997	√	√	√	√
1998	√	√	√	√
1999	√	√	√	√
2000	√	√	√	√
2001	√	√	√	√
2002	√	√	√	√

续表

年份	主体完整性 0	1	2	3	4	5	客体完整性 0	1	2	3	4	5	监督依据完备性 0	1	2	3	4	5	监督程序完备性 0	1	2	3	4	5
2003			√						√					√						√				
2004			√						√					√						√				
2005			√						√					√						√				
2006			√						√						√						√			
2007			√						√						√						√			
2008			√						√						√						√			
2009			√						√						√						√			
2010			√						√						√						√			
2011			√						√						√						√			
2012			√						√						√						√			
2013			√						√						√						√			
2014			√						√								√						√	
2015			√						√							√						√		
2016				√						√						√						√		
2017				√						√						√						√		

根据表 6-8 的统计数据，可以选取四个历史节点（1994 年、1999 年、2006 年、2014 年）进行更直观的描述，具体如图 6-3 所示。总的来看，A 县人大对财政的监督经历了一个逐步深化、不断完善的历程，从人大代表对监督的思想认识、监督行为乃至监督渠道、监督实效等方面，都发生了巨大的改变，取得了一定的进步，即 A 县人大预算监督能力呈波浪式上升的趋势。

从 A 县人大预算监督能力提升的路径可以看出，要保障实体权力，程序是最重要的前提之一。监督主体、客体的完整性，监督依据的完备性都要依托于监督权力运作的程序。县域经济体的壮大带动了县级人大工作的活跃，也使社会各界对人大财政监督抱有越来越高的期望。随着法律要件的不断扩展完善，该不该监督、敢不敢监督不应该再被视作棘手问题，如何进一步完善监督程序、提升预算监督能力则成为真实政治生活中的难题。

随着对预算监督工作的深入了解，A 县人大逐渐将完善权力的运作程序

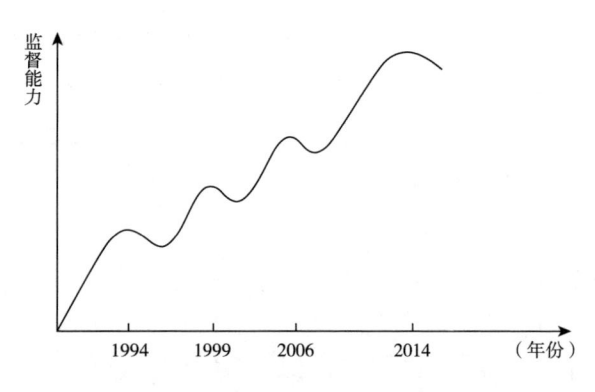

图 6-3　A 县人大预算监督能力一览

与重视权力的配置相结合,就如何提高预算监督实效进行了不少探索。自《监督法》颁布实施以来,A 县人大进一步梳理、完善已有制度,提高各项已有规范的可操作性,同时细化各监督程序的工作内容。过去,A 县人大代表对政府预算的监督时间仅持续半天,即每年一次的人代会;监督内容则仅限于几页纸;监督程序就是"举举手,走过场"。各项财政监督工作都比较"粗线条":会前人大代表对预算情况"了解粗",会上提交的预算案"内容粗",会中按小组审议的"讨论粗",会后跟踪监督的"执行粗"。2006 年《监督法》实施后,在诸多方面对预算审查监督提出了更明确的要求,A 县人大工作在以下三方面相应得到充实。一是县级人大提前介入预算编制程序。从 A 县财政部门开始编制预算草案,到最终将预算草案交至 A 县人大进行初审,中间至少需花费几个月的时间,A 县人大常委会利用这段时间充分开展调研,除了督促政府编制草案的速度,还要对预算案中各财政支出项目安排是否合理做出审议,并提出适当的整改建议,最后须在财政部门的协助下,完成绩效评估的前期准备工作。二是围绕重点项目开展经常性监督。A 县人大根据县域经济发展实况,选出部分重点工作作为经常性监督的对象,例如每年对 A 县财政超收收入部分的使用情况进行重点审议,督促政府预算安排多向社会保障方面倾斜。三是认真完成跟踪监督工作。政府部门针对各项问题做出的整改措施直接影响到人大财政监督的效果。人代会会议结束后,A 县人大常委会按时派人大代表对政府部门进行视察,同时协助政府相关部门提高执行预算的规范性。

在县级人大逐渐重视预算信息的过程中，政府预算编制、执行程序也逐渐转向透明。A 县政府财政部门曾把预算编制视作内部工作，更把预算文件看作政府机密，公众无论从哪种渠道都无法知晓预算运作过程和结果。《监督法》第二十条规定县级政府除了向县级人大报告各类预算情况，还要及时向社会公布具体的预算内容，相当于把县级政府执行预算的全部过程和县级人大监督预算的全部程序都直接置于公众监督之下，这样不仅有益于提高政府依法理财的自觉性，也强化了县级人大监督财政的使命感。这个变化在各类财政监督工作中均得到详细展现。例如，公布预算监督项目，A 县人大常委会选取部分预算审查项目在市级人大网站（A 县人大还没有建立县级人大官方网站）公开；公布审议结果与跟踪监督实效，A 县人大常委会审议相关报告后，充分发挥县电视台、县广播局、县政府官方网站及网络邮件等多种途径便捷、高效的优势，适时向人大代表、有关单位通报审议结果与跟踪监督实效，并及时向社会公众公布这些内容；公布部门预算执行情况，A 县人大常委会会议接连 6 年对 A 县教育部门的预算支出情况开展重点审查，将教育部门下一级、二级单位的预算运作情况公布在市级人大网站的监督专栏上，接受来自社会公众的监督。

2014 年新《预算法》的出台，更新了与预算监督有关的部分内容，删除了不少落后于时代的规定，为县级层面的预算监督提供了最新的依据。A 县人大与时俱进、不断探索，努力寻求法治框架内的创新监督方式。第一，在内部创新财经工委的监督模式。由于 A 县未设专门委员会机构，很多监督财政的职责由县人大财经工委承担，财经工委在全力打造全口径预算的监督制度的同时，进一步缩小重点监督的范围，将审查重心落在资金需求量相对较大的公共项目上。A 县人大财经工委审查的很多民生项目与 A 县人大法制工委、教科文卫工委的工作内容多有相似之处，由县人大内部各工委联手共同打造的预算监督模式，可以进一步拓宽县人大的监督视野。第二，对外部建立预算信息共享制度。由于 A 县政府预算的透明度比较低，很多信息不仅没有向纳税主体公开，也没向人大代表公开，存在一定程度暗箱操作的风险。预算的专业性与技术性决定了政府在预算编制和执行过程中对具体预算信息比较了解，相对于县人大来说，县政府具有必然的优势。这种情况下，只有实行信息共享制度才能弥补县人大由于信息不足导致监督力弱化的一面。结合新《预算法》的相关规定，J 省人大在本省预算监督条例中分别列举省以下各级政府及有关部门应提交的 10 类预算信息，A 县政府在具体实施过程中将这 10 类信息细化为 16 项具体内容。当然，新《预算法》仍存在改进空间，J 省预算审查条例也亟待完善，A 县人大有待进一步强化预算监督。

第二节　A 县人大预算监督存在的问题及原因

多年来，A 县人大在财政监督方面的确取得了很大的进步，但仍存在一些不尽人意、有待提高和完善的地方。从文本政治走向现实政治，我们看到的更多事实是：A 县人大预算监督并不是理想中"寓支持于监督之中"的工作状态，用"寓监督于支持之中"来形容反而更为恰当。人大对柔性监督方式的青睐，导致刚性监督效果无法展现，在访谈中 A 县人大主任开玩笑说在人大没有通不过的人，没有通不过的事。具体说来，县级人大预算监督工作"多审议文件、少调研评估"现象依然存在。

一　存在的问题

（一）预算审议监督的缺陷：初审与表决

各级政府的年度预算和上一年度预算执行情况报告在本级人大开会期间提交人大审议，并由本级人大批准，县级层面的运作过程亦是如此。每年 A 县人大的会议日程中，安排给人大代表正式审查预算案的时间很短，而且财政报告和预算报告专业性强，县级人大代表几乎无法在短时间内找出问题。在访谈中，A 县财经工委 F 主任坦言，由于刚从卫生局调来这里工作，财政报告和预算报告里的很多术语和数字都看不懂，直接限制了意见或建议的提出。

预算案提交正式审查之前还须经过初步审查的环节。由于全国人大议事规则中涉及此环节的规定，即在全国人代会会议召开前一个月，国务院有关部门应及时将预算和预算执行情况的主要内容交由全国人大财政经济委员会初步审查。由于全国人大议事规则具有一定示范效应，地方各级财政预算也逐渐出现类似的初步审查。具体到 A 县人大的实际情况，如前所述，会议日程中安排给正式审查的时间极短，大多数兼职的人大代表又缺乏审查预算细节的专业知识，只能交由各工委提前进行初步审查，期望通过延长审查时间和专业支持，完成正式审查的任务。但是，A县人大各工作委员会由于受编制所限，人员配置上明显"官多兵少"，甚至出现"光杆司令"的状况。由于人手明显不足，在召开人代会期间，A县人大需从县里其他机关大量抽调人手协助工作。以预算监督工作为例，财经工委理应配备熟悉财务的人员，但A县财经工委主任对预算监督工作不熟悉，手下仅有的一名科员虽是科班出身，专业能力不错，但大学毕业就考入人大工作，没有太多的财经工作经验，这直接影响了财经工委初审的速度与质量。就县级层面来说，县政府提交县人大审查的预算信息涵盖了各项收支数字及预算平衡情况，预算收入数据按部门呈现，预算支出数据以功能科目为基础细化到类。尽管内容不算复杂，但涉及大量的财会专业知识，县级人大代表要看懂政府提出的预算报告、决算报告，必须具有基本的财会常识，具有对数字的敏感性，以及对县级行政区域内公共开支宏观经济形式的熟稔。对部分不具备这些条件的县级人大代表来说，预算报表仍旧艰涩难懂。

预算案审查后进入表决的程序。A县人大代表可选择的表决选项包括赞同、反对和弃权三种。尽管只是县一级的预算案，但随着县域经济体的壮大，A县政府预算案内容日益丰富，在审查中全部赞同、全部反对或者全部弃权显然都是很难的，这就涉及对预算个别内容的审查。一般来说，如果审查只能对预算案做出整体同意或反对的决议，除非预算案整体被推翻，否则仅对预算个别内容有不同意见（这应当是预算案出现争议的常态）的代表通常只能勉强接受；这种情况下A县人大的审查监督力度显然大大弱于能对预算案的各部分内容分别做出决议的审查。作为影响面极广、利益冲突可能性极大的预算案，至少应该考虑就个别争议较大的内容单独进行表决（赞同、反对或暂时搁置）。这一问题不仅体现在县级层面。现有规范对于这一问题没有明确规定，仅从相关规范来看，显然是以"整体获得批准"为法律程序设计前提的。其实从另一个角度来看，这里提出县级人大对预算部分内容的单独表决其实涉及预算内容调整的问题，而调整预算的规范存在于预算执行过程中。

（二）预算执行监督的缺位："空白期"与调整

A县人代会会议一般稳定在一月中旬左右召开，而有些地方人代会会议在四、五月份才举行，因此A县人代会会议举行时间比较靠前。即便如此，A县人代会会议通过的政府预算，批到预算单位也需要一段时间。这样预算单位第一季度（甚至有些地方到第二季度）处于无预算运行状态，这就出现了预算执行无法律依据的"空白期"。

县级预算执行中除了上述"空白期"，还会有许多预料不到的政治因素、经济因素、自然因素。县级政府预算实际上是事前预定的财政工作计划，属于主观、预测的内容，而客观政治生活纷繁复杂。为避免财政收支脱节，县级政府必须按照法定程序，通过减少、增加预算收支或改变资金用途来进行修正，使预算符合客观实际的要求，以便保持财政收支动态平衡。这种预算调整存在一定的操作漏洞，如A县政府可以在不违反相关规则的同时，采用降低预算安排总数、提高执行额度等手段，不经规范调整程序就可实现对超收收入的二次安排。程序上对预算调整的定义过松，使超收收入和经费留用等预算调整没能列入县级人大预算监督的调整范畴，降低了政府财政活动的规范性，使县级人大预算监督效力停留在表面。

当前，预算调整作为控制财政赤字的一种工具，坚持以收定支为指导原则，将达到收支平衡作为最终预算目标。这种预算调整在内容上仅涉及增加、减少支出和增加、减少收入四种情形，无法同时囊括剩余四种经常出现的复合状况（增加支出+增加收入，减少支出+减少收入，增加支出+减少收入，减少支出+增加收入）。因此，这种定义下预算调整属于一种不周延的调整，仅具有追加或弥补的功能。当八种预算状况分别出现，拥有大量公共资源的行政机关却不受监督程序制约时，就很可能出现各种违法风险，如A县政府进行预算调整时可能为了寻租而增加支出，减少支出意味着压缩本行政区域内的公共福利，增加收入也许就会产生乱立项收费，减少收入暗含随意减免各类法定税收的风险。当剩余四中复合情形出现，更意味着财政资源没有按照既定的预算草案分配格局加以配置，在执行预算草案到进行预算调整的过程中可能已经造成大量浪费。从A县政府预算执行的历程来看，随意调配专项资金、擅自改变资金用途等现象难以避免，预算执行"两张皮"的情形更是普遍存在。即便A县人大加强对预算调整的监督，也容易忽视收入、支出调整带来的绩效影响，如支出额度逐步增大的民生项目直接关系到县级行政区内公民福祉，但增加的民生资金安排在哪些方面，决算时能否达到更好的绩效效果，目前都不是A县人大预算监督的关注重点，有待进一步探索。

对待预算执行过程中存在的诸多不规范行为，县级人大采取的监督手段过于柔性。从 A 县历年行使财政监督权的实际情况看，监督手段基本为听取财政部门的专题工作汇报、对重大项目组织视察等基础方式。新《预算法》第八十四条、第八十五条中涉及的预、决算质询权、询问权、调查权等监督权力在 A 县人大的财政监督工作中极少使用，在某种程度上影响了监督功能的发挥，也影响了预算的权威性。

（三）决算审批监督的困难：审查与审计

在决算程序中，值得注意的是，《监督法》第十八条具体列举了人大常委会在审查决算草案时应当重点审查的内容，涉及预算收支平衡情况、部门预算制度开展情况等方面，并规定全国人大常委会需将重点放在对国债余额情况的监督上，县级以上地方各级人大常委会需将关注点转至对上级转移支付的补助资金是否安排、是否使用妥当上。这些是基于决算审查的实践经验归纳出的对于决算审查而言特别重要的事项，列举在《监督法》中另其明确化。《监督法》第十八条的列举并没有在理论上排除其他的审查事项，但 A 县人大进行决算审查时往往将审查的重点内容变成审查的全部内容，于操作层面违反规范制定的初衷。

在审查决算的过程中，A 县人大还要遵照《监督法》第十九条的有关规定，听取审计报告的内容。审计机关的工作对于决算审查而言必不可少，这种重要性除了来源于其专业性，还在于其独立性。审计工作牵涉面极广，很容易受到各个方面的干扰，因此审计工作的独立性是审计结果的重要前提。

A 县人大决算监督的最后一个环节是由 A 县人大代表最终表决决算案。与预算案类似，决算案的规范对于"如果表决不批准"的情况也缺乏规制，而这种情况随着 A 县人大对财政监督的逐渐重视和审查工作本身的细致化不可避免地会发生。如前所述，如果 A 县预算案未获批准，在很大程度上应当转入调整预算案的程序；然而，如果 A 县决算案未获批准，则因为木已成舟而没有调整决算内容的余地。这种情况下，除了进一步沟通、调整决算报告的内容，县人大理论上还可以运用调查、质询、询问等方式监督工作。

（四）无法避免的审查盲区：街道与债务

尽管街道办事处作为县级政府的派出机构，不具备独立的行政主体地位，但在现实政治生活中，街道办事处往往掌握了较完整的财政权，尤其是预算收支规模较大的县级行政区域内的街道办事处，可支配的财政资源相当可观。由于法律没有做出在街道办事处设立一级人大的设定，于是由谁行使对街道的财政监督成为当下不容忽视的难题。

根据调研结果，A县就此问题采取的"土政策"是比照乡（镇）财政实施监督。但是街道办事处与乡（镇）行政部门的性质完全不同，街道办事处是县级政府的派出机关，街道办事处的预算应编入县级政府本级总预算的盘子中，这种预算从本质上有别于乡（镇）财政和部门预算。这种无奈之下采取的"本地政策"虽来源于A县相关部门多年的实践经验，但此种做法仍旧不可取，原因有以下两点。第一，比照乡（镇）财政实施监督的做法未得到法律制度层面的认可，且与街道办事处的权力性质完全相悖，随时面临被法律否决的风险。第二，乡（镇）人大不似县级人大拥有人大常委会、财经工委等常设机构，完成预算监督工作本就后劲不足，特别是2014年修订的新《预算法》规定各乡（镇）全部要开展独立的财政预算，更加大了乡（镇）人大的监督工作量，要强化对街道乡镇的财政监督变得更加困难。

除了街道财政，县级政府债务也属于人大监督的另一盲区。尽管新修订的《预算法》第三十五条规定了部分政府经国务院批准能成为地方政府举债行为的合法主体，县级政府举债早已成为县级行政主体正常行政行为的一部分，因为举债资金主要投向交通、教育等公共产品领域，所以县级政府举债有其存在的经济合理性。但此类债务对金融安全的影响集中体现在市、县两级，尤其是县级政府。[1] 因为县域经济形态相对脆弱，县级行政区域内的工业化水平有待提高，且县级政府财政能力有限，无法在短期内开发出新的经济增长点，因此加大了县级政府发生债务的风险。但A县政府目前的债务大都未纳入县级财政预算盘子，也无法进行预算约束，导致县级政府债务缺乏有效的控制，而现行《预算法》并未明确规定人大在地方性债务管理中的监督职权，这种外部监督机制的缺失进一步加大了地方

---

[1] 楼继伟：《财政改革发展若干重大问题研究》，经济科学出版社，2014。

政府举债行为的随意性。

二 问题存在的原因剖析

（一）体制：党委、人大、政府事实上的关系

党的领导力体现在对本级（或下级）人大、行政机关、司法机关权力运行的影响之中，如图6-4所示。在预算过程中形成了以各级党委为核心的预算权力结构。

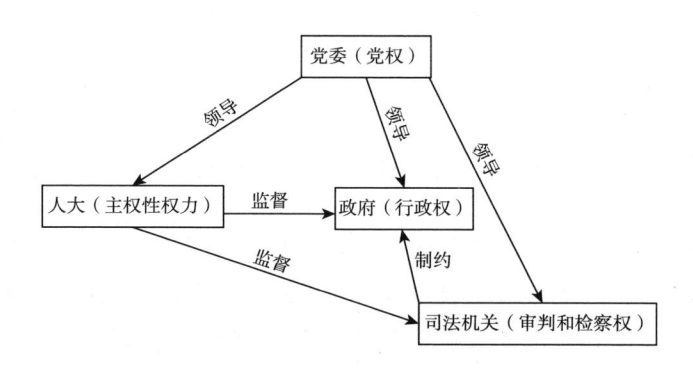

图6-4 以党委为核心的权力格局

在中国现行体制安排下，县级政府及相关部门拥有对人、财、物的配置权，预算草案中对本级人大部门的预算安排只涵盖财政基本工资、人代会经费、单位办公经费（通常很少量）三部分，剩余与人大工作有关的支出费用均不做任何预算上的安排。县级人大要向本级政府提出申请并获得批准才有足够的经费支撑各项调研、代表活动。可见，县级人大对本级政府拨款经费的依赖导致监督人员开展工作时无法"挺直腰板"，难把效果落到实处。此外，将县级人大监督工作放在复杂的上下级政府关系中考虑，可以得出其针对政府部分预算行为无法实施监督的原因，这与政府职能调整中出现的垂直管理体制有关，垂直管理的部门、单位逐渐实现对人、财、物全方位的综合管理，但其相对的权力制约监督却没有同步强化。例如，因上级部门政策造成的部分财政负担，县级人民政府无法解决，县级人大进行财政监督时也只能放任不管。针对垂直管理中出现的预算监督漏洞，需要健全地方人大预算监督体系，使之与垂直管理体系相匹配。

"寓支持于监督之中"是人民代表大会制度的必然要求，顾名思义，就是人大各项监督工作的开展，最终目的都是为了支持各级行政工作顺利完成。这一特点在人大各项监督工作中均有鲜明的体现，尤其是预算监督涉及政府"钱袋子"，影响政府"当家理财"的水准。这一特点也是人大监督工作总体精神的重要部分。县级人大既是监督者，也是支持者，既要在法律规则的引领下完成预算监督工作，又要在预算权力结构的影响下支持行政工作，找到二者之间的平衡点是人大准确定位自身角色和价值的前提。对县级人大而言，理想的做法是正确处理监督与支持的关系，在找准最佳平衡点上下功夫，敢于增强监督力度，善于灵活使用监督方式。这一要求对相关的监督程序也会有直接的影响，主要表现为两个方面。一是人大与政府及其部门之间主要表现为沟通与协商的关系，而非表面上的对立；在监督效力的实现方式上，人大也更倾向于通过沟通和协商产生影响，而更强有力但也更显得对立的权力（如人事任免、财政监督、撤销权等）则往往备而不用。二是人大在整个监督过程更倾向于采用可控的方式，避免因为监督的"失控"而无法体现对被监督者的"支持"，由此影响了许多程序上的细节，如实践中更倾向于将各种监督工作通过监督计划确定为例行的、按部就班的工作。

（二）机制：县级人大自身能力不足

县级人大常委会内部的组织架构影响着财政预算监督效能，以下从组织体系、组织结构、心理障碍三个方面重点论述县级人大自身无法开展有力监督的主要原因。

第一，县级人大的组织体系不够健全。尽管人大专门委员会在协助人大财政监督方面意义重大，《地方组织法》在修订过程中加入对人大专门委员会的规定，将其延伸至县级人大层面，但目前多数县级人大还没有设立专门委员会，它承担的专业工作仍交由人大工作委员会完成，A县人大的情况便是如此。事实上，专门委员会的工作性质、专属的职能以及产生的监督效果与人大工作委员会存在较大出入，缺少人大专门委员会的协助会削弱县级层面的财政监督能力。除了专门委员会，A县人大的各类工作人员也相当紧缺，如A县在编工作人员仅占同级行政编制的2%左右，2016年A县公务员核定总数为1307人，常委会的核定编制为21人，实际只有16人，只占公务员总数的1.2%，数据对比之下，A县人大监督系统显得十分薄弱。A县人大常委会由27人组成，其中专职委员仅有8人，常委会下设的法制工委、财经工委、教科文卫工委、选举任免工委4个工作委员会中负责开展日常工作的人员加起来也仅有8人。A县人大开展预算初审程序的工作一般由A县财经工作委员会完成，而这个机构实际只有2个人，很难完成整个预算草案的审议监督工作。A县人大中缺乏具备专业能力的辅助机构、工作人员，难以分辨预算过程中各程序是否合法、合效益，因此，A县人大只能按政府上报的预算草案批，审议结果形式大于实质。

第二，县级人大的组织结构有待完善。县级人大的监督主体包括县级人大常委会和县级人大代表两大部分，二者的结构暗含以下不足。

县级人大常委会委员兼职化、老年化程度过高。从A县现有的人员配置体系来看，A县人大专职委员的数量不多，还不到组成人员总数的三分之一。因大部分委员只兼职办理人大事务，工作重心仍放在本职工作上，很难保证抽出足够的精力开展有效的监督工作。尽管A县人大常委会组成人员的年龄结构在近些年来逐步趋向年轻化，但总体平均年龄依旧偏高是有待解决的难题。尤其是离开党政、司法单位退居"二线"的老干部，年龄基本大于55岁，这样的安排很可能降低常委会完成工作的效率，对监督职权的发挥产生一定的负面效应。

A县人大代表是行使财政监督职权的另一个重要主体，按照相关法律规定，各级人大代表应由本行政区域内多战线、多行业的人员组成，以便真正达到人民当家作主的目的。A县人大代表组成的特征有两个。第一，"官多民少"。在A县人大代表中，党政府单位和企事业副科以上干部占92.8%，从广大工人、农民、群众中选出的代表极少。多数代表在参加会议或履行职责时，容易利用代表身份考虑部门利益或个人利益，对预算监督领域关注不多，加上人大代表是"兼职制"，不但难以真正代表各方面的意见，而且也因公务繁多，难以履行作为人大代表的职责，无法真正做到约束政府财政。第二，"男多女少"。A县2017年初选举产生县十七届人大代表总计229人，其中女性代表仅占2.18%，女性选民在社会群众中所占比例远不止这个数字。这一特征虽然不直接影响县人大预算监督的职权，但也是A县人大代表组成结构的部分问题，可能会对监督实效带来一定的负面影响。

在人大委员和代表中，很大一部分人员并不具有足够的专业素质来监督预算。不同行业，不同战线，不同的专业背景、知识储备、工作经验都使委员和代表间的监督能力呈现较大差异。虽然可能在本行业、本岗位是佼佼者，但是具有较高参政议政能力和财政经济等专业知识的人从事人大工作、行使人大监督职责的比例较少，目前A县人大委员和人大代表的配备模式与县级人大所要承担的重要职责不符，因为县级人大的预算监督职权不仅要求工作人员具备一定的政治涵养和理论功底、丰富的实践经历和较强的业务能力，还须具备与预算工作相关的财政经济知识，但现状距此要求差距很大。

第三，县级人大委员、代表在预算监督过程中存在几种难以跨越的心理障碍。第一种心理障碍可称作"权势"障碍。尽管监督政府"钱袋子"是由《宪法》和法律明确赋予的职权，在县级人大监督预算各个程序时，对县政府有关部门领导因部门利益或个人利益重点过问的预算项目，县级人大往往认为"多一事不如少一事"，大多数代表选择"睁一只眼闭一只眼"。第二种心理障碍可称作"二线"障碍。大部分县级人大常委会的组成人员从前是其他部门的"一把手"，因年龄缘故转至二线岗位，认为自己已提前过上"半退休"的生活，不必要因人大监督工作将人际关系变复杂，尤其是预算监督涉及最敏感的利益问题。各县级人大常委会的组成人员一般采取中庸的态度对待预算监督工作，无法完成实质性的财政约束。第三种心理障碍可称作"得失"障碍。县政府及相关部门因拥有财政实权被当作重点监督对象，这些单位同时还掌握着人事权，与县级人大常委会组成人员的职位变动、家属工作等现实利益息息相关，使监督人员开展工作时更加注重考量自身利益，而不愿产生因监督工作得罪他人的风险。第四种心理障碍可称作"畏难"障碍。县级人大的预算监督工作不仅内含多套既定程序，而且预算数据相当复杂，再加上工作人员不足，监督者很容易产生逃避心态。为了避免自身陷入监督困境，约束过程中仅采取一般的文件审查方式，很少开启监督效果明显更好的询问、质询、特定问题调查等其他方式，结果必然是达不到预设的监督效果。

访谈中还了解到，在县级人大工作的机关人员人事调动极其困难，往往调进来的多，调出去的少。当然由于县级人大常委会级别是正县级，如果一直留在人大工作，同其他机关相比，晋升机会更多，晋升时间也更短，但是最高也只能是正科级的办公室主任或各工作委员会主任，常委会副主任都是由从党政、法院、检察院等各系统退下来的干部担任，中层干部很少有机会晋升到这个层次。再加上人大是典型的"清水衙门"，待遇较低、福利较少，一般处于副科级别乃至正科级别的人员会选择找机会调到有行政权力的部门担任实职。但是人大机关人员的调动较其他机关如组织部、人事部而言更加困难。1994~2016 年，A 县人大工作人员中实现人事调动的干部仅有 7 人，较少的交流机会易打击监督人员的工作热情，不利于人大的制度建设。

（三）法制：相关法律和监督实践内容的不平衡性

以上论述中党委、人大、政府事实上的关系（体制）和人大自身能力不足（机制）两个方面可看作造成各级地方人大普遍监督能力不强所共通的原因，而相关法律和监督实践内容的不平衡性则是因县级层面立法权的缺失，这是县级人大预算监督的独特性所在。这种独特性体现在法律与监督实践内容既融会贯通又相互矛盾之中。

县级人大预算监督制度的实践未呈现法律的应有之义。"法制"其实是法律和制度的总称，在考量法律的发展状况时，更多基于对法律内容相关的制度实践的观察，而不是法律内容本身。已有的法律，特别是《监督法》，虽然对柔性监督的规定更为完备，但对刚性监督的重点内容、程序等也做了相对细致的规定。仅从 A 县人大近十多年的监督实践来看，询问、质询、预算修正等刚性手段很少使用，有些甚至被搁置不用，A 县人大在监督实践中或创造或借鉴其他县级人大的经验，充分利用诸如审议意见书、代表评议、述职评议等监督方法，成为补充柔性监督的主要方式，这种普遍出现在县级层面的监督事实也被部分学者戏称为"大路"不走，走"小路"。

第三节　提升县级人大预算监督能力的对策

讨论如何提升县级人大预算监督能力，须紧紧依托实践内容。为了弥补单个案例的局限性，特此对各地县级人大预算监督历程作简要的概括性描述。

一　提升县级人大预算监督能力的探索：基于115个案例的观察

本节从1994~2016年地方人大预算监督历程中发生的诸多事件中，每年抽选5个有关县级人大的典型案例组成了包含115个案例的案例库。通过解码1994年以来地方人大监督政府"钱袋子"的历程，对其能力不断提升背后的影响因素进行实证分析，进而探索县级人大预算监督能力变迁内含的逻辑与规律。

（一）主要做法

自1994年以来，中国县级人大监督政府预算经历了三个阶段，监督能力逐步增强。

1. 建章立制：奠定县级人大预算监督的基础

1994年是预算监督历程中极为关键的一年，八届人大二次会议通过了新《预算法》。这部法律被学界誉为"经济宪法"，正式在法律范畴内对地方人大预算监督职权进行了细化规定。由此，中央层面的立法引导打开了地方人大监督政府预算的崭新局面。经过几年的摸索，一些县级人大依据新《预算法》等相关法律法规以及市人大关于预算审查监督的有关规定，结合各行政区域的实际情况补充了操作细则，从制度上规范了预算监督管理模式，完善了预算审查监督的实施规范。

1994年也是分税制改革的第一年。各级地方政府由此增强了预算自主能力，但同时承担了更多的支出责任。从历年选取的25个案例可以看出，1995~1998年进行的监督实践停留在补充规范性文件的层面，有5个案例是各县级人大通过的1990年制定的预算监督办法，剩余20个案例皆是各县级人大在1994年新《预算法》颁布后，从各地具体情况出发制定的本地预算监督规范。

综合本阶段的实践可以看出，各县级人大建立了预算监督制度的基础要件，具体包括限制政府预算行为、规范人大预算审查监督行为、监督预算执行情况、财政收支情况等监督规则。这些规则对县级人大的预算监督工作从实体性和程序性的角度分别做了比较笼统的把握，能从原则上指导县级人大进行预算监督实践，是其监督能力提升的重要体现。

2. 部门改革：拓宽人大预算监督的范围

1999 年是影响各县级人大预算监督的另一个关键历史节点。这一年从中央到地方，全国各地开始推行部门预算改革。从 2000 年开始，很多市、县政府也从编制部门预算着手改革，增强了预算的统一性、完整性、准确性、具体性。始于 1999 年的预算改革为县级人大进行财政监督提供了诸多便利，人大开展的预算监督是在预算改革的基础上进行的，此次改革主要涉及三个方面。第一，部门预算改革规定经提交的预算草案须对不同单位进行科学的编制。这项规定一方面使县级人大对预算的监督内容更为细致，另一方面也提高了县级人大做出约束行为的积极性。第二，建立县级行政区域内统一的国库管理体制。过去这项体制因缺少管理和监督，导致几乎每个部门和单位都同时使用多个财政账户，这样混乱而隐蔽的财政资金状态很大程度上限制了县级人大对于预算执行过程的监督。部门改革之后，各个部门和单位的账户由县级政府统一管理，集中设置为单一账户，不仅有助于减轻人大的监督工作量，还提升了相关行政工作的效率。第三，建立县级政府集中采购制度。原先的政策是由各个部门和单位"分别采购，分开报账"，此次部门改革之后，须由政府统一安排采购活动，这样可有效减少寻租，且方便人大进行统一监督。中国政府财政以这次改革为契机步入了预算时代。①

部门预算改革以后，县级财政部门向同级人大提交的政府预算除了涵盖按基本类目编制的预算，还包括政府、党委、人大、政协等部门预算，扩宽了县人大预算监督的范围，为落实法律规定的预算监督权创造了条件，而且促使预算监督从主要依赖政府审计部门和财政部门监督向以县级人大为核心的社会多元监督转变。对 1999~2004 年的 30 个案例分析后可以看出以下三点。

第一，预算监督规范进一步细化。自 1999 年中央出台关于加强预算审查监督决定以来，各省、市人大以中央文件为依托，前后出台了大量有关预算审查的条例。截至 2004 年底，已有 30 个省、自治区、直辖市人大从各地实际情况出发，对预算审查监督中的工作流程、运行机制和制度规定进行细化，并在预算草案的初审环节、专项绩效审查、询问、质询等方面各

---

① 马骏：《中国公共预算改革的目标选择》，《中央财经大学学报》2005 年第 10 期。

自进行了不同程度的改进和创新。图6-5统计的是1999~2004年在预算监督条例中做出新规定的省份数。针对这些省份出台的预算监督条例，各县级人大在对原先工作制度进行充分梳理的基础上，制定了符合县域条件的规范性文件。在30个案例中，个别县由于已有办法与省人大出台的预算监督条例出现冲突，不得不做出修改。

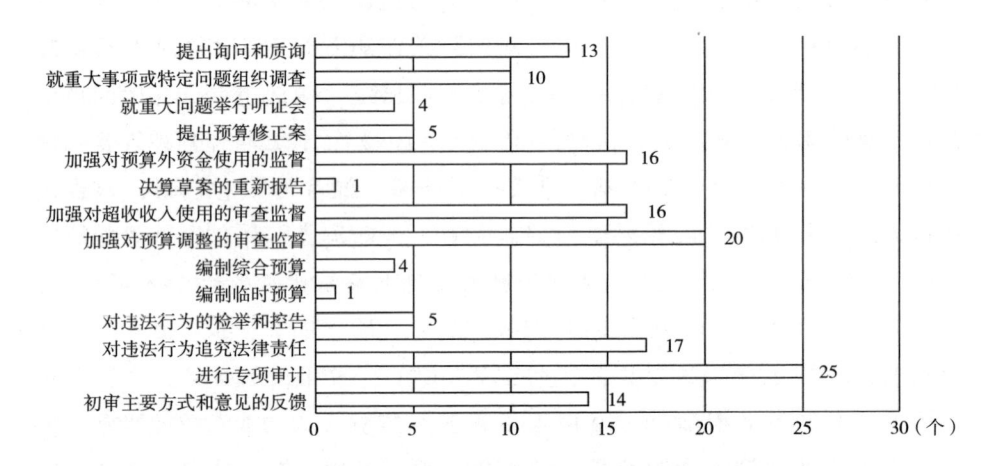

项目	省份数
提出询问和质询	13
就重大事项或特定问题组织调查	10
就重大问题举行听证会	4
提出预算修正案	5
加强对预算外资金使用的监督	16
决算草案的重新报告	1
加强对超收收入使用的审查监督	16
加强对预算调整的审查监督	20
编制综合预算	4
编制临时预算	1
对违法行为的检举和控告	5
对违法行为追究法律责任	17
进行专项审计	25
初审主要方式和意见的反馈	14

图6-5　1999~2004年预算监督条例中做出新规定的省份数

资料来源：赵雯：《地方人大预算审查监督简明读本》，复旦大学出版社，2008。

第二，引入预算草案修正权。本阶段涉及预算修正权的占总案例数的5%，对比上个阶段的"零涉及"，预算监督修正权在使用方面有了质和量的双重突破。中国虽没有明确地在制度层面规定预算修正权，但也没有明文法否定该权力，可以说为地方人大对预算修正权的细节探索留出了足够空间。如表6-9选取的1999~2001年的案例，山西、云南、海南、广东、河北分别在各省人大预算监督条例中对预算修正做出了相关规定，这五个省份的县级人大也相应对预算修正做出了进一步细化，但是本阶段未出现任何县级人大关于预算监督工具使用的典型案例。

第三，1999~2004年，部门预算改革为确保县级人大真正进入预算程序提供了空间，有1/2的案例都直接体现了这一特征。个别县政府提交了7个部门的预算报告，厚达540页，详细列明了25个县级部门共1.31亿元的预算收支。本阶段，各县级人大成为预算监督的主体，财政、审计、税务部门则归为专业监督主体,并涵盖了公众、第三方、媒体等其他监督力量。

表 6-9 省级人大预算监督条例关于预算修正的规定

省份	立法时间	监督条例	立法主体	提出修正案的主体	修正案内容
山西	1999年11月	《山西省预算监督条例》	山西省人大常委会	人大财经委	向大会主席团提出预算修正案
云南	2000年12月	《云南省预算审查监督条例》	云南省人大常委会	无	有修正案的,先表决修正案,修正案通过后,省人民政府应按照决议修改预算
海南	2001年2月	《海南省各级人民代表大会及其常务委员会审查监督条例》	海南省人大	人大代表10人以上联名	大会表决时,先对代表联名提出的修正案草案进行表决。如获通过,再对修改后的本级预算草案进行表决
广东	2001年2月	《广东省预算审查监督条例》	广东省人大	大会主席团常委会、各专门委员会、人大代表10人以上联名	预算草案修正案必须对所提议的事项、理由做出详细说明;提出增加支出的修正案,必须相应提出增加收入或减少其他支出的具体方案
河北	2001年9月	《河南省各级人民代表大会常务委员会预算审查监督条例》	河北省人大常委会	人大常委会成员	按照收支平衡的原则提出修正预算调整方案的议案,由主任会议决定是否提请人民代表大会常务委员会会议审议

资料来源:各省人大监督条例。

3. 公民参与:提升县级人大预算监督的民主

在部门预算改革后的第6年,县级人大预算监督过程引入了基层民主,2005年因此成为影响县级人大预算监督能力的又一关键节点。2005年7月27~28日,温岭市新河镇第一次在审议镇财政预算时邀请民众参与并开展民主恳谈,将民主恳谈与预算监督制度结合起来,由此拉开了以人大预算监督为主的参与式预算改革试验的序幕。

在对55个案例初步归纳后得出以下几点结论。

第一,县级规范性文件进一步完善。经过多年的修订,新《预算法》

在突出全口径预算监督、紧抓预算监督绩效、提升预算透明度、把握预算执行全过程、强化地方债务监管和明确问责等方面皆有创新之处，从各个方面提升人大的监督水平。例如，长沙县人大常委会于2014年3月审议通过了监督问责暂行办法，摸索出"会前审议、会中询问、会后问责"的监督模式，充分开启特定问题调查、质询、询问等被长期"雪藏"的"硬性监督"手段，跟踪答复、整改的落实情况。该监督问责暂行办法施行后，长沙县人大代表监督积极性提高，长沙县人民日益关切政府理财实况也使长沙县人大权威得到提升。

第二，预算修正权得以实践。在上一阶段，地方人大关于预算修正权的作为限于省级人大预算监督条例的修订，本阶段预算修正进入实践层面。上海市闵行区人大和浙江省温岭市人大监督实践在表6-10中可以看出。

表6-10 省级以下地方人大预算监督

省级以下	预算修正案名称	修正案通过时间	修正案通过主体	提出修正案主体	修正案内容	修正案效力
上海市闵行区	《关于调整会议、课题等六项预算项目的修正案》	2012年1月	闵行区人大	提案人和人大预算审查委员会	将区级预算单位部门预算中涉及的会议、课题、调研、评估、咨询、培训六项经费压缩2.16%	全国首个县级预算修正案
浙江省温岭市	《关于要求增加城乡交通治堵经费的预算修正议案》	2015年3月	温岭市人大	代表10人以上联名	交通治堵项目增加支出预算500万元，行政事业单位养老并轨准备金项目减少预算500元	全国县级市首个预算修正议案

资料来源：各省市县人大工作的相关报道。

第三，县级人大监督预算的方式和手段逐步拓展。2007年《监督法》的实施使县级人大预算监督方法和手段不断改进，使用监督工具对政府预算进行规范监督的方式更加多样化。例如，重庆市梁平县人大常委会于2015年采用绩效评估的方式对重点选取的10多个财政项目开展监督，将考评结果与项目单位的预算安排相挂钩，对考评成绩合格的各项目单位的下年度预算作从宽安排，对无正当理由、考评成绩不合格的各项目单位的下年度预算作从紧安排，对考评成绩十分不理想的项目单位责任人作追责处理。如表 6-11 中的案例使用了委员会听证的事前监督和专题询问的事后监督。

表 6-11 2005~2015 地方人大预算监督工具使用情况

时间	地区	主体	监督工具	内容	效力
2008	上海闵行区	人大常委会	委员会听证	下一年财政预算中部分项目	国内首开预算公开听证制度
2010	北京市	人大常委会	专题询问	北京市政府 2011 年大额专项资金	国内首开专题询问制度
2014	云和县	人大常委会	特定问题调查	财政存量资金特定问题调查	国内首开特定问题调查制度

资料来源：各省市县人大工作的相关报道。

第四，预算监督民主参与程度不断加深，县级人大将公众纳入预算监督体系中以提高其监督效能。沿海各地纷纷进行参与式预算模式的试点，中西部地区第一个与之相关的改革案例来自四川省巴中市巴中区，被称为"白庙乡模式"，新河镇、惠南镇等地也摸索出了不同的创新模式。

（二）典型经验

中国县级人大在组织层级上接"地气"，处在"承上启下"的位置，是实现治国理政法治化的关键一环，从各地人大的探索与实践中探寻完善县级人大监督制度的方法，主要体现在制度探索模式和制度推动力量两个方面。

1. 探索县级"先试先行"的制度模式

地方"先试先行"已成为中国改革开放的一个重要特征。具体而言，地方"先试先行"指某些地方在改革过程中先行一步，尝试搭建各种新的制度框架，成为本省乃至全国范围的"教科书"，推进更大领域内更深层次的改革摸索。[①] 在中国人大预算监督制度的实践过程中，也清楚地表现为地方"先行先试"的制度探索模式。因此，完善县级人大监督制度，也要从以下几个环节着重把握。

首先，县级人大在监督政府财政时发现相关法律没有涉及的问题。例

---

① 封丽霞：《地方"先试先行"的法治困境》，载葛洪义主编《法律方法与法律思维》（第 6 辑），法律出版社，2010。

如，县级人大对政府财政审查时面临时间不够、专业性不足等问题。这些问题首先在县级层面暴露出来，往往与县域内具体财政情况密切相关，都属于地方性的"小气候"。

其次，县级人大在解决前述问题的过程中，逐渐形成了一些行之有效、与财政监督相关的制度与措施。县级人大要解决其在行使预算监督职权过程中出现的各种问题，就势必进行各种摸索与尝试，并以规范性文件的方式将其制度化以避免再出现类似的问题。同时，由于各地方人大（特别是同一级别的人大）在具体职权的配置上都是类似的，因此相关制度运作的问题对于其他地方人大来说也有可能遇到，于是部分县级人大"先行一步"的制度探索对于其他地方人大来说，就具有一定的表率作用，而相关的制度化措施也就有了在全国推广的可能性。[①] 例如，为了落实人大的财政监督职权而产生的网上实时监督预算制度、专项资金审查监督制度、财政预算公开制度等。各地一方面要解决类似的实践问题，另一方面又要应对各地实际财政情况和工作重心不完全相同的问题。因此，县级人大的探索和制度化成果可以为解决类似的问题提供可操作性的范本。

再次，前述县级人大的这些制度探索被中央立法所吸收。典型例子是2006年颁布的《监督法》，其立法背景就是各级人大常委会多年来在行使监督权时进行了积极的探索和实践，在县级层面积累了丰富的经验，形成了为法律所吸收的制度经验。在预算监督制度的形成过程中，并非"中央立法—县级执行"的单向关系，而是互动的。当然，在国家现有的制度架构下，这种互动关系仍然由中央主导。

最后，以《监督法》为例，中央立法为县级人大行使监督职权的探索留出了新的制度探索空间。《监督法》本身仅是阶段性的产物，并不是一个全面授权法，它在《宪法》和《地方组织法》之下，后两者既然规定了人大预算监督的诸项权力，那么各级人大都可以在既有框架内探索创新，因此留给县级人大探索制度的空间仍然很大。可以想见，《监督法》对人大预算监督职权的许多行使方式进行了细致化和明确化，但这部法律本身又因客观原因而不十分完善，所以县级人大在行使监督职权过程中难免会遇到新的问题，于是就会重新启动前述地方"先行先试"的第一环节。

---

① 冯健鹏：《地方人大监督权的行使》，民主法制出版社，2016。

这几个环节周而复始，构成了人大监督制度"县级—中央—县级"的制度改善和建设的循环，这也成为中国县级人大预算监督领域独具特色的一种探索模式。需要特别关注的是，在该领域的"先行先试"相对比较温和，与经济领域的"先试先行"动辄突破法律规定相比，人大监督的"先试先行"通常会自觉地注重与现有法律体制保持一致性。①

2. 抓住自下而上的制度推动力量

如前所述，县级人大预算监督制度的建立与完善并非单向"中央立法—县级执行"的关系，而是一种互动关系。于是，在这种互动关系中，势必存在着自下而上的制度推动力量。在县级人大预算监督的制度完善过程中，这种自下而上的力量大致分为两类：一类来自作为地方国家机关的县级人大；另一类来自社会各阶层。

来自地方国家机关的力量，体现为县级人大为行使其法定的职权而对相关制度产生的推动。在单一制的国家体制框架内，理论上只需要"执行"的县级人大，会选择进行这种推动行为的动因大致可分为三个层面。一是为了解决实际问题，县级人大对于监督制度的推动，最初通常都是为了解决行使监督职权过程中遇到的实际问题，不过仅这一层面的动因不足以形成自下而上的力量，因为从法律上来说，普遍性的规范缺陷很可能会造成问题，但这些实际问题本身通常带有地方性特征。二是为了规避风险，对于县级人大来说，在解决了监督职权行使过程中遇到的实际问题之后，仍然可能遇到两种风险：再次发生类似问题的风险和解决该问题的方法被后来的法律所否定的风险。前者的存在促使县级人大尽量将那些行之有效的措施制度化，并将相关的防范措施也尽可能制度化，而后者的存在则促使县级人大在前述制度化的基础上，推动更高层级的地方人大尽可能将相关的制度上升到中央立法层面。三是为了获得认定，在现行体制内，如果县级的制度探索获得中央认可并成为法律的一部分，对于地方而言也是一种政绩，这促使地方人大将其探索的制度推向中央层面。② 正是这三个层面的共同作用，形成了县级层面自下而上推动预算监督制度不断完善的力量。

来自社会各阶层的力量，体现为公众在关注自身权力的过程中，对于

---

① 冯健鹏：《地方人大监督权的行使》，民主法制出版社，2016。
② 冯健鹏：《地方人大监督权的行使》，民主法制出版社，2016。

预算监督制度的推动。具体而言，表现为两个层面。第一，社会公众借助人大预算监督制度来维护自身权利，这是针对人大的预算监督对象即政府及其相关部门，以他们为代表的国家公权力机关既是公民各种权利的保护者，又是潜在侵害者，许多维护权利的诉求最终都会归结到这一点，权利的实现有赖于对国家公权力机关的有效约束。由于人大本身就具有监督政府及其相关部门的法定职权，并且人大由选举产生的方式令其与社会大众的距离相对较近，于是这一职权就很自然地成为一条社会大众维护自身权利的渠道，地方人大预算监督方式的许多创新探索都与之有关。例如，以预算审查为目的的民主恳谈会制度，可以被视为社会大众维护自身权利的一种手段。第二，社会大众基于维护自身权利的需要对人大监督制度本身的要求。县级人大机关的各种监督职权都包含了一定的基本权利的要求，如预算信息知情权等基本权利。这一层面的权利诉求促使县级人大对其监督机制本身进行完善。值得注意的是，这种推动在县级人大层面更容易实现，主要由于两个方面的因素：一是社会大众如果在距离比较近的层级就能维护其权利，显然比较划算；二是相关的国家机关也希望社会大众的权利诉求不要再向上传递。因此，一旦县级人大可以通过体制内更便捷的渠道加以解决，自然成为各方都能接受的办法。当然，县级人大的监督无法有效满足所有的权利诉求，但是来自社会的权利诉求对于县级人大监督制度的推动作用确实是显而易见的。

这两种自下而上的推动力量与前面所说的来自地方国家机关的力量在性质上不同：前一种是国家机关内部的权力互动关系；后一种则是"国家—社会"框架中"社会"力量对于"国家"的影响。不过，在实践中，这两种不同性质的力量往往共同作用，形成了自下而上的制度推动"合力"。①

县级人大预算监督历程发展史，也是中国政治逐步发展的体现。预算监督历史发展过程中，相关法律制度不断充实和完善，预算实践也不断深化和完备。同时，预算监督在实践中将公众纳入其中，体现了预算监督作为民主实践的一种重要样式。然而，回顾和检视这段发展历程和现状，看到已有成就的同时，也应当承认还存在诸多需要改进的地方：县级人大作为行动者的自主性和主动性仍不足；行政主导的政府结构限制了其发挥功能的空间。

---

① 冯健鹏：《地方人大监督权的行使》，民主法制出版社，2016。

二 提升 A 县人大预算监督能力和绩效的对策性建议

鉴于县级人大财政监督程序的复杂性，须将预算系统看作一个整体，探寻多角度、多方面的对策。针对前一章所提出的体制、法制、机制三个层面的原因，前两个方面体制和法制层面的问题不是一个县级行政区就能解决的，机制问题最容易在县级层面实现摸索创新，机制合适与否直接关系到体制、法制问题的解决。因此，本节将从运行机制与监督程序相结合的角度，提出关于提升县级人大预算监督能力的若干思考。

1. 完善预算审议的监督机制

加大县级人大对预算初审环节的重视。为提升县级人大开展预算初审活动的质量，应从法律、时间、人力三大部分提供保障。

一是完善法律保障。新《预算法》第二十二条第四款对县级人大常委会预算初审做出了授权性规定，第二款和第三款皆规定由县级以上人大专门委员会对本级预算草案初步方案进行初步审查，提出初步审查意见。但目前仅是授权性规定，需要进一步明确县级人大常委会初审的权力和程序，应通过立法赋予财政经济委员会的审查意见一定的强制作用，明确县级人大财政预算委员会有向人代会提出初审报告和修正案的权力。增加规定县级人大常委会可设预算专门委员会的条款，使各县人大专门委员会承担起人代会前对本级政府预算的初步审查职权。

二是充足时间保障。政府预算改革后，实行部门预算、项目预算、全口径预算，提交人代会的预算本子不断增多，审查量不断加大，有的地方政府部门预算达 180 多本，预算项目数以万计。县级人代会会议期极短，审查政府预算的时间更短，难以胜任如此大的审查量，只能在人代会前进行初审才能有充足的时间保证。新《预算法》只对预算初审时间规定了下限，即人代会一个月前，对预算初审时间未规定上限。县级人大进行预算初审的时间可根据需要向前延伸，或在县级人代会会议召开的两个月或三个月前举行，确保初审质量。

三是充分人力保障。县级人大代表是兼职，财政预算专业性不强，人大代表来自不同的岗位，缺乏专业会计知识，预算审批对他们来说存在一定难度。初审可以借助社会力量，从高等院校、审计部门、金融部门、计划部门、统计部门抽调专业人才参加初审活动，解决审查力量不足的问题。

对于抽调参加初审的人数,以保证初审任务完成为宜。这样,既有充裕的时间,又有充足的人力,对初审活动顺利开展,是十分有力的保障。

由于基层人大在工作实践中更易探索创新,可根据A县的调研以及全国其他县的典型经验,总结出一套县级人大财经委"四步走"的初审路子。

第一步是集中审查,即集中人员、时间进行审查。在做好视察、调查的基础上,从各委员会、社会有关部门集中人员,按业务分为教科、农业、政法、环保、工业、市场六个审查小组,由财经工委主任担任组长,将部门预算分到各审查组,再落实到人,按预算部门逐项进行审查。初审时间一般从10月初开始。

第二步是听取汇报。召开初审人员全体会议,听取财政部门负责人代表政府做的关于预算编制情况的汇报。初审人员要掌握预算编制的总指导思想,对过去一个预算周期的预算执行情况进行分析,了解国家出台了哪些有关财政预算的新政策,对本地区经济形势进行预测,确定收入、支出总额的安排依据,明确预算资金的投向重点及措施,然后由财政部门各业务处室汇报农业、科学、教育、社保等支出的"切块"情况,是否保证了法定支出,是否符合国家财经政策的要求。

第三步是分组审查。预算审查采取"两读制"。"一读"时,审查人员根据业务分工按部门逐项审查。审查过程中对有疑问的问题,直接对相关部门负责人展开询问,预算部门负责人必须到会解答。初审组审查完毕进行研究,将审查情况向专委会全体会议汇报。专委会全体会议将各小组的审查意见进行讨论后,与财政部门交换意见,建议政府进行修改。

第四步是提出报告。"二读"时,听取财政部门关于初审意见的采用情况,哪些采纳了,哪些没有采纳,并对没有采纳的建议和意见说明理由。财经工委对政府采纳初审意见的情况分析研究后,出具初审报告,对既不采纳又不合理的意见写出修正案,报常委会审查。常委会同意后,列入会议议题进行审议。修正案一经通过,政府必须对预算进行修改。

改革县级人代会会议预算审查的方法。预算经过初步审查后,县级人代会会议不再对政府预算草案作具体审查,直接审议预算委员会提出的预算初审报告和预算修正案。在审议过程中,可引入竞争机制,由人大代表对不明白或不清楚的问题进行询问和质问,整个审批过程应向社会直播。根据人大代表审议的意见,做出通过或反对的决议案,交由大会全体会议表决。如果人代会会议上来不及修改,可做出决议,在人代会闭幕后,县级政府按照人代会的意见进行修改,县级人大常委会须及时听取政府的修改意见,对拒不按人代会意见修改的,要追究其责任。

经过对县级人大初审环节、人代会会议审查方式的改革,可如表6-12所示对县级人大预算审查程序进行优化。

表6-12 优化县级人大预算审议程序

责任部门	日期	内容	备注
A县人大财经工委	常委会会议举行前两到三个月	预算草案预审	四步走:集中审查、听取汇报、分组审查、提出报告
		形成预算草案初审报告	反馈、修改
A县人大常委会	人代会举行的一个月前	预算草案初步审查	
		形成预算草案初审意见	
A县人民代表大会	人代会会议期间	主席团听取预算审查报告	
		审议预算草案、预算报告	分单项审议
		形成决议批准预算	由全体代表过半数通过

2. 强化预算执行的监督范畴

(1) 重视执行中的预算信息

如前文所述,当前社会背景下面临的一个主要矛盾是监督主体与客体间的信息不对称。这种主体与客体间的信息不对称的问题需要通过两方积极互动来解决,县级人大和县政府及其部门要主动发挥自身优势:县政府部门拥有较多的渠道资源,可以为县级人大收集预算信息提供一个更广泛的平台;县级人大在促进双方信息交流的同时,以财政监督的方式提升政府民主化、公开化程度。通过对调研实践的充分考量,建立以下制度有助于监督预算执行中的政府行为。

第一,建立政府财经会议内容共享制度。除了在政府官方网站分享信息,提升财政信息透明度最有效的方式是共享县政府财经会议内容,让县人大代表参与其中。凡县政府举行的财经工作会议或者相关专题会议,除了涉及暂不可公开的部分内容,其余各项会议均应向县人大代表开放。这项制度有利于实现县人大监督工作与县政府财经工作之间的联通,有助于跨越财政信息封闭的障碍,帮助人大代表更充分地行使预算监督权。

第二,建立"定期+分期"汇报制度。共享政府财经会议内容可以被看作完善预算信息的便捷途径之一,但县政府召开的每项财经会议都有侧重点,县人大代表若要全面系统地掌握政府执行预算过程的信息,须由相关部门代表人向县级人大常委会做"定期+分期"汇报。目前各县级层面更青睐于由县长汇报政府执行预算情况,这项半年式的"定期"汇报制度显然还不能达到预算执行中信息共享的目标。由县政府及相关部门负责人配合按照"分期",即每季度在县人大常委会会议上报告近阶段县域经济运行情况,使"定期+分期"的组合制度更利于县人大准确地了解县级预算执行的具体过程,实现对县政府执行预算监督的目标。县人大常委会组成人员若对报告中的部分信息产生疑问,可要求相关负责人及时接受询问并做出回答。针对政府答复的期限和具体流程都要形成相应的工作制度,最大限度保障县级人大常委会的询问意见得到有效反馈。

第三,完善预算绩效评估制度。县级人大对预算执行过程中所涉项目,运用科学、规范的绩效评估方式,分阶段、分层次评估各类支出项目的成本与效益,全面追踪预算执行的过程和结果,有利于提高公共资源使用效率,减少浪费和寻租,是县级人大预算监督能力提升的重要表现之一。在建设以人大为中心的预算监督制度时,应结合中国特有的政治情境,树立"控制—政策绩效"并重的监督观。这种多维化预算监督理念也体现在县级人大执行预算监督程序的每一个环节,即由合法合规性控制监督向合法合规性控制监督与政策绩效监督并重转变。

(2)多路径强化县级人大预算监督"刚性"

"刚性"是预算监督权的内在属性之一,指的是人大监督产生实效的强制力,即人大监督一旦启动,必定带来强制性的法律责任。县级人大预算监督是规范性监督,"刚性"越强表明其监督能力越强。为摆脱当下县级人大预算监督"刚性"不刚的尴尬困境,需要从法律规定和制度规定同时入手。一方面,通过立法补齐相关法律规范的结构要素,为县级人大预算监督安上"刚性"牙齿;另一方面,细化现有制度的操作性规定,提高程序公开性的同时提升地方人大预算监督"刚性"。

上述几类制度,都不同程度地体现了县级人大对政府预算进行约束的现实意义。将这些制度纳入县级人大监督预算执行的一般程序中,可最大限度提升其财政监督能力,优化预算监督的程序,如表6-13所示。

表 6-13　优化县级人大监督预算执行的流程

责任部门	日期	内容	备注
A 县政府财政部门	人代会批准预算后的 30 日	批复各部门预算	
A 县政府各部门	第一季度	执行临时预算	
A 县政府各部门	整个财政年度	各部门执行预算	
A 县政府财政部门	每年 6~9 月的常委会会议上	报告本年度上一阶段预算执行情况	期中执行情况
A 县人大常委会		形成关于预算执行情况的审议意见	
A 县政府	第二、三、四季度	预算调整	
A 县政府财政部门		常委会会议上报告调整方案	
A 县人大常委会		审议和批准预算调整	以常委会全体组成人员的过半数通过
A 县审计部门	整个财政年度	审计监督	
A 县人大财经工委		人大重点监督	"刚性"监督

3. 加大决算审批的监督力度

结合国内开展决算监督的实际情况，可从强化县级人大对政府决算审批的既有规范、程序、资源入手进行改革。

（1）加强政府决算的法制建设

关于中国政府决算审批的法律规定，仅体现在新《预算法》第八章的部分条款中，只确立了中央、地方县级以上、乡级政府决算的审批主体地位，这些规定使决算监督内容得到一定的充实，但因过于原则和粗放，降低了县级人大决算监督效力。因此，改革县级人大决算审批制度，首先要加强立法活动，对于新《预算法》第八章的授权性规定，从以下角度在法制层面做出详细规定：一是规定县级政府决算编制的主体、内容、程序；二是规定县政府审计报告提交的期限、提交时附带的资料；三是规定对县政府决算初审的主体、权限、程序及对初审结果的处理；四是规定对县政府决算审批的主体、原则及对审批处理意见的反馈。

（2）完善政府决算初步审查的程序

中国县级政府决算经本级人大常委会会议审批前，亦可交预算专门委员会进行初步审查。县级人大常委会未设置预算专门委员会的，可由县级人大常务委员会安排熟悉财政预算的委员会委员组成临时预算专门委员会，承担政府决算初步审查的任务。为了使县级人大决算审查工作更加清晰，县政府向本级人大常委会提交决算报告、审计报告的时间可参照预算草案的报送时间，在人大常委会会议举行一个半月前提交。预算专门委员会审查的客体，一是县级政府提交的审计报告；二是县级政府提交的决算报告（具体内容应包括决算报表和文字说明）。如果初审力度不够，可借助社会力量审查。县级人大预算专门委员会在初审时，可对审计部门、被审计部门进行询问或要求其到听证会作证，初审结束后总结对决算、审计报告的审议意见，形成审查报告或议案，经人大主任会议提交常委会会议审批。

（3）人大常委会对政府决算的内容划重点审批

既然加强了对政府决算的初步审查，县人大常委会可将对政府决算的审议，转为对预算专门委员会提出的初审报告和审计部门报告的审查，并结合本行政区域内经济形势进行分析评估。为了使此项决议得到县政府认真贯彻执行，下一次会议举行时，应首先安排听取县政府针对整改意见采取措施的议题，委员听取审议后对各项整改措施提出意见、建议。在县级政府整改过程中，专门委员会可联合审计部门对具体整改情况进行实时跟踪监督，并向常委会提交一份监督报告。常委会根据监督报告的描述，认为必要时可组织人大代表负责视察，也可直接听取县政府的专项汇报，形成"议而有决、决而有行、行而有果"的工作机制。优化县级人大决算审议流程可见表6-14。

表6-14 优化县级人大决算审议流程

责任部门	日期	内容	备注
A县政府财政部门	常委会会议举行的一个半月前	提交决算情况报告初稿	
A县审计部门		预算执行情况审计工作报告初稿	反馈、修改
A县人大财经工委		对决算情况报告初稿、预算执行情况审计工作报告初稿进行初步审查	
		形成关于决算的初审意见	

续表

责任部门	日期	内容	备注
A县政府财政部门	每年6~9月的常委会会议上	向常委会报告决算情况	
A县审计部门		向常委会报告预算执行情况和其他财政收支的审计报告	立法审计
A县人大财经工委		向常委会做决算的初审意见	
A县人大常委会		审查决算报告和预算执行情况审计报告	
A县人大常委会		审议和批准决算	以常委会全体组成人员过半数通过
A县人大财经工委	整个财政年度	跟踪监督	

4. 弥补财政监督的盲区

目前并没有相关法律规范就县级人大监督街道财政方面的内容作明确规定。为了弥补县级人大财政监督在该领域的盲区，需要从全国各地县级人大操作实践中不断总结经验，归纳出县级人大针对街道进行预算监督的合理模式。现阶段，县级人大作为街道财政监督的主体须承担主导性监督职责，由街道人大工委开展协助性监督工作，由街道辖区内人大代表完成补充性监督，三方合力实现高效监督，努力打好"组合拳"。

一是县级人大进行主导性财政监督。依据街道办事处的机构性质，县级人大可要求将各街道财政以部门预算的方式归入县级预算，赋予街道预算以法律效力。在每年县人代会听取本级总预算报告前，为了加强对街道财政的监督，可要求县级财政部门把街道财政情况单独列一处，使委员审议总预算时能有所侧重，针对街道实际预算情况提出更具合理的意见；在县级人大提出的所有预算审议意见中，把对街道财政的部分意见单列出页，方便街道办事处有关单位及时处理整改。县人大还可以要求县财政、审计等与预算有关的部门凭借专业化素质从各自职能出发，对街道办事处开展各类行政监督。尤其是审计部门应当把它对各街道执行预算的监督情况反映在提交给人大常委会的年度审计报告里。

二是街道人大工委开展协助性监督工作。全国绝大多数县级行政区内的街道都设立了街道人大工作委员会，试图将人大系统延伸至基层政治区域，弥补人大权力链条的一段空白。街道人大工委作为新生机构，虽未在立法中得到详细阐述，不能独立行使一级预算监督权，却具有直接接触街道财政的天然优势，街道预算编制完成后，可由其先行审查街道预算内容。这种由街道人大工委完成的财政监督与县级预算初步审查监督的性质不同，后者是由县级人大部分机构开展的内部性监督，而前者作为派出一级的权力机构只能开展协助性监督。县级人大财政监督工作的制度规范要求极高，这就决定了街道人大工委在履行财政监督职能时应慎重选择监督形式和监督方法，如强化其对日常预算的跟踪监督，要求街道财政单位按月及时交送预算报表，审议街道预算执行中更看重民生项目的绩效评估结果，对接受整改的部分街道单位开展跟踪监督等。因此，这类协助性财政监督更符合街道人大工委的工作性质，又利于提高县级人大预算监督的总体实力。

三是街道辖区内人大代表完成补充性监督。这部分人大代表除了在县人大会议上对街道财政进行常规监督，还应联合街道人大工委听取辖区内预、决算报告，并将其对街道预算的关注融合到日常工作中。例如，组织辖区内人大代表对街道财政重点视察、专题调研，对辖区内单位采取的财政措施提出监督意见，将此类监督意见中值得高度关注的部分及时报送县级人大常委会，由县级人大预工委拟成议案，罗列在下次举行的常委会会议议题中，并对街道人大工委跟踪监督工作做出评价。街道辖区内人大代表负责的补充性监督应始终落在提高县级人大监督效能上，通过补充性监督化解辖区内财政矛盾。

通过以上三大主体间上下联动的人大工作机制，只能弥补县级人大财政监督中的部分盲区，还有部分财政监督漏洞体现在县级政府性债务上，由于这类债务资金没有纳入预算体系进行规范管理，导致资金具体流向不明，造成县级政府债务风险增大。针对县级政府债务管理体系、监督机制、信息披露制度、绩效评价体系等方面的问题，县级人大可从以下两个方面推进县级政府债务管控体系的构建。

一是推进与县级政府债务管理需要相适应的预算制度改革。县级人大通过科学的核算方法，可大致掌握同级政府债务的实际规模，并对不同债务按其性质进行分类，要求县级财政部门统一编制债务预算。县级人大在此改革过程中，除了要重视如何完善县级政府财政转移支付制度，还要监督县级政府举债程序是否规范，通过构建"全口径"预算体系，实现约束县级政府债务自由裁量权的目标。

二是建立债务相关的信息披露制度。县级政府每年提交给县级人大的财政预、决算报告不仅要囊括所有的财政收支事项,还应披露县级政府债务情况。对符合债务标准的部分要以预算数据形式反映在政府资产负债表中,对不符合债务标准的部分披露在报告附注中,并附上有关会计报表的内容分析。

结　语

人大监督政府预算不仅仅是人大和政府之间的关系，更是国家治理体系各主要主体之间的关系。提升人大的预算监督能力涉及国家治理体系中各权力结构之间关系的重构，是一个长期的过程，需要坚持以时间换空间的思路。人大在监督政府"钱袋子"方面是否有效、有为和有位，取决于人大在政治生活中的总体定位、法律规则、预算权力结构、人大监督手段和方式、人大自身的组织和监督能力等诸多因素。

一　完善预算权力体系

地方政府预算监督所取得的进展，主要得益于党中央的重视。为贯彻落实中央决策和《预算法》，需要在预算、决算的编制、审查、批准、监督，以及预算的执行和调整等各个环节明晰各行动主体的行为准则。在完善初步审查机制、人大代表可以提出本级预算草案修正案、推动预算公开、保证人大有足够的审查时间、联网监督等多个方面取得突破性进展。

以预算机制调整推动人大预算监督能力提升。预算监督的本质是政治。中国政府过程的特殊性影响和决定了人大对政府的预算监督。提升地方人大预算监督能力一个可行的目标是争取党委重视和政府尊重、在政府部门预算中树立权威。人大监督政府预算不是为监督而监督，而是在党的领导下推动现代化建设事业的发展。人大和政府总体上是相互配合、相互支持、相互理解的关系。人大预算监督的角色定位是寓支持于监督。

地方人大的预算监督权有效运转，重要的是利用已有的制度空间进行创新，不断进行机制创新，用机制创新和一个个具体的行动推动预算权力结构逐步调整。从1999年预算改革开始，"钱袋子"权力开始兴起，预算过程中各个参与者的权力关系不断被重构。这既是制度安排的结果，更是行为实践的结果，是通过一个又一个对具体机制的探索和完善所实现的。

提升地方人大预算监督能力的可行思路是，继续沿着以机制调整促进体制变革的实践路径，通过健全监督机制、做实监督程序、改进监督方式、规范权力关系，因时而变、随事而制，通过一个个微小调整、点滴改良，不断增强人大监督的刚性力。

地方人大在预算监督方面的探索有赖于全国人大给予指导和支持。否则，地方人大自主创新的积极性和持续性很难保证。

二 完善人大的工作机制

第一，改进地方人民代表大会的工作流程。将预算报告从书面报告回归口头报告；政府部门提交的预算要加上详细的说明，方便人大代表审议；在人民代表大会期间，更好地收集整理和汇总各代表团的意见。

第二，完善预算报告审议表决的程序。在人代会期间，人大代表审议预算的时间短是个事实。人大代表在会议期间看懂和看完预算材料，并提出有针对性的审查意见几乎不可能。但是，再增加审议时间的空间不大。即使增加一天，面对专业性很强的预算报告，多数人大代表还是很难提出高质量的审议意见。因此，可以改变的是监督方式、批准程序等。例如，对重大项目实行分项表决；引入审议辩论的程序。改变"四本预算"一起打捆表决的批准程序，"四本预算"逐个进行表决。

第三，提高人大代表的预算监督能力。在初审环节，尽可能多地安排更多的人大代表参与初审；在大会期间，更好地吸收人大代表的审议意见；举办人大代表预算审查专题培训班；组织人大代表与财政部门交流互动；利用微信群等手段定期向人大代表推送有关预算的信息和资料，在人大代表中普及预算审查和批准的知识；扩大财经委和预工委的规模并提升其专业能力。

第四，进行跟踪问效，改变"文来文往"的现象。建立二次审议、满意度测评等制度。

第五，加强人大财经委（常委会预工委）与人大各专门委员会、政府财政部门和审计部门的沟通协调机制；改进人大审议意见的反馈机制。

第六，充实预算监督机构的力量、提高专门委员会的专业能力、完善协调机制等各种方式提高监督绩效。看紧"钱袋子"是一项专业性、法律性很强的工作，需要专业人才承担监督任务。一是提高人大财经委、人大常委会预工委人员的专业能力,选拔专门人才充实预工委队伍,对现有预算工作人员和人大代表定期举办培训班。二是继续加大力度购买第三方服务,有条件的地方建立预算监督的智库。三是加大调研力度。有效监督政府预算的基础是人大熟悉预算工作和实际情况,财经委、预工委要进行多层次、多样化的周密调研、掌握现实情况,尤其是第一手材料。四是增加驻会人员的比例结构,提高财经委和预工委的履职能力。

第七,加强人大干部与其他系统的交流,既要调入也要调出,进而增强人大工作的活力。

第八,充分发挥人大代表和各专门委员会的作用。一是在初审环节尽可能多地安排更多的人大代表参与初审;在大会期间,更好地吸收人大代表的审议意见。"说了也白说"的现象主要是缺乏人大代表意见的反馈处理机制。人大代表审议预算报告的意见具有法律性,对他们的审议意见应该有一个完备的处理机制和工作流程。做好各组发言和审议意见的归纳整理,对人大代表在大会期间的发言,逐条进行书面答复。二是人大初审政府预算时,邀请相关专门委员会参加并发表意见,预算编制部门做汇报,邀请预算资金相关方共同审议。通过面对面的沟通、交流,促进预算民主。地方人大各专门委员会每个季度分析形势,形成建议,把每个委员的发言汇总交给政府,助力政府工作。三是提高人大代表和常委会组成人员的发言质量。发言要肯定成绩和指出问题相结合,能够提出自己独到的见解。

第九,"有效果比有道理更重要",监督地方政府预算关键是要提高监督质量和效果。扩大对地方政府预算的审查范围、提升审查的广度和深度,一个可行的思路是在技术手段上多下些功夫,充分激活和开发已有的制度安排和法律规则。利用互联网增强人大预算监督工作的效能和力度是近年来的一个工作亮点。

三 加大预算公开的力度

提高地方政府预算透明度、加大公开力度是建立负责任政府的关键。

第一,人大督查政府建立专门的网站,向公众提供在线访问收入、支出、预算等信息的服务,提高财政透明度。进一步推进预算公开,在人大网站上统一公布除涉密单位外的所有政府部门预算,每一财政年度都提供详细的收入和拨款支出表格。

第二，建立政府财务报告制度，是建设透明政府、法治政府的需要。人大能够掌握政府的收入、支出、负债、资产等各方面的情况，利于监督。

第三，人大监督与舆论监督相结合。鼓励群众通过网络进行提问，鼓励媒体通过现场报道、网络直播等方式进行报道。

第四，在人代会审议预算报告时，允许感兴趣的公众列席。对政府预算的监督不能仅靠事后的法律追责，还要有广泛的公众参与。在政府与民众的互动中增进相互理解。开门编预算，在预算初审环节，尽可能多地征求人大代表和社会公众的意见，或者组织部分人大代表进行预算初审。

第五，认真听取政协委员的意见。具体方式是，政协会议秘书处收集意见后集中向代表大会秘书处反馈。

后 记

本书是我们团队研究提升地方人大预算监督能力的一个初步思考和阶段性成果。

从硕士研究生阶段至今,在研究领域上,我没有"打一枪换一个地方",也没有跟着"热点"走。我的研究主要集中在条块关系、提升地方人大的预算监督能力、基层治理特别是基层减负三个领域,都在中国政府与政治范围之内。我以问题导向和任务牵引为契机,同时也为了避免因"审美疲劳""路径依赖"而使学术思考停滞不前,我在不同阶段相对集中研究和思考了其中一个领域。

我对提升地方人大预算监督能力的关注始于2011年,从2012年开始相继在《江苏行政学院学报》《理论与改革》《探索》《中国行政管理》等期刊发表相关论文8篇。本书的出版有两个契机和节点:一是2014年以"提升地方人大预算监督能力的机制设计研究"为题获得国家社科基金项目立项,2019年以优秀的等级结项;二是中国国家预算治理研究联盟成立。2019年以后,我的注意力转到了基层治理上来,对提升地方人大预算监督能力的研究关注相对减少。2021年12月26日,在时任山东大学校长樊丽明教授的组织和倡议下,中国国家预算治理研究联盟这一学术共同体组建。我有幸得到邀请并担任副理事长。联盟组建后,我突然意识到,还有30万字的相关成果。因此,开始想着把团队的部分成果组合成一部书稿出版。需要特别指出的是,本书一些章节的数据截至几年前,讲述的主要是"过去的问题",是对一个时间段内人大预算监督的总结。"没有调查就没有发言权",至于当下的人大预算监督,我总感觉调研不够,没有相应的发言权,因此没有过多涉及"目前的事情"。书中一些观点和对策难免有很多想当然的色彩,恳请大家多多批评指正!

本书由我和刘元贺、李英、陆杨洁、金灿灿合作完成。其中,第一章的第一、二、三节由我和李英合作完成，第四节由刘元贺执笔，第五节由金灿灿执笔；第二章由我和李英合作完成，这些内容已经公开发表；第三章由刘元贺执笔；第四章由李英执笔；第五章由陆杨洁执笔；第六章由金灿灿执笔。他（她）们几位是我多年的合作伙伴，也帮了我很多，在此特别表示感谢！收录到本书中的内容，有的已公开发表，我在每部分都做了标注。

真诚欢迎所有的批评和建议！我的邮箱是 zhouzhenchao72@126.com。

在本书出版之际，向所有关怀、支持和帮助我的师长和朋友表示诚挚的谢意！

周振超

2022 年 8 月 18 日于重庆

图书在版编目(CIP)数据

提升地方人大预算监督能力的机制设计研究 / 周振超等著. --北京：社会科学文献出版社，2022.12
ISBN 978-7-5228-1030-0

Ⅰ.①提… Ⅱ.①周… Ⅲ.①地方各级人民代表大会-预算-财政监督-财政制度-研究-中国 Ⅳ.①F812.700.2

中国版本图书馆 CIP 数据核字(2022)第 206817 号

提升地方人大预算监督能力的机制设计研究

著　　者 / 周振超　等

出 版 人 / 王利民
组稿编辑 / 任文武
责任编辑 / 方　丽　张丽丽
责任印制 / 王京美

出　　版 / 社会科学文献出版社·城市和绿色发展分社（010）59367143
　　　　　 地址：北京市北三环中路甲29号院华龙大厦　邮编：100029
　　　　　 网址：www.ssap.com.cn

发　　行 / 社会科学文献出版社（010）59367028
印　　装 / 三河市东方印刷有限公司

规　　格 / 开　本：787mm×1092mm　1/16
　　　　　 印　张：14.25　字　数：235千字
版　　次 / 2022年12月第1版　2022年12月第1次印刷
书　　号 / ISBN 978-7-5228-1030-0
定　　价 / 88.00元

读者服务电话 4008918866

版权所有 翻印必究